シリーズ・とは何か？
2

# 古代・近代・現代のオリンピック

## 知られざる歴史と
## 未来への社会遺産《レガシー》

大熊廣明［監修］
稲葉茂勝［著］

ミネルヴァ書房

シリーズ・
とは何か？
2

# 古代・近代・現代のオリンピック

## 知られざる歴史と未来への社会遺産《レガシー》

大熊廣明［監修］
稲葉茂勝［著］

ミネルヴァ書房

# はじめに

最近日本では、オリンピック人気が影をひそめています。日本だけではないとも。国際オリンピック委員会（ＩＯＣ《アイオーシー》）は人気回復のためにさまざまな施策を練っています。それでも２０２１年夏は、新型コロナウイルス感染症が拡大するなか、多くの人が「東京２０２０オリンピック」（→Ｐ258）に熱狂しました。そのオリンピックは、２０２１年８月８日に終了。この先しばらくこうした興奮が味わえないのかと寂しく思う人も多かったようです。

ところが、その夏のオリンピックが終わったすぐ後の冬、即ち、２０２２年２月４日から２月20日まで「北京２０２２オリンピック」（→Ｐ270）が開かれました。しかも、次の夏季オリンピックが、２０２４年７月26日〜８月11日にフランスのパリで開催されることが既に決定していました。

パリといえば、１００年前に当たる１９２４年、44か国から３０００人以上の選手を集めて、オリンピックを開催した都市です（→Ｐ77）。その24年前の１９００年にもオリンピックを開催していました（→Ｐ58）。

「100年前にパリで？　じゃあ、オリンピックっていつ始まったの？」と、疑問に思う人も多いのではないでしょうか？

近代オリンピックは、1896年にギリシャのアテネで始まりました。その4年後の1900年に、第2回オリンピックが、花の都パリで5月14日から10月28日まで5か月半の会期で行われました。

「5か月半？　そんなに長かったの？」　これまた、不思議に思いませんか？　その理由は、万博と関連しますが、本文をお楽しみに、ということにします。

さて、私事ですが、ぼくは、この「シリーズ・とは何か？」の❶『万国博覧会知られざる歴史とSDGsとのつながり』も書かせていただき、脱稿したのが、2023年夏。その時、気がつくと、第33回夏季オリンピックパリ大会が翌年に迫っていたのです。

それからというもの、執筆に大集中。かつて著したベースボール・マガジン社刊「時代背景から考える日本の6つのオリンピック」全3巻、『しっているようでしらない五輪』（ニック・ハンター著、稲葉茂勝訳）、『五輪記録のひかりとかげ』（マイケル・ハーレー著、稲葉茂勝訳）など、自身が過去に書いたり翻訳したりした10冊ほどの書籍を叩き台にして、オリンピックの歴史から見つけ出した面白い情報や最新の情報などを新たに書いてきました。
本書ではまず、何といっても読者のみなさんが興味をもって楽しんでいただける内容を精選しました。ＩＯＣという組織がどうなっているのか、どんな力があるかなど、知っているようで知らない情報を、ページの許す限り掲載。また、それぞれのオリンピック大会にはそれぞれのビジョンがありますが、あまり知られていない大会ごとのビジョンは、そのオリンピックを考える上で重要ですので、しっかり記述しました（それは、万博では「テーマ」と呼び、ＩＯＣに当たる組織であるＢＩＥと開催地で決定することなどを万博の前掲書でも書きました）。

ほかにも、

・第１回のアテネと第２回のパリの間で起きていた「闘い」とは？
・オリンピックに芸術種目があった
・日本の６つのオリンピックって、どういうこと？
・近年、オリンピック人気が低迷。ＩＯＣが人気回復のために行ったさまざまな施策とは？

・オリンピックとワールド・ベースボール・クラシック（ＷＢＣ）
・２０２４年（第33回）夏季オリンピックパリ大会のビジョン
・２０２４年（第33回）夏季オリンピックパリ大会のサーフィン競技がなぜ南太平洋のタヒチで実施されるのか？
・ｅ《イー》スポーツがオリンピック種目になる可能性
・冬のオリンピックがなくなる可能性

等々、たくさん。

読者のみなさんには、この本を読んでから、２０２４年夏のパリ、２０２６年冬のイタリア、２０２８年夏のアメリカと続くオリンピックを、ぜひお楽しみいただきたいと思います。この本を読めば、みなさんのオリンピックの知識に幅と深さが増し、観戦が一層楽しくなると信じています。

稲葉茂勝

目次

## 第2章 古代オリンピック



## 第3章 近代オリンピックの歴史とその時代

## 第4章 現代のオリンピック

VIETNAM

## 第5章　冷戦終結後のオリンピック

# 第6章　知られざるIOCに迫る

# 第7章　オリンピックの未来

プロローグ

# オリンピック予習クイズ

答え↓P20

本書は、目次に続いて、オリンピックについてのクイズから始めます。本文に入る前に、まずトライ。知っているようで、結構知らないことも多いのではないでしょうか？

**問い①**

2024年、第33回夏季オリンピックの開催地はパリ。フランス国土のいたるところに競技会場がつくられたが、海外領土のタヒチも会場のひとつ。そこで行われる競技は、どれ？

㋐セーリング
㋑サーフィン
㋒マラソン

問い②

2024年のパリオリンピックで新種目として競技に採用されたのは次の4つ。そのうち、既に2021年に開催された「東京2020オリンピック」で実施されたものは、どれ？（複数回答）

㋐スケートボード
㋑スポーツクライミング
㋒ブレイキン（ブレイクダンス）
㋓サーフィン

問い③

2028年の第34回夏季オリンピックの開催地は、アメリカのロサンゼルス。ここではパリオリンピックで採用された新種目のうち、3つは実施されるが、ひとつは実施されない。実施されないのは、どの競技？

㋐スケートボード
㋑スポーツクライミング
㋒ブレイキン（ブレイクダンス）
㋓サーフィン

**問い④**

世界で初めてオリンピックが行われたのは、紀元前776年のギリシャ。古代オリンピックといわれた当初の競技は一つだけだった。それは、なに？

㋐ 短距離走　㋑ ボクシング　㋒ 円盤投げ

©Sergei Gussev

**問い⑤**

古代オリンピックに参加した選手は、次のうちのどれ？

㋐ すべて男性

㋑ ギリシャ人なら誰でも

㋒ 性別、国別を問わず誰でも

**問い⑥**

西暦393年、1169年続いた古代オリンピックは終わりを告げたが、1500年後に近代オリンピックとして新たな形で復活した。第1回大会の開催地は？

㋐ローマ
㋑アテネ
㋒パリ

**問い⑦**

「近代オリンピックの父」といわれるピエール・ド・クーベルタンは、どういう人？

㋐フランスの事業家
㋑フランスの教育者
㋒フランスの政治家

**問い⑧**

近代オリンピックでは、クーベルタンの提唱で、多くのスポーツ競技と並んで、あるものが競技の一つになっていた。それは？

㋐縄跳び　㋑綱引き
㋒芸術　㋓釣り

**問い⑨**

日本がオリンピックに初参加したのは、1912年第5回夏季オリンピックストックホルム大会。その時の団長は？

㋐嘉納治五郎《かのうじごろう》　㋑渋沢栄一《しぶさわえいいち》

㋒金栗四三《かなくりしそう》

**問い⑩**

日本で開催されたオリンピックは4つ。しかし、過去に2つ、開催が決定していながら自ら開催権を返上したことがある。その理由は？

㋐第一次世界大戦が勃発

㋑日中戦争の激化

㋒第二次世界大戦が勃発

**問い⑪**

第二次世界大戦と戦後の荒廃を乗り越え、1964年、戦後20年で日本は夏季オリンピック東京大会を開催。次の文で正しいのは？（複数回答）

㋐柔道が正式種目として採用

㋑アジアで初の開催　㋒過去最高の出場国数

**問い⑫**

日本で開催された冬季オリンピックは札幌と長野の2回。その長野大会から始まった、「オリンピズム」を表す国際交流活動といわれているものは？

㋐「一人一国運動」　㋑「一校一国運動」

㋒「一店一国運動」

**問い⑬**

2028年の夏季オリンピックロサンゼルス大会で、1908年のロンドン大会以来120年ぶりの復活を果たしたこの競技の名前は？（選択肢なし）

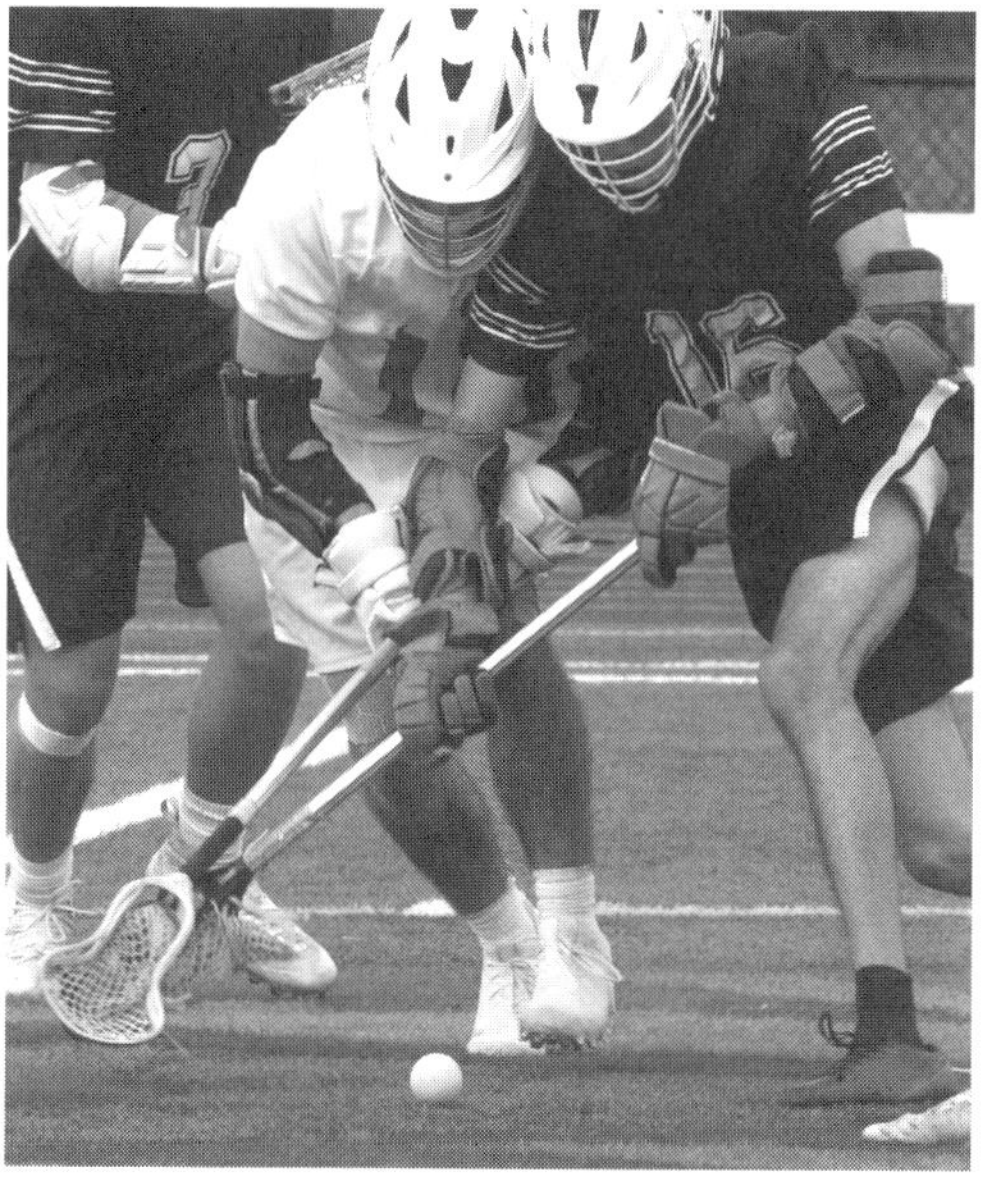

**問い⑭**

近年、若者のオリンピック人気を高めるために、さまざまな競技が新たに取り入れられている。下の写真も最近話題の競技の一つ。そのスポーツの総称は？（選択肢なし）

**問い⑮**

2024年3月現在、2034年まで夏季・冬季オリンピックの開催地は決定済み。日本も2030年の招致を目指していたが、実現ならず。招致を断念したのは、どの都市？

㋐ 大阪市　㋑ 名古屋市　㋒ 札幌市

**問い①答え** ㋑　タヒチは南太平洋に位置するフランス領ポリネシアに属する島の一つ。その南西海岸の村チョープーは巨大な波で知られ、パリオリンピックのサーフィン会場となっている。⇩P25

**問い②答え** ㋐、㋑、㋓　東京2020オリンピックでは、この3つに加えて、BMX《ビーエムエックス》フリースタイル、3×3《スリーエックススリー》バスケットボールがオリンピックデビューを果たした。⇩P26、P260

**問い③答え** ㋒　ほかに追加競技として野球・ソフトボール、クリケット、ラクロス、スカッシュ、フラッグフットボールが採用された。⇩P34

**問い④答え** ㋐　古代オリンピックにも競技種目はいろいろあったが、第1回～第13回大会までは「スタディオン走（約191メートル走）」が唯一の種目だったと見られている。⇩P39

**問い⑤答え** ㋐　古代オリンピックは女子禁制。近代オリンピックの始まりとされる1896年の第1回アテネ大会も出場選手は男子のみだった。女子選手の参加は1900年の第2回パリ大会から。⇩P52、P58

**問い⑥答え** ㋑　開会式が行われたギリシャの首都アテネのパンアテナイ競技場は、紀元前6世紀から祭典や陸上競技場として使われ、第1回近代オリンピック開催に合わせて修復された。⇩P53

**問い⑦答え** ㋑　クーベルタンは、フランスの貴族。教育学に興味を示し、スポーツ教育の理想的な形として「近代における古代オリンピックの復活」を思い描いたという。⇩P52

**問い⑧答え** ㋒　古代ギリシャでは、芸術とスポーツは密接に結びついていたことから、クーベルタンは1906年、近代オリンピックにも芸術競技をつくることを提案し、競技を実現した。⇩P65

**問い⑨答え** ㋐　嘉納治五郎《かのうじごろう》はアジアで初めてのIOC委員に就任。日本のオリンピック初参加に向けてさまざまな問題を乗り越え、ストックホルム大会への参加を実現させた。⇩P68

**問い⑩答え** ㋑　1940年、夏季オリンピック東京大会と冬季オリンピック札幌大会が予定されていたが、日中戦争の悪化で「返上」となり「幻のオリンピック」となった。⇩P94

**問い⑪答え** ㋐、㋑、㋒　1964年の東京オリンピックは、「有色人種国家初のオリンピック」ともいわれた。それまではすべて「白人国家」で開催されていたからだ。⇩P132、P138

**問い⑫答え** ㋑　地域の小・中学校などがオリンピックの参加国・選手と交流し、国際理解を深める取り組みのこと。⇩P330

**問い⑬答え** ラクロス　アメリカで人気のスポーツ。競技人口のおよそ半分が14歳以下のジュニアだという。日本では、大学生を中心に人気がある。⇩P34、P336

**問い⑭答え** eスポーツ　コンピューターゲーム、ビデオゲームを使った対戦競技。2023年にはIOCがオリンピックeスポーツシリーズを開催。話題となった。⇩P340、P343

**問い⑮答え** ㋒　冬季オリンピック札幌大会は、1972年に開催。札幌市は再び2030年の実現を目指したが、2030年はフランスのアルプス地域、2034年はアメリカのソルトレークシティに決まった。⇩P352

# 第1章 これからの「オリンピック」

## ―2024年～2028年―

# 1　オリンピック開催100周年のお祭りムード一色

2022年2月4日から2月20日まで、北京で冬季オリンピックが行われました。実は、その時には、2024年（第33回）夏季オリンピックパリ大会の開幕まで900日を切っていたのです。

## パリのビジョン

パリでの夏季オリンピック開催は、これで3度目。開催国フランスが国ぐるみで前回のオリンピックパリ大会からの100周年を、人類最大のスポーツの祭典にしようとたいへんな盛り上がりを見せています。

2024年のオリンピックのビジョンは、「共有とサステナビリティ」で「革新的であり、おもてなしと思いやりに溢れた、環境に優しいオリンピックを目指す」とのこと。「ビジョン」とは、事業を通じて実現したい未来を明文化したものです。パリでは、既存のインフラを最大限に活用し、地域住民が本当に必要とする施設だけを建設することを計画。また、二酸化炭素の排出量を抑えるために、とくに輸送、食品、エネルギーの分野で環境に配慮して、持続可能なオリンピックの実現に徹底して取り組んでいるといいます。

## 開会式・閉会式の演出

2024年パリ大会は、夏季大会としては初めてスタジアムの外で開会式を開催します。世界からやってきた合計1万5000人の選手団が、160隻の船に分乗して約6キロメートルの区間、セーヌ川[*1]下りをすることになっています。

パリ市の東側にあるオーステルリッツ橋を始点として、シテ島・サンルイ島をめぐり、ノートルダム寺院、ルーヴル美術館、コンコルド広場、アンバリット、グラン・パレ、終点となるエッフェル塔近くのイエナ橋まで、西側へと水上の行進が繰り広げられる予定です。

セーヌ川に架かるルート上の8～10の橋の上では、さまざまなイベントやパフォーマンスを計画。フランス・スタジアム[*2]（Stade de France）で行う場合の約10倍、60万人以上が

2024年夏季オリンピックの開会式は、パリを流れるセーヌ川で行われる。

＊1　フランス東部から北西部を流れる全長780キロメートルの川。フランスではロワール川に次いで2番目に長い川。ディジョン北西部に発し首都パリを東西に横切って、イギリス海峡に注ぐ。

＊2　1998年サッカー・ワールドカップ会場としてパリ郊外に建設された収容人数8万人の多目的スタジアム。ラグビー・ワールドカップ、世界陸上選手権の会場としても使用され、2024年のオリンピックではメイン・スタジアムに予定されている。

開会式を見ることができるという演出が計画されています。

また、閉会式は、トロカデロ広場[*3]で行われる予定。街全体を会場に見立て、開放感と市民参加をコンセプトにして、80の巨大スクリーンと音響システムを配してパブリックビューイングを実現し、世紀の祝祭の瞬間を共有できるように計画されています。

## フランス各地で開催

今回のオリンピックパリ大会は、オリンピック史上初の試みとして、一般参加者を対象としたマラソン（数種類の距離があり、経験者から初心者、老若男女、健常者、そして障がい者も参加可能）や、自転車ロードレースを開催します。これは「革新的であり、おもてなしと思いやりに溢れた」オリンピックを実現しようとするビジョンによるものです。

実は、開催都市とされるパリだけが会場になっているのではありません。フランスの国土の至る所、また、海外領土のタヒチ[*4]にも競技会場がつくられています。

セーリング[*5]は地中海に面したフランス最大の港湾都市マルセイユで、また、サッカーはパリの他にボルドー、リヨン、サンテティエンヌ、ニース、ナント、マルセイユで行われます。ハンドボール決勝トーナメントはフランス北部の都市リール。そし

---

＊3　パリの16区にあるシャイヨー宮の正面に位置する半円状の広場。

＊4　南太平洋に位置するフランス領ポリネシアに属するソシエテ諸島の一つ。首都はパペーテ。人口は約17万人。リゾート地として有名。

＊5　ヨットやウィンドサーフィンなどの帆走船で技術やスピードを競う。１９００年パリオリンピックから実施されている。１９９６年アトランタオリンピックまでは「ヨット」と呼ばれていたが、２０００年シドニーオリンピックから「セーリング」と呼ばれるようになった。

て、サーフィン[*6]は、なんと、南太平洋のタヒチのチョープーで行われるのです。フランスから遠く離れた南太平洋にあるタヒチは、フランス領ポリネシア[*7]の島の一つだからです。

　このように、フランスは国を挙げて「環境に優しいオリンピック」の準備をしているのです。

＊6　サーフボードと呼ばれる長円形の板の上に立ち、バランスをとりながら、波に乗って楽しむスポーツ。

＊7　南太平洋にあるフランスの海外共同体と呼ばれる領土で、タヒチなど118の島から構成される。ポリネシア人が住んでいたが、スペイン、ポルトガル、イギリスに続いてフランスが進出し、19世紀からフランス領。人口は約24万人で、83％がポリネシア人。フランス語とタヒチ語が話されている。

## 新種目

ＩＯＣ《アイオーシー》[*8]は、去る２０１９年6月25日、「ブレイクダンス[*9]、スケートボード[*10]、スポーツクライミング[*11]、サーフィンの4競技を、暫定的に２０２４年（第33回）夏季オリンピックパリ大会の実施競技に加える」と発表しました。そのうちのブレイクダンスを除くスケートボード、スポーツクライミング、サーフィンは、２０２１年の（第32回）夏季オリンピック東京大会（東京２０２０オリンピック競技大会→P258）の新競技として実施されることになっているとも。実際、それらは東京２０２０オリンピックで実施され、パリ大会で正式種目になることが決定されました。

このようにして決定した新種目ですが、その背景にあるのは「オリンピック離れ」にストップをかけようとするＩＯＣの施策です。これについては第7章をお読みください。もとより、２０２１年の東京２０２０オリンピックで初登場したスケートボード、スポーツクライミング、サーフィンに加え、パリ大会で新たにブレイキン（ブレイクダンス）が追加競技[*12]に採用されました。

- **スケートボード**：コンコルド広場で開催
- **スポーツクライミング**：パリ北部ル・ブルジェ・スポーツクライミング場で開催
- **ブレイキン**：コンコルド広場で開催
- **サーフィン**：タヒチで開催

＊8　国際オリンピック委員会。夏季・冬季オリンピックを開催する国際機関。本部はスイスのローザンヌにあり、各国を代表する委員が運営を行っている。

＊9　アップテンポな音楽に乗せ身体のあらゆるところを使って、回ったり跳ねたりするアクロバティックな動きを取り入れたダンス。競技名としてはブレイキンと呼ばれる。パリオリンピックで実施される32の競技のうち、唯一の新競技となる。

＊10　4個の車輪のついた細長い厚板に乗り、ジャンプや回転などの技の難易度や高さ、スピードなどを競う採点競技。

＊11 東京2020オリンピックでの実施種目がコンバインド（ボルダリング・リード・スピードの3種目複合）の1種目だったのに対し、パリオリンピックでは、ボルダリング&リードとスピードの2つが実施種目になる。

＊12 IOCが開催都市に対し「大会全体の選手総数約1万500人の範囲内で実施競技の追加を提案することを認めた競技」のこと（→P332）。東京2020オリンピックでは5競技、2024年パリ・オリンピックでは4競技が追加された。

## 2　イタリアで3度目の冬季オリンピック

ウインタースポーツのファンにとっては、２０２６年のミラノ／コルティナ・ダンペッツォ大会が今から楽しみ！　その様子を概観しておきましょう。

### ２都市共同開催

　イタリアの北部にある都市ミラノは、北側にアルプス山脈[*1]をいただきながらも標高が百数十メートルの平坦な土地にあります。一方のコルティナ・ダンペッツォ[*2]はドロミーティ山脈[*3]の麓に位置する登山やウィンタースポーツで人気のあるリゾート地。１９５６年には、この町を中心に第７回冬季オリンピックが行われました（→P114）。

　この他、イタリアでは２００６年（第20回）冬季オリンピックトリノ大会（→P216）が50年ぶりに開催されていました。そして１９５６年から70年ぶりの２０２６年２月６日から22日まで、３０００人以上の選手たちが世界中からイタリアの冬季オリンピッ

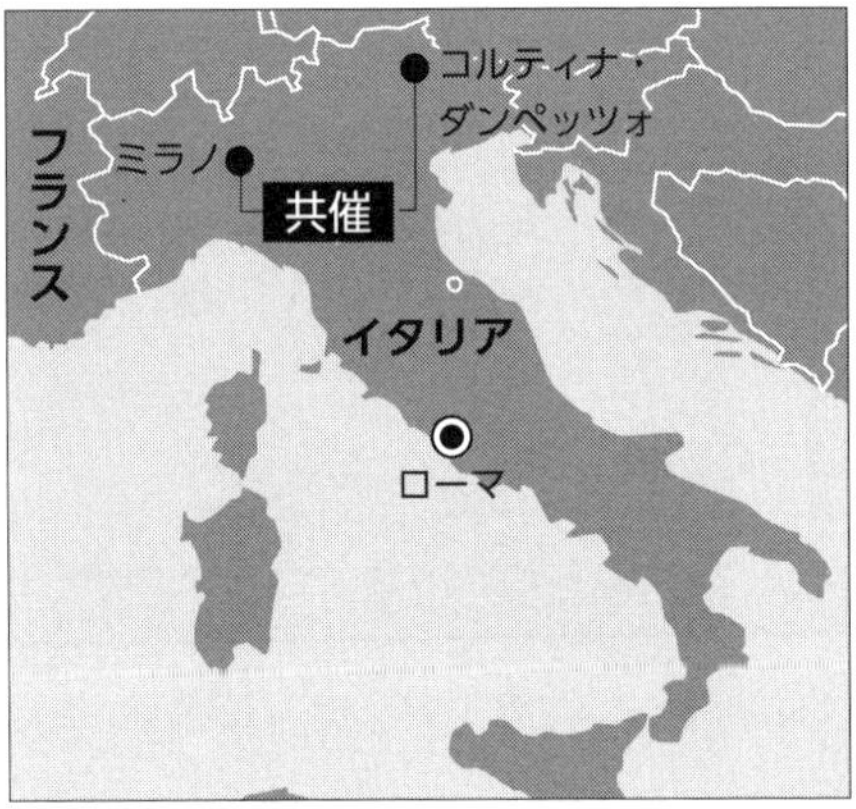


＊1　ヨーロッパのフランス、スイス、ドイツ、イタリア、オーストリアなどを東西に横切る山脈。モンブランなど4000メートルを超える山が連なり「ヨーロッパの屋根」と呼ばれる。

＊2　「黄金の盆地」と呼ばれ、周囲を高い山々と湖で囲まれた観光の町。針金細工、木工品、鳩時計などの生産地としても知られる。

＊3　アルプス山脈の一部で、イタリア北東部に位置する山脈。2009年に世界遺産（自然遺産）に登録された。

クに集い、16競技が行われることになっています。

この冬季オリンピックも、２０２４年のフランスがそうであるように、イタリアの国内各所で行われます（→P31）。

使用される会場は、ほとんどが既存か仮設のもの。開会式は、サッカーのACミランとインテルナツィオナーレ・ミラノのホームスタジアムであるスタディオ・ジュゼッペ・メアッツァ[*4]（通称サン・シーロ）で行われる予定。閉会式も、２０００年の歴史をもつローマ円形劇場のアレーナ・ディ・ヴェローナ[*5]で行う計画です。

アルペンスキー[*6]は、２つのゲレンデに分かれ、女子はコルティナ・ダンペッツォのオリンピア・デッレ・トファーネで行われます。一方、男子はボルミオのステルヴィオで行われ、ボルミオでは山岳スキーも開催される予定です。

閉会式が予定されているアレーナ・ディ・ヴェローナ。1万2000人を収容できる。

＊4　イタリア北部の都市ミラノにあるサッカー・スタジアム。1926年開場。収容人数7万5000人。正式名称はスタディオ・コムナーレ・ディ・サン・シーロ。

＊5　イタリア北東部の都市ヴェローナにある古代ローマ時代の円形闘技場。現在では野外オペラ・フェスティバルの会場として有名。

＊6　急斜面に設けられたコースを滑り降り、タイムを競う。回転（スラローム）、大回転（ジャイアントスラローム）、スーパー大回転（スーパージャイアントスラローム）、滑降（ダウンヒル）、複合（コンバイン）の5種目がある。

バイアスロン[7]の会場は、ラズン・アンテルセルヴァで、ボブスレー[8]やリュージュ[9]など、そり競技は1956年の大会にも使用されたエウジェーニオ・モンティ・トラック[10]で行われます。カーリング[11]は1956年大会のメインスタジアムだったコルティナ・ダンペッツォのオリンピック・アイススタジアムで、スキージャンプ、ノルディック複合[12]、クロスカントリースキーなどは、ヴァル・ディ・フィエンメで行われることになっています。ミラノでは、アイスホッケー、ショートトラック[13]、フィギュアスケート、リヴィーニョでは、スノーボードとフリースタイルスキー[14]が開催される予定です。

バイアスロン

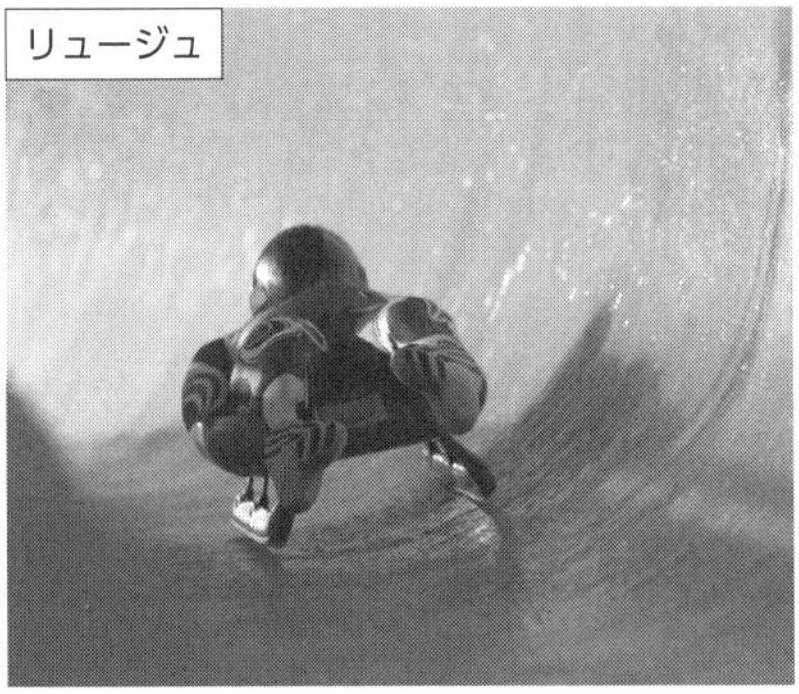
リュージュ

フリースタイルスキー

＊7　長距離をスキーで滑走するクロスカントリースキーとライフル射撃を組み合わせて行う競技。

＊8　氷でできた急勾配のコースをそりで滑り、タイムを競う。2人乗り、4人乗りがある。

＊9　ボブスレーと同様のコースを、そりに仰向けで寝そべり、滑り降りる競技。

＊10　コルティナ・ダンペッツォにあるボブスレートラック。冬季オリンピックで6つのボブスレーメダルを獲得したエウジェーニオ・モンティに因んで名付けられた。

＊11　ストーンと呼ばれる取手のついた石を

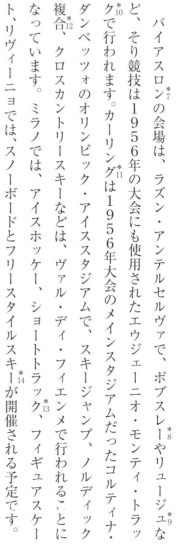

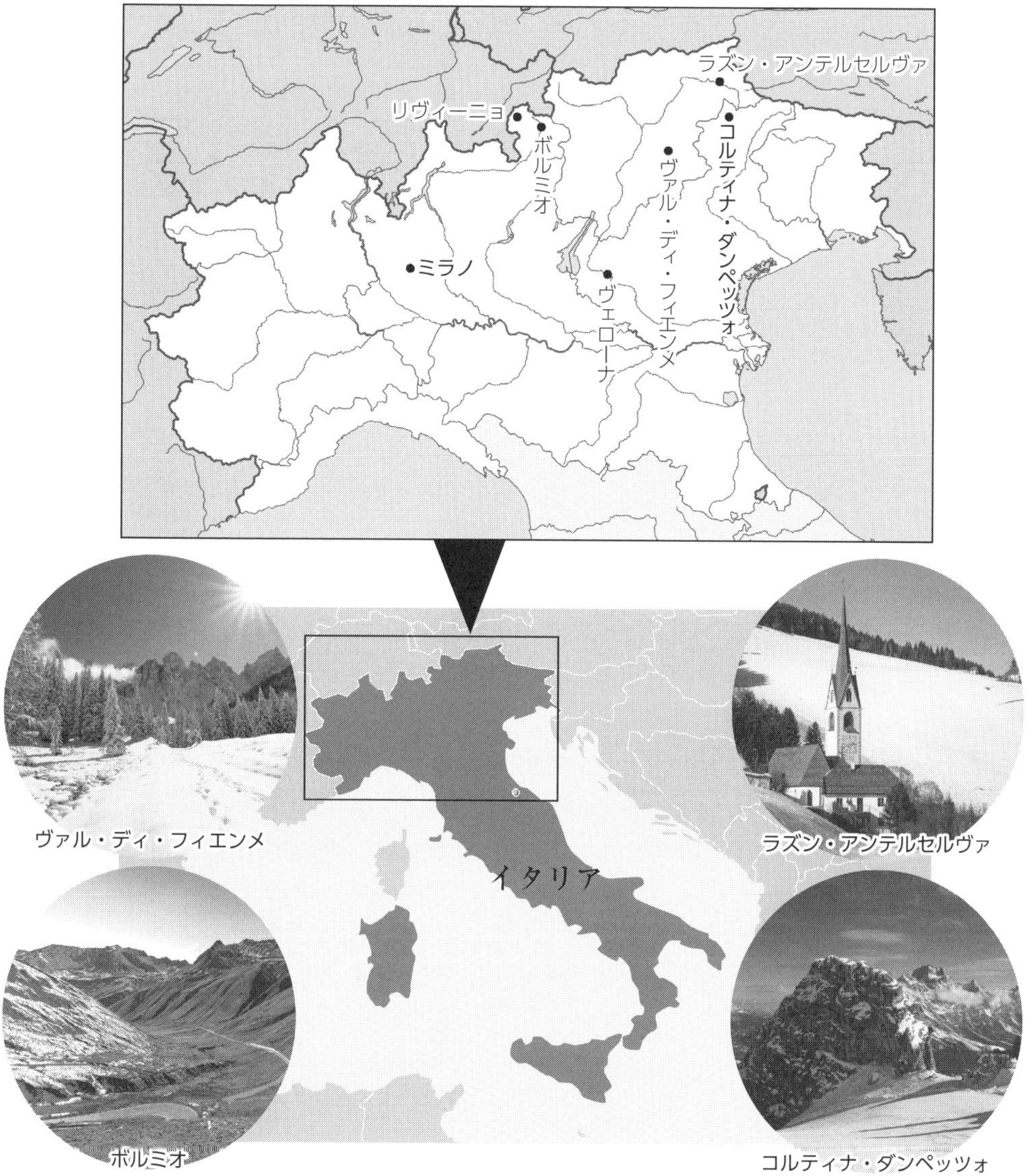


氷の上で投げて滑らせ、ハウスと呼ばれる同心円のスペース内に収め、点数を競う競技。

＊12　スキー版徒競走ともいわれるクロスカントリー、飛距離・空中姿勢などの総合得点を競うジャンプ、それらを組み合わせた複合の3種目がある。

＊13　タイムを競うスピードスケートと違い、順位を競うスケート競技。

＊14　スピードと空中演技の総合評価で競うモーグル、空中演技のよしあしを競うエアリアル、変化に富んだコースでスピードを競うスキークロス、ハーフパイプ、スロープスタイルの5種目。

## 3 アメリカでの9度目のオリンピック

オリンピックは、これまでの開催回数を国別で見ると、アメリカの8回（夏季4回・冬季4回）が最多。フランスが5回で、日本は4回です。

**オリンピック最多開催国**

アメリカでの9度目となるオリンピックはロサンゼルスで、2028年7月14日から7月30日までの予定。ロサンゼルスでの開催は、1984年以来44年ぶり3度目となります。夏季大会としては1996年（第26回）夏季オリンピックアトランタ大会（→P195）以来32年ぶり5度目、冬季大会を含めば2002年（第19回）冬季オリンピックソルトレークシティ大会（→P208）以来26年ぶりです。

競技のための施設は、新しいものは一切つくらず、既存の競技施設を使用するといいます。メイン会場は、1932年と1984年のメインスタジアムのLAコロシアム[*1]。多くの施設が、古くからあるスポーツ施設で、比較的新しいSoFi《ソーファイ》スタジアム[*2]は、2020年に完成したものです。

＊1　1923年に開場。正式名称はロサンゼルス・メモリアル・コロシアムで、収容人員は9万2000人超。普段はアメリカン・フットボールの試合に使用されている。

＊2　ソーファイ・スタジアム。2020年に開場したが、新型コロナ禍のため観客を入れて興行を開始したのは2021年5月。アメリカン・フットボールのロサンゼルス・ラムズとロサンゼルス・チャージャーズの本拠地。収容人数は最大で約10万人。

**2028年（第34回）夏季オリンピックロサンゼルス大会のビジョン**

ロサンゼルスのオリンピック組織委員会は「ロサンゼルス市（LA）は、入植以来、創造性と想像力を駆使して改革を行い、進歩の文化を築いてきた。今日、ロサンゼルス2028は、スポーツとイノベーションの旅に世界を招待し、大会を次のように変化させていく」とした上で、ビジョンとして、次のように表明しています。

- とことんアスリート向けに用意された体験を提供
- 既存のスポーツインフラを最大限に活用し、持続可能な長期的レガシー[*3]を約束
- スポーツとエンターテインメントを融合させた斬新な作品を制作し、世界のオリンピックブランドを刷新し、若者の想像力をかき立てる
- オリンピック・ムーブメント（→P280）に対するアメリカの情熱を、世代を超えて再燃させる
- 開催都市とオリンピック・ムーブメントに永続的な利益をもたらし、財政的に余裕のある大会を通じてオリンピック・アジェンダ2020[*4]の原則を受け入れる

さらに「我々のビジョンを象徴するものとして、ロサンゼルスを代表する太陽を活用。太陽は、ロサンゼルスで生活し、トレーニングを行う何千人ものアスリートを照

＊3　もともとの意味は「遺産」。広義では人物や事業によって将来長期にわたって残され受け継がれる有形無形の業績や、次世代に引き継がれていく物事も意味する。

＊4　IOCが目指す中長期のオリンピック改革。2014年12月にモナコで行われた第127次IOC総会において20＋20の改革案が採択された。JOCのホームページに提言が掲載されている。https://www.joc.or.jp/olympism/agenda2020/pdf/agenda2020_j.pdf)。

らすだけでなく、より持続可能なオリンピックを目指す上で、強力な味方となる。オリンピックの炎を照らす役割の太陽は、今後、エネルギー革命の火付け役となる。ロサンゼルス２０２８は、太陽を活用することで新しい時代のための新しい大会を再構築する手助けとなる」と、声高に語っています。

## 競技種目

競技種目は、２０２０年（第32回）夏季オリンピック東京大会から追加された3競技（スケートボード、スポーツクライミング、サーフィン）を含む28の競技となりました。２０２４パリ・オリンピックで実施されたブレイキン（ブレイクダンス）は実施されません。また、追加競技（→P26）として、クリケット、フラッグフットボール、ラクロス、キックボクシング、スカッシュ、モータースポーツなどが、各国から提案されていましたが、２０２３年のＩＯＣ総会で、野球・ソフトボール、クリケット[*5]、ラクロス[*6]、フラッグフットボール[*7]、スカッシュ[*8]が採用されました。

ここで注目されるのが、ボクシングが競技種目から保留されていること。その理由は、ドーピング[*9]が多発したことなどが挙げられています。ウエイトリフティング[*10]と近代五種[*11]も除外が検討されていましたが、どちらも実施されることとなりました。

＊5　イギリスの国技で、野球の原型といわれる（諸説あり）。11人一組みでチームをつくり、攻守に別れて試合をする。

＊6　「クロス」という、先端にネットのついたスティックでボールを操り、相手ゴールを狙うことで得点を競う球技。

＊7　アメリカンフットボール類似のルールだが、タックルのかわりに腰につけたフラッグを取り合う競技。

＊8　四方を壁に囲まれた屋内コートで、ラケットでボールを打ち合う競技。ボールを壁に打ち付け、戻ってきたボールを打ち返す。

クリケット

ラクロス

フラッグフットボール

スカッシュ

＊9　スポーツで、成果を上げるために薬物や禁止物質が含まれている食品などを摂取すること。意図的に行った場合だけでなく不注意の接種でも、失格や出場停止などの処分の対象となる。

＊10　重量挙げ。原型は重い石を持ち上げる力比べだった。1896年第1回アテネオリンピックから男子のみが実施されていた。

＊11　ひとりの選手が1日に、射撃・水泳・フェンシング・馬術・ランニングの5種目を行い、総合得点を競う競技。

# 第2章 古代オリンピック

# 1 古代オリンピックはいつから？

「古代オリンピック」は、紀元前776年に古代ギリシャのエリス地方にあるオリンピアで始まったと考えられています。

**宗教行事「オリンピア大祭」**

「オリンピア」は、古代ギリシャの都市の名前。そこで開催された祭典が「オリンピア大祭」と呼ばれていました。一方、オリンピアがゼウス神[*1]の聖地であることもわかっています。これらにより、「オリンピア大祭」は、ゼウス神に捧げる祭として始まったとされています。

当時、その祭典が4年に一度行われていたことも既に考古学により明らかになっていますが、なぜ4年ごとに開催されたのかについては、いくつかの説があり正確にはわかっていません。それでも「古代ギリシャ人が太陰暦[*2]と太陽暦の両方を用いていた」からだという説が最も有力です。なぜなら、古代ギリシャでは、さまざまなことが、周期8年の太陽暦により行われていたからです。また、4年ごとの夏至のあと2度目か3度目の満月の前後に開催されていたこともわかっています。

4年に1度というのは、太陽暦の8年周期の半分だったのです。

---

＊1 ギリシャ神話に現れる幾多の神の中で、神々の頂点に立つ全知全能の最高神。

＊2 月の満ち欠けの周期（29・53059日）を基準として日数を区切る暦。なお太陽暦は、地球が太陽の回りを1周する周期を基準とする暦。

### オリンピア大祭の最初の競技

オリンピアの遺跡には、長さ約215メートル、幅約30メートルの広場があって、その周りをスタンドのような盛り土で囲む施設が見つかっています。それは「スタディオン」と呼ばれています。

「スタディオン」とは、古代ギリシャで使われていた距離（長さ）の単位で、1スタディオンは、約191メートルです。このことから、オリンピア大祭では、1スタディオンを走る競争、即ち、スタディオン走（スタディオン・レース）が行われていたと考えられています。これがオリンピア大祭で初めて行われたと考えられている競技です。

この「スタディオン走」が、紀元前776年に始まり、それが、古代オリンピック第1回大会の始まりだといわれているのです。そして、紀元前724年に行われた第14回大会で「ディアウロス走（2スタディオン走）」が始まるまで、古代のオリンピックでは唯一の種目だったと見られています。

ギリシャのデルフィ遺跡にあるスタディオン。

# 2　種目いろいろ

「古代オリンピック」という名称は、どのようにして使われるようになったのでしょうか。

**考古学の発見**

古代ギリシャ研究では、遺跡や遺物、そして伝説などの考古学における調査・研究が行われた結果、オリンピア大祭で行われる競技は、当初はスタディオン走だけでしたが、次第に種目を増やすとともに、祭典の規模も大きくなってきたと見られ、「古代オリンピック」といわれるにふさわしい行事になってきました。

左記は、日本オリンピック委員会（JOC）[*1]がまとめた「古代オリンピック」の様子です。

・ディアウロス競走：紀元前724年の第14回大会から、2スタディオン走が始まった。これは、現在の400mに相当し、スピードと持久力が必要な競技。

・ドリコス競走：第15回大会からは長距離競走が行われた。スタディオンの直線路を10往復するなど、距離はいくつか変更された。現在の陸上競技のようにタイムレースではなく、スロー

＊1　国際オリンピック委員会（IOC）に承認された日本の国内オリンピック委員会（NOC→P285）。オリンピックやアジア競技大会などの国際総合大会への選手団派遣や、オリンピック運動の普及・啓発などを事業の柱とする。ホームページ（https://www.joc.or.jp/about/）にて様々な情報を発信。本文中の古代オリンピックの様子は、https://www.joc.or.jp/sp/column/olympic/history/001.html より

ギリシャのアテネ国立考古学博物館[*2]には、古代オリンピックでのさまざまな競技のようすが描かれている壺などの陶器が飾られている。

＊2 ギリシャの首都アテネにある国立博物館。ギリシャ各地で出土した、先史時代～ローマ時代にわたる古代ギリシャの豊富な美術品が収められている。古代オリンピックの競技種目を描いた陶器画などから、当時のようすが伺える。

ペースで駆け引きしながら走り、ラストスパートで勝負を決したと予想される。
・ペンタスロン：紀元前708年の第18回大会から始まったといわれる5種競技。短距離競走、幅跳び、円盤投げ、やり投げ、レスリングの5種目を一人の選手がこなす。3種目以上を制した者が優勝者となった。
・レスリング：紀元前668年の第28回大会からは、ペンタスロンで行われたレスリングが単独の競技となった。立ったままの姿勢から（投げるために片膝をつくことは認められていた）相手を持ち上げて投げる競技。正しく美しいフォームで投げなくてはならなかった。時間制限はなく、勝負が決するまで行われた。
・ボクシング[*3]：レスリングと同じく第28回大会からボクシングも始まる。時間制限もインターバルもなく、たとえ倒されても、負けを認めない限り相手の攻撃は止まらないというもの。グローブも使わず、その代わりに相手のダメージを大きくするための革ひも（後に金属の鋲まで埋め込まれた）を拳に巻いて殴り合った。
・戦車競走[*4]：紀元前680年の第25回大会からは、48スタディオンの距離で争われる4頭立ての戦車競走が始まった。また、第33回大会（紀元前648年）からは競馬競走[*5]が始まる。ただし、どこで行われたかなど、現在でも詳細は不明。

＊3　古代オリンピックでは「相手が負けを認めるか気を失うまで試合を続ける」というルールだったことから、死亡者が出るほど危険な競技だった。ゆえに5世紀初めに「残忍すぎる」という理由で禁止。その後、1867年にイギリスでグローブ着用義務などのルールが制定され、現在のボクシングのルールの基礎を確立。近代オリンピックで正式種目として採用されるようになった。

＊4　御者が複数の馬に二輪車を引かせ、競技場内を周回し、その速さを競う競技。

馬を用いた競技は、当初は戦車競争（写真上）だけだったが、その後、騎手が裸馬に乗って行う競馬競争（写真下）が加わった。

現在のように体重別の階級が存在していなかったボクシング競技。手には革ひもが巻かれているのがわかる。

＊5　騎手が馬に乗って行う競馬は、最初は裸馬によるレースだったため、戦闘用の馬車である戦車競走にくらべて迫力に欠け、人気がいまひとつだったようだ。

・パンクラティオン:ギリシャ語で「パン」とは「すべての」を、「クラティオン」は「力強い」の意味。素手ならどんな攻撃をしてもよいという。関節技や首を絞めることも許され、どちらかが敗北を認めない限りは勝負が決することがなかった。

これらの競技の優勝者にはオリーブの冠（↓P59）が授けられました。

**聖なる休戦**

「古代オリンピック」は、回を重ねるにつれて、ギリシャ全土から競技者や観客が参加するようになります。しかし、当時のギリシャは、自然風土や社会的・宗教的要因によって数多くの小さなポリス*6（都市国家）が乱立していて、常にポリス同士が争っていました。そのため、4年に一度の国を挙げての行事が、争いのために開催できませんでした。しかし、オリンピックは、宗教的に大きな意味がある行事のため、戦争を中断（休戦）して開催する合意がポリス間にできていたのです。これが「聖なる休戦」です。長距離を、ときには敵地を横切って、オリンピアに集まるために、当初は1か月だった聖なる休戦の期間は、最終的に3か月ほどになったといわれています。

＊6　古代ギリシャにおいて、自立した国家を形成し、市民による政治が行われていた都市。都市国家と訳される。1000以上ものポリスを建設したといわれているが、アテネやスパルタがよく知られている。

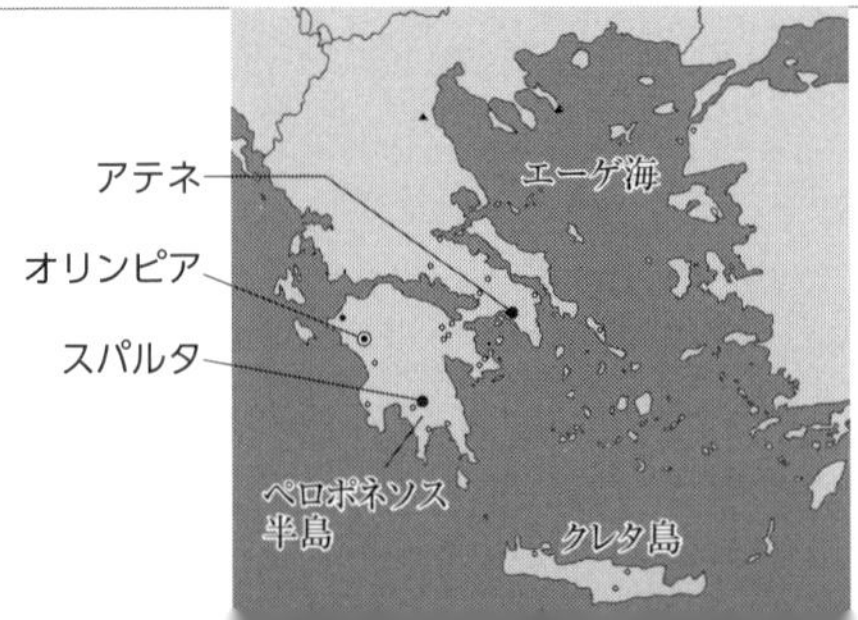

多くのポリスでは、いちばん高い場所にアクロポリス（「高い丘の上の都市」を意味する）を築き、その麓に市民の生活の中心であり、政治・経済、文化の拠点となる広場（アゴラ）が広がっていた。なかでもアテネのアクロポリスは有名で、パルテノン神殿ほか遺跡が多く見られる。

# 3 古代オリンピックの終焉

ギリシャ各地には紀元前8世紀頃から多くのポリスが誕生。大きな力をもっていたのが、アテネ[*1]とスパルタ[*2]。オリンピアよりはるかに大きな都市国家でした。

## ローマ帝国の発展

紀元前6世紀頃になると、イタリア半島でもいくつものポリスが発展。さらに紀元前1世紀頃には、ポリスの一つローマが周辺のポリスを征服し、ローマ帝国[*3]に発展していきました。紀元前146年、古代ギリシャもローマに支配されます。紀元前30年頃になると、ローマ帝国はヨーロッパ南部、中央部、西アジアの地中海沿岸部とその南側のアフリカにまで勢力を拡大しました。

こうしたなか、ギリシャ人以外の参加を認めていなかったオリンピア大祭＝「古代オリンピック」に、ローマが支配する地中海全域から競技者が参加するようになったのです。ところが紀元392年、ローマのテオドシウス帝[*4]がキリスト教をローマ帝国の国教と定めます。結果、オリンピアのゼウス神（→P38）に捧げるオリンピア大祭を続けることが困難となりました。こうして紀元393年の第293回オリンピックが最後となり、1169年間続いた古代オリンピックは終わりを告げたのです。

---

＊1　スパルタと並び古代ギリシャの有力な都市国家の一つ。ソクラテスをはじめ多くの哲学者、文化人を生んだ。尚、1896年に、初めての近代オリンピックがアテネで開催された。

＊2　アテネのライバルとされ、古代ギリシャで最強の重装歩兵をもつ都市国家。

＊3　紀元前8世紀に誕生したといわれるローマは王制、共和制を経て紀元前1世紀から紀元5世紀まで帝政（ローマ帝国）として繁栄。イタリア半島を中心に、欧州、北アフリカ及び中東の一部を支配した古代最大の帝国。

古代オリンピック発祥の地、ギリシャのオリンピアの街に残るオリンピアの古代遺跡は1989年、ユネスコの世界遺産に登録された。 ©Sergei Gussev

＊4　ローマ帝国末期の皇帝で在位379年～395年。392年には異教禁止令を発出してキリスト教（アタナシウス派）をローマの唯一の国教とした。

# 第3章 近代オリンピックの歴史とその時代

| 回 | 年 | 大会 | 開催国 |
|---|---|---|---|
| 23 | 1984年 | ロサンゼルス大会 | アメリカ合衆国 |
| 24 | 1988年 | ソウル大会 | 韓国 |
| 25 | 1992年 | バルセロナ大会 | スペイン |
| 26 | 1996年 | アトランタ大会 | アメリカ合衆国 |
| 27 | 2000年 | シドニー大会 | オーストラリア |
| 28 | 2004年 | アテネ大会 | ギリシャ |
| 29 | 2008年 | 北京大会 | 中国 |
| 30 | 2012年 | ロンドン大会 | イギリス |
| 31 | 2016年 | リオデジャネイロ大会 | ブラジル |
| 32 | 2020年 | 東京大会 | 日本 |
| 33 | 2024年 | パリ大会 | フランス |
| 34 | 2028年 | ロサンゼルス大会 | アメリカ合衆国（予定） |

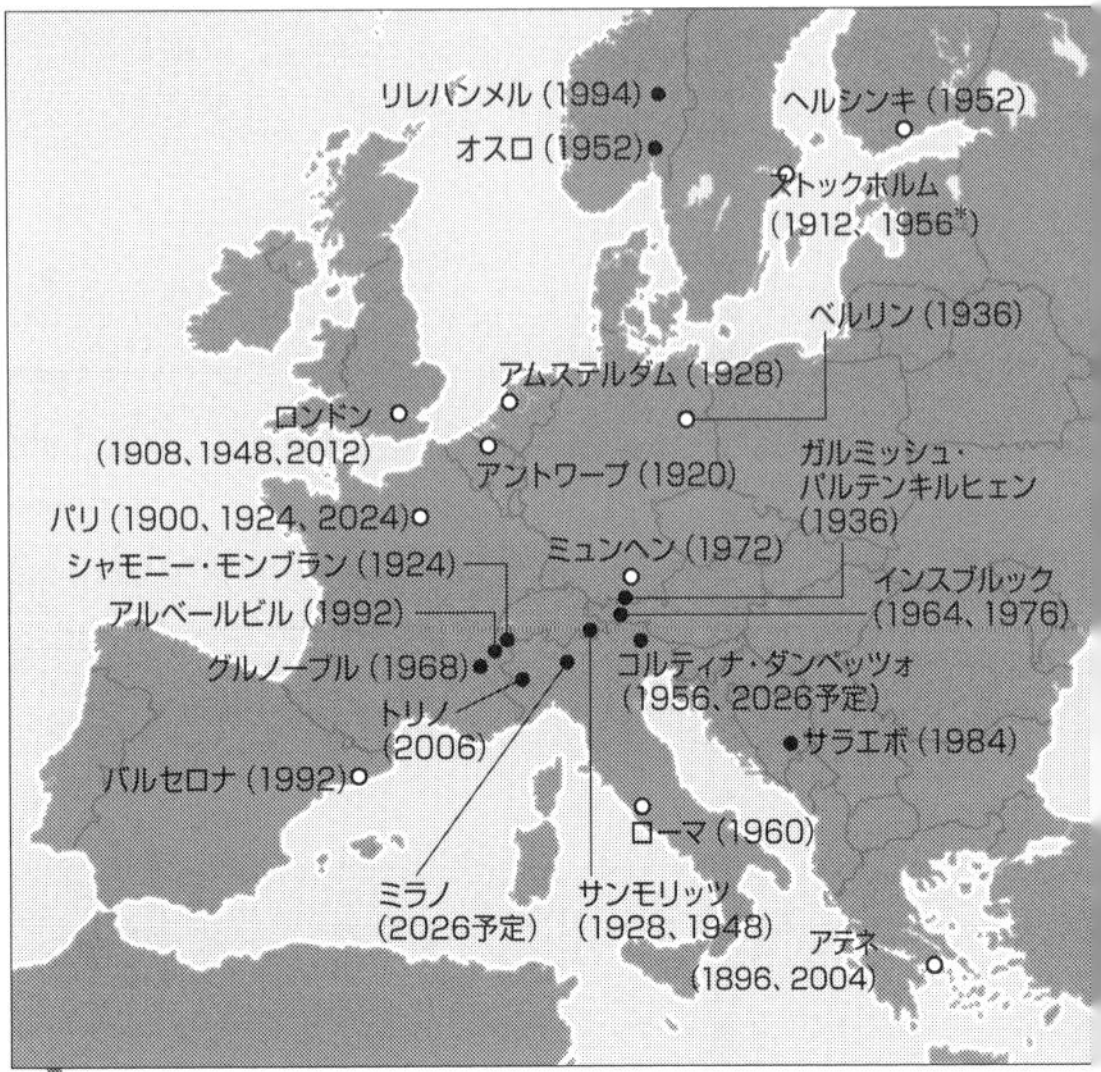


＊ 1956年の夏季大会では、馬術のみスウェーデンのストックホルムでおこなわれた。

## これまでのオリンピック競技大会（近代以降2024年時点）

### 夏季大会

| 回 | 年 | 大会 | 開催国 |
|---|---|---|---|
| 1 | 1896年 | アテネ大会 | ギリシャ |
| 2 | 1900年 | パリ大会 | フランス |
| 3 | 1904年 | セントルイス大会 | アメリカ合衆国 |
| 特別 | 1906年 | アテネ大会 | ギリシャ |
| 4 | 1908年 | ロンドン大会 | イギリス |
| 5 | 1912年 | ストックホルム大会 | スウェーデン |
| 6 | 1916年（中止） | ベルリン大会 | ドイツ帝国 |
| 7 | 1920年 | アントワープ大会 | ベルギー |
| 8 | 1924年 | パリ大会 | フランス |
| 9 | 1928年 | アムステルダム大会 | オランダ |
| 10 | 1932年 | ロサンゼルス大会 | アメリカ合衆国 |
| 11 | 1936年 | ベルリン大会 | ドイツ |
| 12 | 1940年（返上） | 東京大会 | 日本 |
| 13 | 1944年（中止） | ロンドン大会 | イギリス |
| 14 | 1948年 | ロンドン大会 | イギリス |
| 15 | 1952年 | ヘルシンキ大会 | フィンランド |
| 16 | 1956年 | メルボルン大会 | オーストラリア |
| 17 | 1960年 | ローマ大会 | イタリア |
| 18 | 1964年 | 東京大会 | 日本 |
| 19 | 1968年 | メキシコシティ大会 | メキシコ |
| 20 | 1972年 | ミュンヘン大会 | 西ドイツ |
| 21 | 1976年 | モントリオール大会 | カナダ |
| 22 | 1980年 | モスクワ大会 | ソビエト連邦 |

### 冬季大会

| 回 | 年 | 大会 | 開催国 |
|---|---|---|---|
| 1 | 1924年 | シャモニー・モンブラン大会 | フランス |
| 2 | 1928年 | サンモリッツ大会 | スイス |
| 3 | 1932年 | レークプラシッド大会 | アメリカ合衆国 |
| 4 | 1936年 | ガルミッシュ・パルテンキルヒェン大会 | ドイツ |
| 5 | 1948年 | サンモリッツ大会 | スイス |
| 6 | 1952年 | オスロ大会 | ノルウェー |
| 7 | 1956年 | コルティナ・ダンペッツォ大会 | イタリア |
| 8 | 1960年 | スコーバレー大会 | アメリカ合衆国 |
| 9 | 1964年 | インスブルック大会 | オーストリア |
| 10 | 1968年 | グルノーブル大会 | フランス |
| 11 | 1972年 | 札幌大会 | 日本 |
| 12 | 1976年 | インスブルック大会 | オーストリア |
| 13 | 1980年 | レークプラシッド大会 | アメリカ合衆国 |
| 14 | 1984年 | サラエボ大会 | ユーゴスラビア |
| 15 | 1988年 | カルガリー大会 | カナダ |
| 16 | 1992年 | アルベールビル大会 | フランス |
| 17 | 1994年 | リレハンメル大会 | ノルウェー |
| 18 | 1998年 | 長野大会 | 日本 |
| 19 | 2002年 | ソルトレークシティ大会 | アメリカ合衆国 |
| 20 | 2006年 | トリノ大会 | イタリア |
| 21 | 2010年 | バンクーバー大会 | カナダ |
| 22 | 2014年 | ソチ大会 | ロシア |
| 23 | 2018年 | 平昌大会 | 韓国 |
| 24 | 2022年 | 北京大会 | 中国 |
| 25 | 2026年 | ミラノ／コルティナ・ダンペッツォ大会 | イタリア（予定） |

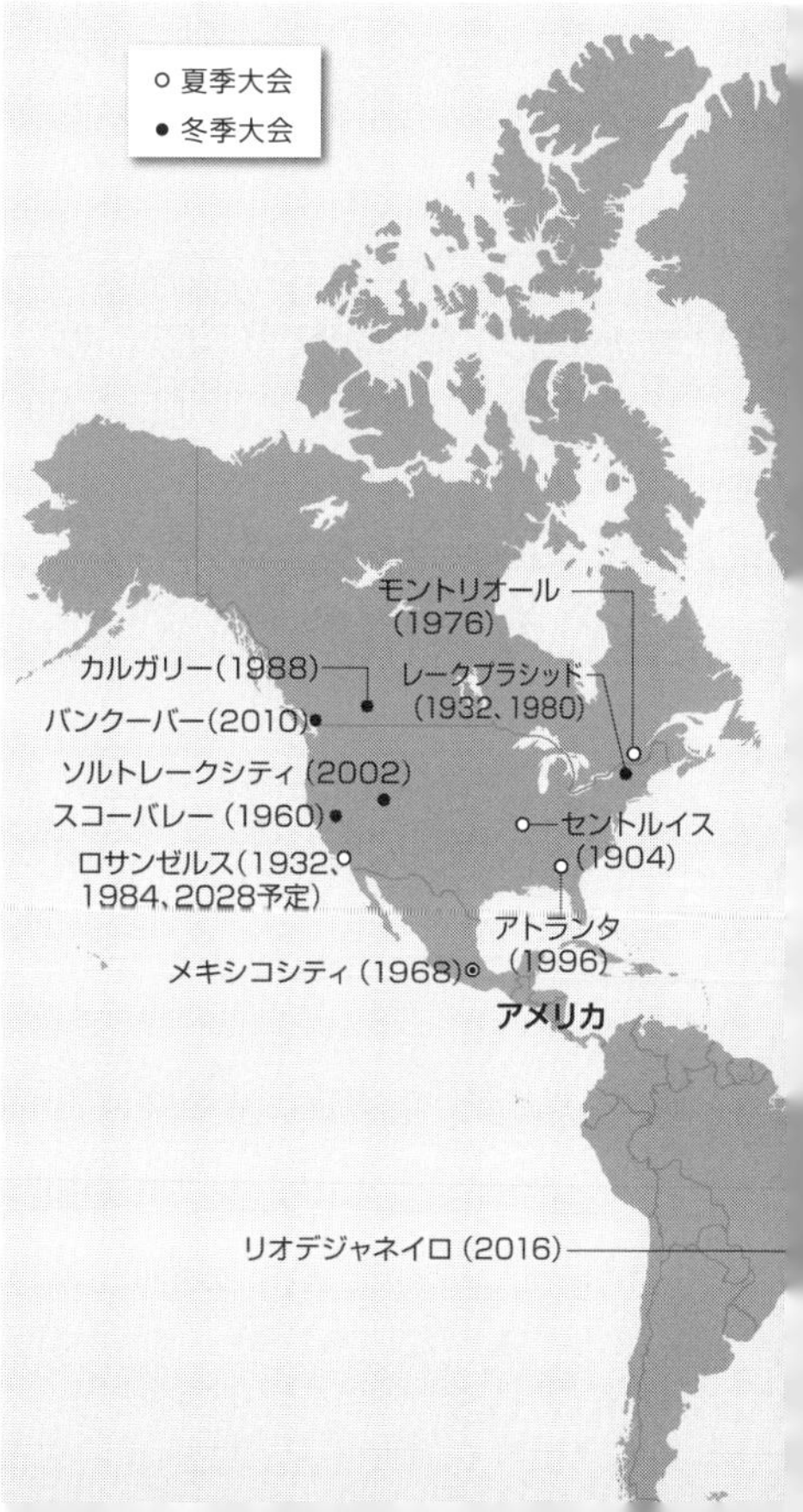

# 1　近代オリンピック黎明期

西暦393年に行われた第293回オリンピア大祭＝「古代オリンピック」以降は、その火が再び灯ることはありませんでした。

**1500年間の空白の後の復活**

「古代オリンピック」が、新たな形で復活したのは、1500年後のこと。人類はとっくに近代[*1]に入っていました。

フランスの教育者ピエール・ド・クーベルタン男爵[*2]が1892年、ソルボンヌ講堂[*3]で「ルネッサンス・オリンピック」と題する講演を行いました。そのなかで彼は、古代ギリシャで行われていた競技会の復活を提案します。

まもなく、彼の提案が多くの人々から支持され、1896年に、新たなオリンピックがギリシャの首都アテネで開催することが決まりました。これが「近代オリンピック」の始まりです。即ち、古代に始まり、1169年間続いた「古代オリンピック」の復活でした。

しかし、近代とはいえ、この大会の出場選手は男子のみでした。「古代オリンピック」同様、女子禁制の大会でした。

＊1　歴史の時代区分の一つで、西洋史では一般に、15・16世紀以降20世紀初頭まで。ルネサンス、大航海時代、宗教改革などとともに始まったとされる。

＊2　1863年～1937年。フランスの貴族で、教育改革やスポーツの振興を唱え、1894年に国際オリンピック委員会を創設し、1896年最初の近代オリンピック開催に貢献。近代オリンピックの父と呼ばれる。

＊3　パリのソルボンヌ大学にある円形の大講堂。収容人数は約900人。

開会式はアテネのパンアテナイ競技場[*4]。５万人の観衆を集めて行われました。参加したのは、欧米先進国の14か国。選手は男子のみ２４１人。陸上、水泳、体操、レスリング、射撃、フェンシング、自転車、テニスの８競技、43種目で競われました。

ウエイトリフティングも体操の一種目として実施されました。ヨット競技は予定されていましたが、悪天候のため中止になったと記録されています。

著者の目

ギリシャの故事から生まれたマラソンが、マラトン[*5]からパンアテナイ競技場までの約40キロメートルのコースで、25人が参加して行われました。勝者は、ギリシャのスピリドン・ルイス。タイムは、2時間58分50秒でした。

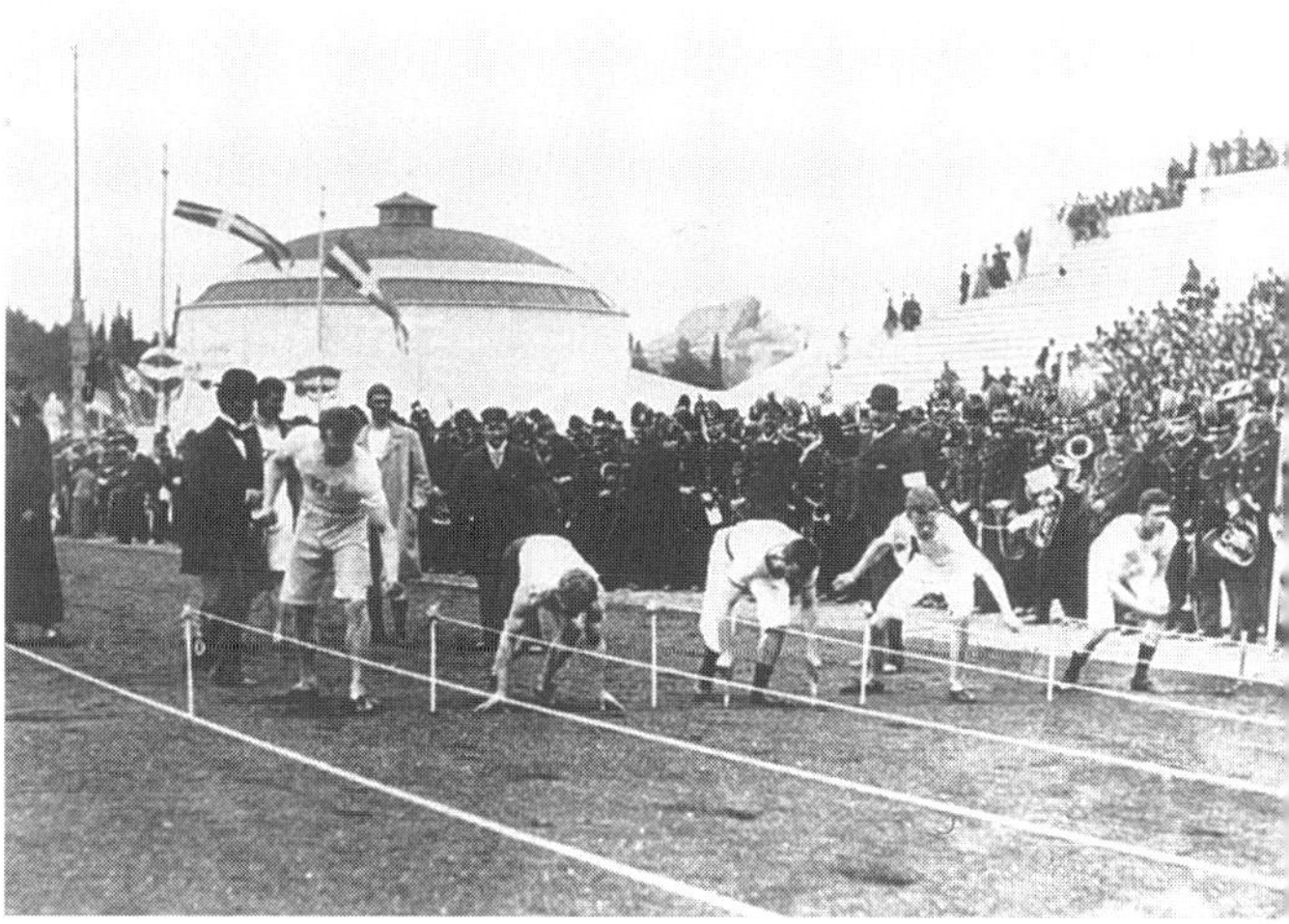
アテネオリンピックで最初に行われた競技が100メートル走の一次予選だった。陸上競技の花形種目の地位が確立されたといわれる。

＊4　紀元前6世紀から、祭典や陸上競技場として使われてきた。1896年の第1回近代オリンピック開催に合わせて修復。

＊5　アテネの北東にあり、「マラトンの戦い」（紀元前490年）の舞台として知られる村。マラトンでの戦いに勝利したことを急いで伝えるため、ギリシャ軍の伝令兵がマラトンから約40キロメートル離れたアテネまでを走り、勝利を報告後に絶命したという故事からマラソンが生まれたといわれている。

## オリンピックの3つのシンボル

現在のオリンピックには、3つのシンボルがあります。即ち、聖火・オリンピック旗・モットーです。しかし、それらは、近代オリンピック第1回からあったわけではありません。

「聖火」は、古代オリンピックで灯されていました。プロメテウス[*6]がゼウス（↓P38）から火を盗んで人間に与えたというギリシャ神話で知られているように、ゼウスへの感謝を表すためにゼウス神殿やヘラ神殿[*7]などに火が灯されていたとされています。

近代オリンピックで「聖火」が初めて灯されたのは、1928年（第9回）夏季オリンピックアムステルダム大会（↓P85）でした。「聖火リレー」はさらに新しく、1936年（第11回）夏季オリンピックベルリン大会（↓P94）のときからでした。

現在、「聖火」は、ギリシャのオリンピア遺跡で太陽を利用して採火されます。そして、聖火ランナーによってオリンピック開催地まで届けられます。

詳しくいうと、オリンピックの開会式が行われる数か月前に古代オリンピックが行われたオリンピアの神殿跡[*8]で、太陽光線を一点に集中させたところへ、巫女がトーチをかざすことで点火して、「聖火」を灯します。

2つ目のシンボルは、「オリンピック旗[*9]」。現在、世界でこれほど知られたイベントの旗は他にはないでしょう。

---

＊6　ギリシャ神話に登場する男神。人間を創造した神であり、また天界の火を盗んで人類に与えたと言われる。

＊7　全能の神ゼウスの妻ヘラにささげられた神殿。

＊8　オリンピアは、ギリシャのペロポネソス半島西部に位置する古代ギリシャ時代からの都市で、紀元前8世紀以降古代オリンピックが行われてきた。聖火点灯が行われるのはヘラ神殿跡。

かつてオリンピックの旗の5つの輪は、5つの大陸を象徴しているとされていました。ところが、その後、どの色がどの大陸を示すかが問題になり、現在では輪の5色と地色の白を使えば、世界中のほとんどの国の国旗をつくることができるといわれ、オリンピック旗は、すべての国に対する敬意を象徴すると考えられるようになりました。

尚、オリンピックの日本語の正式名称は「オリンピック競技大会（英語でGames of the Olympiad）」ですが（→P286）、日本ではそのマークの形から

巫女による採火のリハーサル。この儀式の本番は公開されていない。

＊9　オリンピックの旗は、白地で縁なし。旗の中央には5色（左上から右に青、黄、黒、緑、赤）のオリンピック・シンボルが描かれている。そのデザインおよび大きさは、1914年のパリ・コングレスでピエール・ド・クーベルタン（→P52）が考案したものでなければならない。

「五輪大会」、オリンピックの旗が「五輪旗」と呼ばれているのは、いわずもがな。

3つ目のシンボルは「モットー」です。「モットー」とは、主義・主張・信条を簡明に言い表した言葉です。

オリンピックのモットー[*10]は、ラテン語で書かれた「より速く、より高く、より強く」[*11]とされています。

## 第1回のアテネと第2回のパリとの間の「闘い」

現代のオリンピックを主催するIOC（→P26）は、クーベルタン（→P52）によって1894年に創設され、第1回近代オリンピックは、ギリシャで1896年に無事開催できました。

ところが、次回の1900年第2回オ

1984年ロサンゼルスオリンピックの開会式で、電光掲示板にラテン語で映し出されたモットー。（→P167）

＊10　1996年オリンピック憲章に書かれ、IOCからオリンピック関係者に向けて呼びかけられたメッセージ。2021年には「より速く、より高く、より強く」に「共に」を加えることが決定された。（→P292）

＊11　ラテン語の表記 Citius, Altius, Fortius

リンピックの開催地については、すんなり決定したとはいえませんでした。その理由は、ギリシャが、オリンピックは古代オリンピックが復活したものだから、ずっとギリシャで行うべきだ、と主張したのに対し、ＩＯＣは、近代オリンピックは毎回異なる都市で行うことがオリンピックの目的を果たすのに必要だと主張。他国開催を計画していたのです。

結局、クーベルタンがフランス出身だったこともあって、パリでの開催が決まりました。ところが、そのパリは、その１９００年に、当時世界的に人気があった万国博覧会を開催する予定になっていたのです。そのことが……。

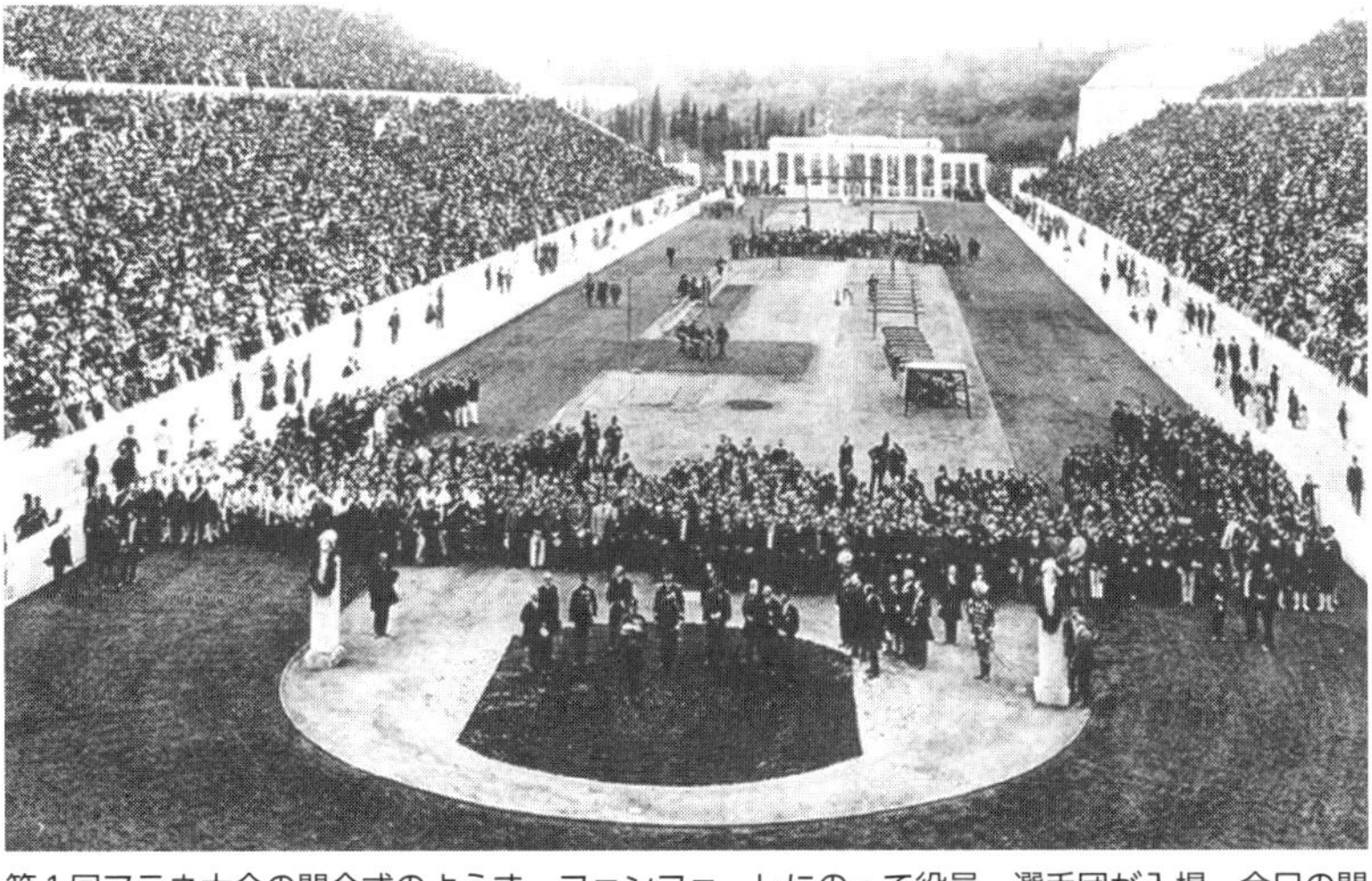

第１回アテネ大会の開会式のようす。ファンファーレにのって役員、選手団が入場。今日の開会式の原型となった。

| 1896年(第１回)夏季オリンピックアテネ大会 | |
|---|---|
| 開催期間 | 1896年4月6日～4月15日 |
| 開催都市 | ギリシャ／アテネ |
| 参加国数 | 14 |
| 参加選手数 | 241人（男子のみ） |
| 競技数 | 8競技 |
| 種目数 | 43種目 |

なんと、このオリンピックはパリ万博の付属大会として開催することが決定。しかも、その会期も、万博と同じで1900年5月14日から10月28日まで。会期が5か月！　今では考えられない長さでした。そのため、さまざまな問題が生じてしまい、オリンピックの運営はうまくいきませんでした。

それでも、さまざまな混乱はあったものの、競技種目も参加者も第1回に比べて大きく増加し、女子選手も参加。16の競技で、95種目が行われ、24か国から997人（女子22人）の選手が参加しました。

このオリンピックでは、古代オリンピックを含め、オリンピック史上初の女子の金メダリストが誕生しました。イギリスのシャーロッテ・クーパー[*12]（テニス）でした。

トリビア情報！　オリンピックで金・銀・銅メダルが授与されるようになったのは、次の1904年第3回セントルイス・オリンピックから。実は、第1回のアテネは1位が銀メダル、2位が銅メダル、3位以下はメダルなし。第2回では1位が金メダル、2位銀メダルと、メダルは2つだけでした。

## 1900年（第2回）夏季オリンピックパリ大会

| 1900年（第2回）夏季オリンピックパリ大会 | |
| --- | --- |
| 開催期間 | 1900年5月14日～10月28日 |
| 開催都市 | フランス／パリ |
| 参加国数 | 24 |
| 参加選手数 | 997人（うち女子22人） |
| 競技数 | 16競技 |
| 種目数 | 95種目 |

＊12　イギリスのロンドン出身。ウィンブルドンで5回の優勝をかざった名テニスプレイヤーだった。

著者の目

メダルの授与は今でこそオリンピックの常識のようですが、もしも万博でメダル授与が行われていなかったら、どうなっていたかわかりません。当時の万博で、メダル授与が行われていたからこそ、その付属大会となったオリンピックでも、メダルが贈られることになったのです。なぜなら古代オリンピックの勝者にはオリーブの冠が授与されていたのだから。（拙書『万博博覧会〜知られざる歴史とSDGsとのつながり』参照）

©FocalPoint

オリンピック最初の女子金メダリスト、イギリスのシャーロッテ・クーパー選手。

## 1904年（第3回）夏季
## オリンピックセントルイス大会

このオリンピックは1904年7月1日～11月23日にアメリカのミズーリ州東部にあるセントルイス[*13]で開催されました。前回のパリ大会と同じく万国博覧会の付属大会として開催されたため、期間が5か月弱と長くなっていました。

「セントルイス万博[*14]」には、60か国が参加し、会期中1969万人が来場しましたが、オリンピックのほうはというと、12か国651人。パリ大会より出場選手も参加者も減ってしまいました。しかも半分は、アメリカ人だったともいわれています。IOCが目標とする「世界の発展、国際理解、平和に共存する」とはいえませんでした。

マラソンで優勝した選手が、途中の区間で車に乗り、スタジアムの手前で下車していたという「キセル・マラソン事件」が発生。しかし、真相はこうでした。

20キロメートルを過ぎたところで倒れ込んでいたアメリカのフレッド・ローツを、車で通りかかった人が救護。スタジアムに乗せていく途中、復活したローツは下車して走り出し、1着でゴール。しかしその事実は、ゴール1時間後になるまでわからなかったのです。これが後に発覚、真の優勝者は、同じくアメリカのトーマス・ヒックスとなりました。

**1904年（第3回）**
**夏季オリンピックセントルイス大会**

| | |
|---|---|
| 開催期間 | 1904年7月1日～11月23日 |
| 開催都市 | アメリカ／セントルイス |
| 参加国数 | 12 |
| 参加選手数 | 651人 |
| 競技数 | 16競技 |
| 種目数 | 95種目 |

＊13　18世紀後半にフランス人の入植で始まり、水運、鉄道、自動車産業などで繁栄した町。人口約32万人。

＊14　フランスからのルイジアナ買収100周年を記念し、1904年に7か月にわたって開催された国際博覧会。

著者の目

右ページのように、おさわがせローツは、ＡＡＵ（アメリカのアマチュア運動連合）から競技会への出場を禁止されましたが、後に謝罪が受け入れられ、処分撤回。１９０５年のボストンマラソンで優勝し、以降も参加を続けました。

下半分に「万博（WORLD's・FAIR）ルイジアナ購入（LOUISIANA PURCHASE）博覧会（EXPOSITION）」と書かれている。

## 歴史から消えた1906年の「特別大会」

1904年（第3回）夏季オリンピックセントルイス大会、及び、当時既に開催が決定していた1908年（第4回）夏季オリンピックロンドン大会の中間の年になる1906年に、4度目の近代オリンピックがアテネで開かれたのです。

実はこのオリンピックは、「近代オリンピックは、古代オリンピックが復活したものだから、ずっとギリシャで行う」（↓P57）といった考えにより実施されました。その事情は、こうです。

当時のギリシャ王のゲオルギオス1世[*15]は、「オリンピックは恒久的にギリシャで開催されるべきだ」と主張し続けていました。そして、IOCと協議を続けてきた結果、IOCが主催する、1904年、1908年のオリンピックとは別に、1906年にもアテネでオリンピックを開催することになったというわけです。

ところが、そう強く主張したゲオルギオス1世が1913年に暗殺されたり、ギリシャの国情が不安定になったりしたため、中間大会はその後は、一度も開催されることはありませんでした。結局、1906年にアテネで行われた近代オリンピックは、オリンピックの公式の歴史には存在しない「特別大会」とされ、1950年にはIOCの公式記録からも削除されたのです。

＊15　1845年～1913年（在位1863年～1913年）。デンマーク出身。議会創設など立憲君主制を進めたことで知られる。帝政トルコから奪還したテッサロニキ訪問中に暗殺。

著者の目

近代オリンピックは、フランスの教育者ピエール・ド・クーベルタン男爵の古代オリンピックの復活の提唱によって始まりました。第1回オリンピックは、1896年にギリシャのアテネで開催されました。このオリンピックは資金的な問題もありましたが、当時国際的な地位を向上しようとしていたギリシャの支援もあり大成功を収めました。

1900年に第2回オリンピックがフランスのパリで開催され、1904年に第3回オリンピックがアメリカ合衆国のセントルイスで開催されました。しかし、この2つのオリンピックは、同時に同地で開催された万国博覧会と一緒に行われたことや不祥事も生じたため盛り上がりに欠け、反省点が残る大会となりました。

ピエール・ド・クーベルタン男爵の肖像。

次のオリンピックは1908年にイギリスのロンドンで開催される予定でしたが、第1回オリンピックを成功させたギリシャは、オリンピックは毎回ギリシャで開催されるべきだと主張しました。クーベルタン男爵は、オリンピックは各国の持ち回りで開催するべきと考えていましたが、過去2回のオリンピックが盛り上がらなかったこともあり、オリンピックは4年ごとに各国で開催し、その中間の年にギリシャで開催することに決まりました。

# 2　近代オリンピックの発展

当初の近代オリンピックは、個人やチームで申し込めば参加できたのですが、第４回ロンドン大会から各国のオリンピック委員会を通すようになりました。

**人気急上昇の１９０８年（第４回）夏季オリンピックロンドン大会**

このオリンピックは、イギリスの首都ロンドンで１９０８年4月27日～10月31日に22の国と地域から２００８人の選手が参加して、23競技１１０種目が行われました。

このオリンピックがそれまでと異なったのは、万博と関係なくなったことです。また、この大会から、国ごとの参加となりました。これは、各国でオリンピック委員会がしっかり組織化されたことを意味しました。

近代オリンピックは、１９０８年を機に大きく発展。そんななかで生まれた言葉が、「参加することに意義がある」。この言葉の発端は、ペンシルバニアのエチュルバート・タルボット主教が各国選手団を前にして「オリンピックで重要なことは、勝利することより、むしろ参加したということであろう」と説教したことが、その後、当時のＩＯＣ会長だったクーベルタンが引用したことで、世界に広まったといわれています。

**1908年（第4回）夏季オリンピックロンドン大会**

| | |
|---|---|
| 開催期間 | 1908年4月27日～10月31日 |
| 開催都市 | イギリス／ロンドン |
| 参加国数 | 22の国と地域 |
| 参加選手数 | 2008人 |
| 競技数 | 23競技 |
| 種目数 | 110種目 |

## 芸術競技が加わったオリンピック

クーベルタン男爵という人物は、スポーツが心身の発達にとても重要だという信念をもっていたことが知られています。彼が提案した近代オリンピックにも「肉体と精神の向上の場」という目標が掲げられました。クーベルタンは1904年にフィガロ紙[*1]に次のように書いています。「次のステージに進み、オリンピアード[*2]の本来の美しさを取りもどすときが来たのです。古代オリンピックでは、芸術がオリンピックと調和し、その栄光を生み出していました。それが再び現実となるのです」。

しかし、その考え方は、当時としてはめずらしいものだったし、競技種目は、クーベルタンの考えだけで決まることはありませんでした。

ところがクーベルタンがいうように、古代ギリシャでは、芸術とスポーツは密接に結びついていました。そのため、クーベルタンは、近代オリンピックにも芸術競技をつくることを、1906年に提案したのです。

既にその時点では、1908年（第4回）夏季オリンピックロンドン大会には間に合いませんでした。それでも、クーベルタンは諦めず、IOC委員などを説得し続けました。

結果、1912年（第5回）夏季オリンピックストックホルム大会（↓P68）で芸術

---

＊1　1826年から発行されているフランスの日刊紙。フランスで最も古い新聞で、保守的な論調とされる。

＊2　ここではオリンピックと同義。別に、夏季オリンピックが開催される年から始まる4年間の期間を意味することもある。

競技が実現することになったのです。その「芸術競技」とは、建築、彫刻、絵画、音楽、文学の5つの部門でスポーツを題材にした芸術作品を出品するというもの。採点により順位が競われました。万国博覧会に出品することとも似ていました。

クーベルタンは、「芸術競技」の創設に貢献しただけに止まりませんでした。ゲオルク・ホーロットとマルチン・エッシェンバッハという偽名を使って「芸術競技」の文学部門に参加。『スポーツに寄せる詩』という出品作品によって、メダルを獲得していたのです。

藤田隆治（1907年～1965年、日本画家）は1936年ベルリンオリンピックの芸術競技絵画部門に「アイスホッケー」の作品で参加。銅メダルを獲得した。

そうして生まれた「芸術競技」でしたが、採点の客観的な基準がむずかしいなどの理由により、1948年（第14回）夏季オリンピックロンドン大会を最後に、その後一度も行われませんでした。

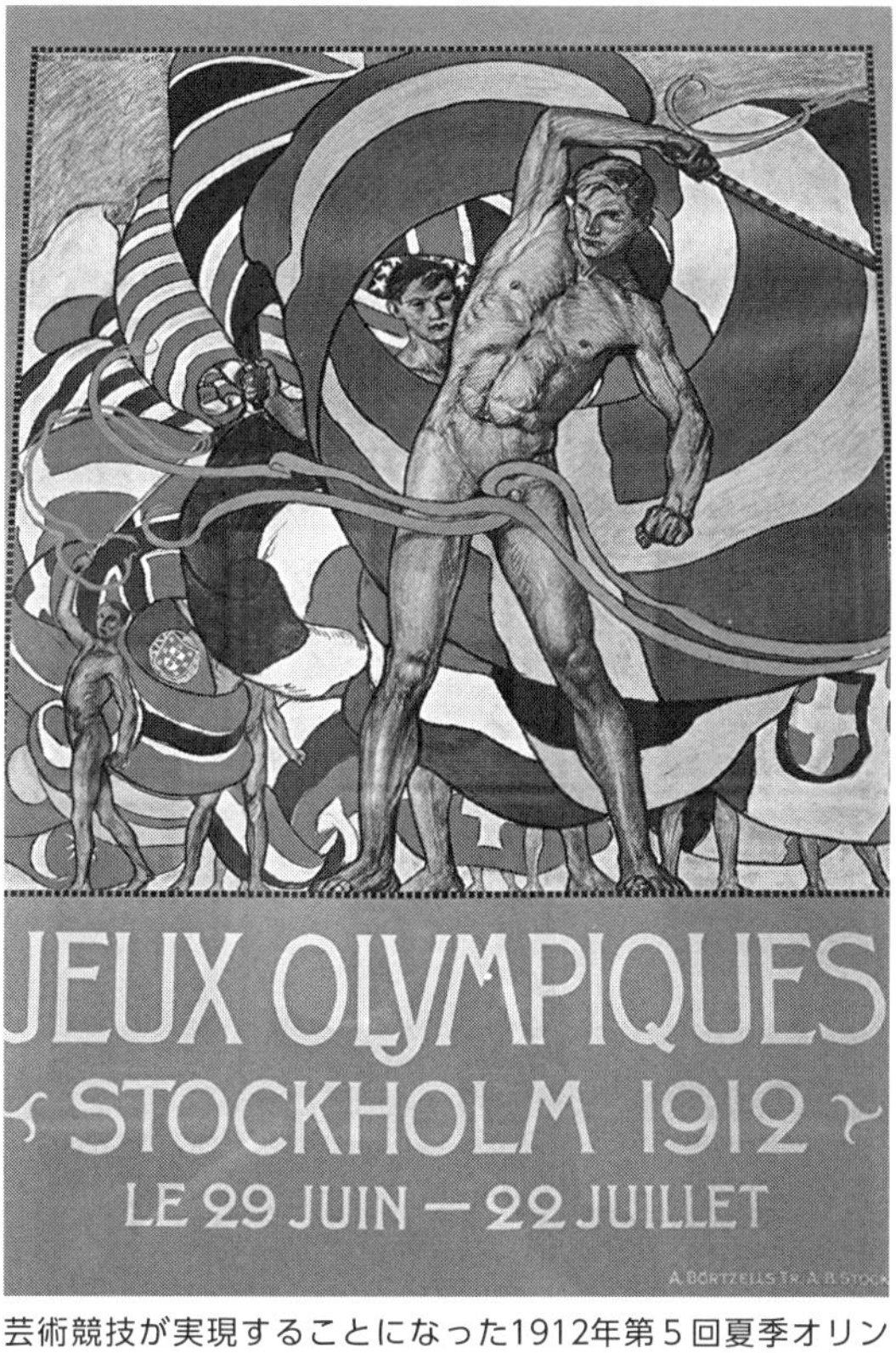

芸術競技が実現することになった1912年第５回夏季オリンピックストックホルム大会のポスター。 ©Ben Sutherland

著者の目

芸術種目が1948年までオリンピックで行われていた！　おそらく、今の日本人のほとんどは知らないかもしれません。もし知っていれば、これまで種目として検討されてきたモータースポーツ（古代オリンピックには、戦車競争もあった↓P42）や、今まさに種目化が噂されている、eスポーツに対する違和感も少ないかもしれません。

## 近代オリンピックの基礎が確立

１９１２年（第５回）夏季オリンピックストックホルム大会は、スウェーデンの首都ストックホルム[＊3]で、５月５日〜７月27日に開催されました。このオリンピックは28の国と地域から２４０７人の選手が参加して、15競技１０２種目が行われました。日本が初参加したのもこの時でした。それは前後する１９０９年５月、クーベルタンの呼びかけにより、嘉納治五郎《かのうじごろう》がアジアで初めてのＩＯＣ委員に就任したことに始まっていました（→Ｐ102）。

このオリンピックでは重要なことが２つ問われたといわれています。

その一つが、前述の「芸術競技がオリンピックにふさわしいかどうか」が改めて問われたこと。そしてもう一つは、即ち、オリンピックを通して「国とは何か？」が問われたことです。

それは、開催国のスウェーデンのオリンピック委員会が「オリンピックは政治上の領域に関係なく参加する資格がある」「ＩＯＣの認めたスポーツ領域は政治上の領域とは異なる」といった主張をしたことによりました。

現在の国際社会には、「国家」とされていない「地域」がありますが、ある地域からの個人・団体もオリンピックに参加を認めているのが、オリンピックの歴史。この原則が確立したのが、この大会だったのです。

＊3　スウェーデン中部にある同国の首都、最大の都市。人口約98万人。バルト海に面し、市内には多くの運河で仕切られた数々の島がある。

**1912年（第5回）**
**夏季オリンピックストックホルム大会**

| | |
|---|---|
| 開催期間 | 1912年5月5日〜7月27日 |
| 開催都市 | スウェーデン／ストックホルム |
| 参加国数 | 28の国と地域 |
| 参加選手数 | 2407人 |
| 競技数 | 15競技 |
| 種目数 | 102種目 |

日本が五輪に初参加した1912年（第5回）夏季オリンピックストックホルム大会の日本選手団の入場行進。参加選手は旗手の陸上短距離・三島弥彦《みしまやひこ》選手（中央）と、プラカードを持ったマラソン・金栗四三《かなくりしそう》選手（右前、顔は見えず）の2人、左端は団長の嘉納治五郎《かのうじごろう》。

取材協力　公益財団法人講道館（英語表記：Kodokan Judo Institute）

# 第一次世界大戦前夜の世界情勢

国とは何かが問われる一方、国のエゴイズムが炸裂したのもこの時代でした。

## 1912年と1920年の間

第5回夏季オリンピックストックホルム大会は、1912年7月27日に閉幕。それからちょうど2年が過ぎた1914年7月28日、ヨーロッパを戦場として、オーストリアを中心とした同盟国と、イギリス・フランス・ロシアなどの協商国の戦争が勃発する。同盟国側にはオスマン帝国[*1]が、協商国側には日本がそれぞれ加勢したことで、この戦争が人類史上最初の「世界戦争」へと発展した。第一次世界大戦だ。その戦争では、飛行機、潜水艦、毒ガスなど新しい武器が登場し、それまでの戦争とは一変し、総力戦となった。

## 第一次世界大戦の背景

第一次世界大戦が起こった原因は、列強の領土・植民地・勢力圏をめぐっての対立だといわれている。当時、列強は19世紀末から各地で衝突を繰り返してきたがそうしたなか、バルカン問題[*2]をめぐって、オーストリアとセルビアが対立し、ドイツとロシアが支援したことで二大陣営が形成される。

一方、ヨーロッパの帝国主義列強が既にアジア・アフリカに植民地を所有していたことから、植民地における勢力争いが複雑に関係して、各地で対立。ドイツ側についたオスマン帝国に対し、イギリスがアラブ人勢力を支援し、西アジアへ戦争が拡大。東

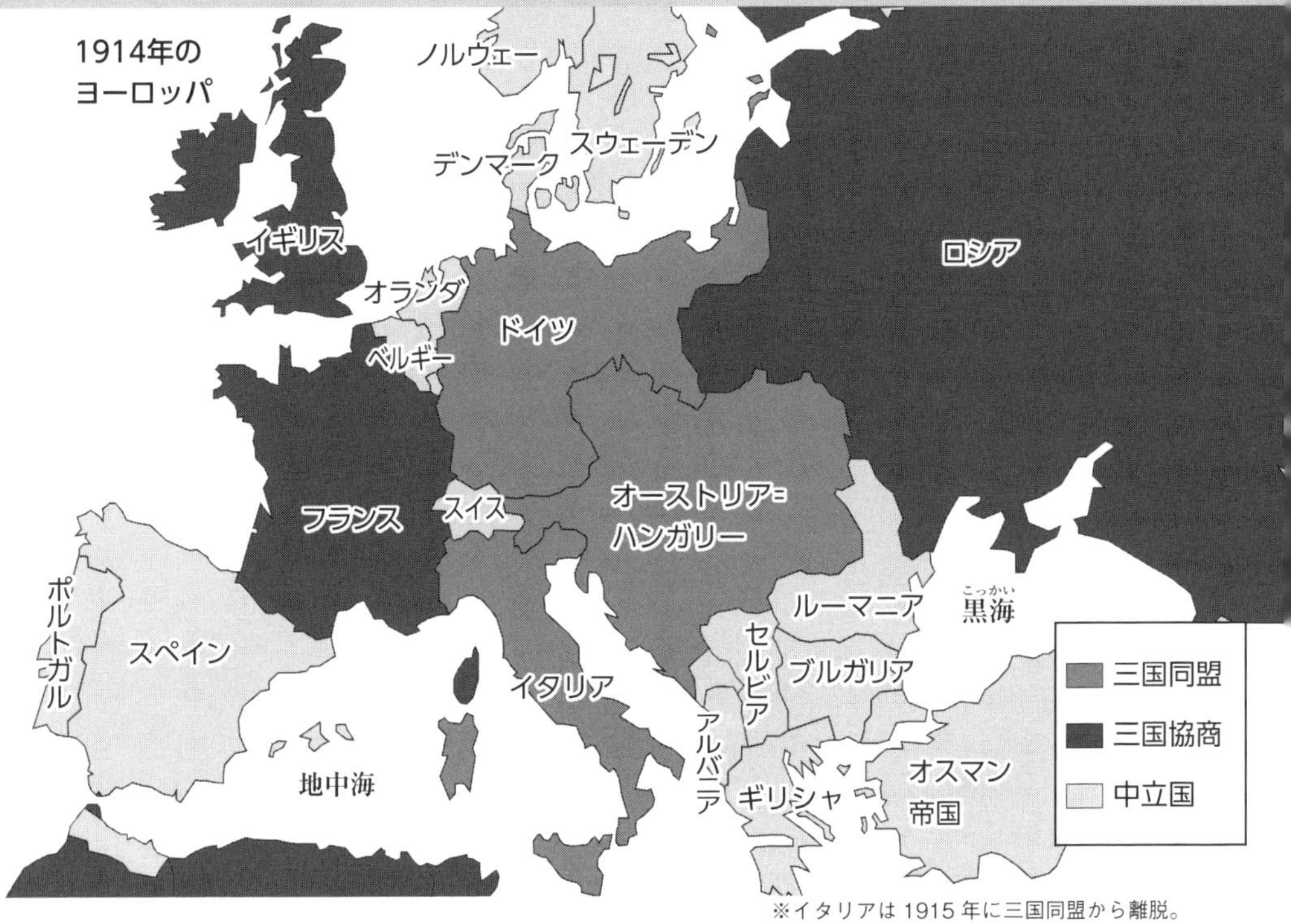


※イタリアは 1915 年に三国同盟から離脱。

アジアでは日英同盟を口実として日本が中国や太平洋のドイツ権益を攻撃し、世界戦争へと発展する。

## 「スポーツ領域は、政治上の領域とは異なる」

スウェーデンのオリンピック委員会は、「IOCの認めたスポーツ領域は、政治上の領域とは異なる」と主張したが（→P68）、その背景には次のような当時の国際情勢が反映されていたと考えられる。

1914年に第一次世界大戦が勃発すると、スウェーデンは直ちに中立を宣言。しかし、1915年にドイツはスウェーデンに対し、ヨーロッパから

＊1　1299年から1922年に、現在のトルコやバルカン半島、中東の一部にまたがる地域を支配した帝国。

＊2　19世紀から20世紀初頭にかけて、オスマン帝国が衰退した後のバルカン地域における諸民族の独立運動や勢力圏拡大を狙う列強の対立。第一次世界大戦の要因の一つとなった。

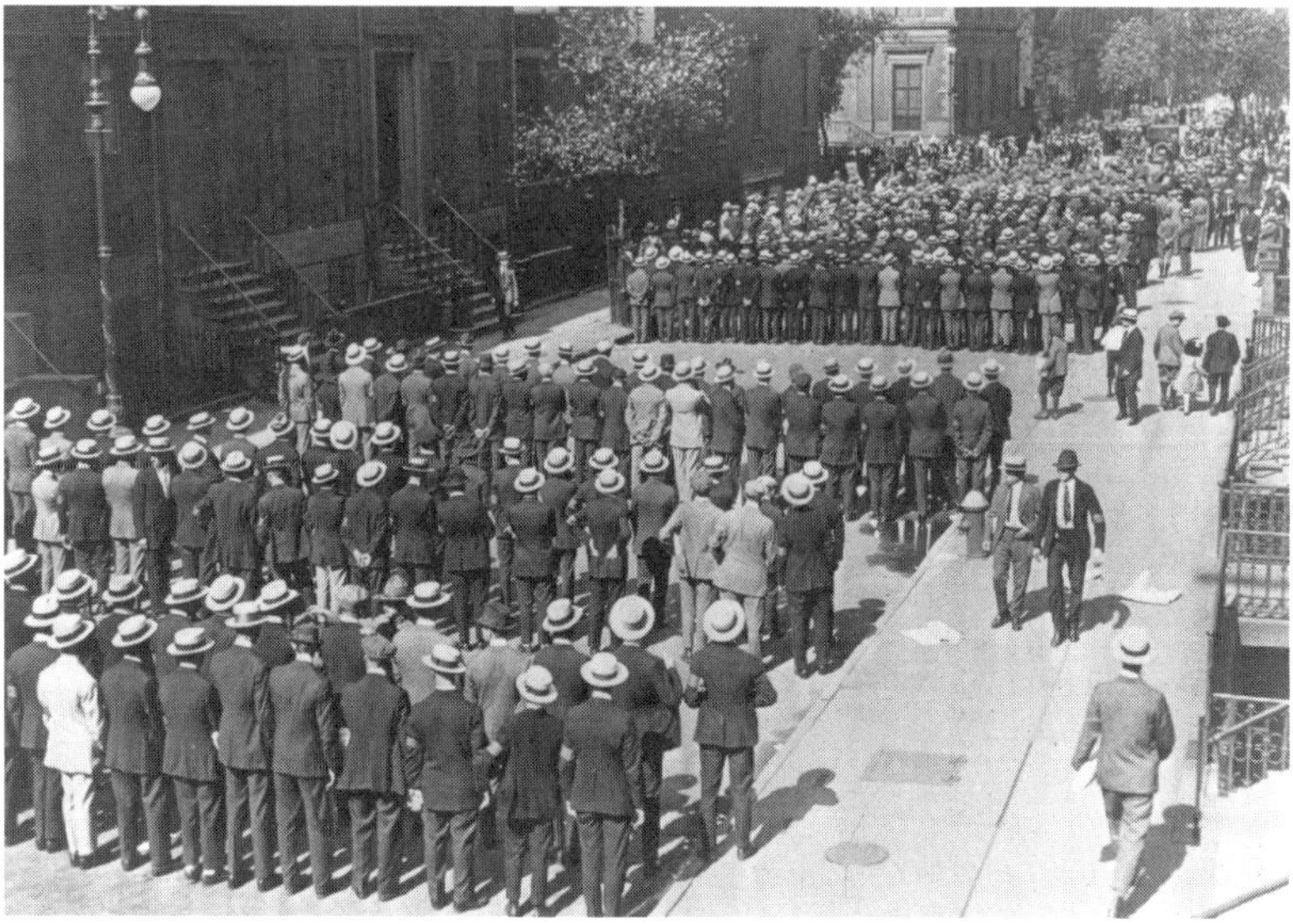

1917年、ウッドロー・ウィルソン大統領が第一次世界大戦への参戦を布告するやいなや、その決断に応じ、軍隊への参加希望者がニューヨークのストリートを埋め尽くした。

スウェーデンの国土を通過して西ロシアへ軍事物資を輸送することを禁止するよう要求。1916年になるとドイツがバルト海と北海を結ぶ海に機雷を敷設するなど、スウェーデンの中立は脅かされていた。

## 1917年の大転機

1917年、それまで戦争に加わっていなかったアメリカが協商国側に加わった。また、11月には、ロシア革命が起こり、ソビエト政権が成立する。こうして、第一次世界大戦は終焉に向かった。

1918年3月、ドイツとソビエト＝ロシアが単独講和で合意して、ブレスト＝リトフスク条約[*3]を締結。東部戦線で戦闘がなくなった。10月、ドイツで革命が起こり、皇帝が退位。西部戦線でも戦争が終わり、11月11日に停戦。続いて1919年6月、フランスのベルサイユ宮殿において対ドイツ講和条約[*4]が締結され正式に協商国側の勝利で終結となった。

＊3　ロシア革命後のソビエト政府が、ドイツに大幅に譲歩する形で、ドイツ、オーストリア＝ハンガリー、トルコなど同盟国側と結んだ単独講和条約。第一次世界大戦終結後にソビエトはこの条約を破棄した。

＊4　ドイツと連合国の間で締結された第一次世界大戦の講和条約。ドイツに対して、海外領土放棄、軍備制限、多額の賠償金など厳しい内容が課せられ、これが第二次世界大戦の遠因になったといわれる。

『ヴェルサイユ宮殿、鏡の間における講和条約調印、1919年6月28日』　　（作／ウィリアム・オルペン）

# 3 第一次世界大戦、戦後の冬季オリンピック開催まで

「古代オリンピック」には「聖なる休戦」がありましたが、近代オリンピックは、逆にオリンピックのほうが休止となりました。

## 「俗なる休止」?!

１９１６年、６回目となる近代オリンピックが開催されるはずでした。１９０６年に開催されたオリンピックアテネ大会が「特別大会」となったことにより（→P62）、１９１６年のオリンピックは、第６回オリンピックベルリン大会として、ドイツ帝国で行われることになっていました。

しかし、１９１２年（第５回）夏季オリンピックストックホルム大会（→P68）の開会式の直前の７月４日、スウェーデンのストックホルムで開催された第14回ＩＯＣ総会において、そのオリンピックの開催中止が決定しました。

これは第一次世界大戦の開戦が１９１４年７月28日のことですから、それよりずっと前に、ＩＯＣは国際情勢の悪化を知っていたかのようでした。

実際、１９１６年の７月１日は、「一日で最大の人命が失われた日」となってしまいました。イギリス軍だけで５万７０００人以上の戦死。ドイツとロシアは

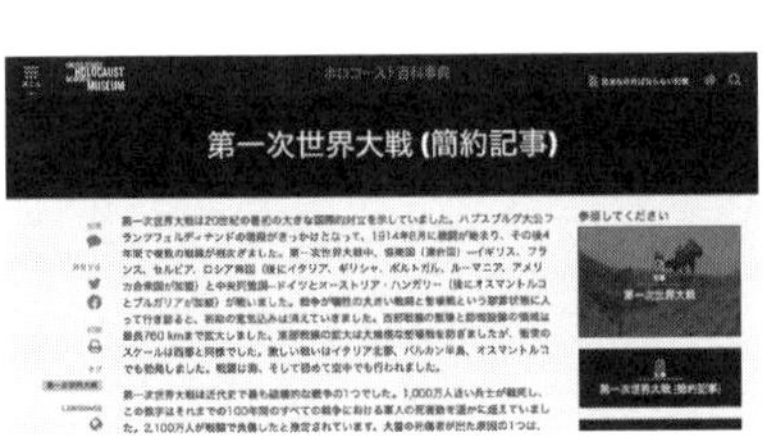


＊1　ホロコースト百科事典
https://encyclopedia.ushmm.org/content/ja/article/world-war-i-abridged-article

軍人の死者数が最大で、それぞれ177万3700人と170万人。フランスは動員兵力の16％を失ったと記録されています（『ホロコースト百科事典』*1）。

尚、1906年の特別なオリンピックアテネ大会は、近代オリンピックの開催回次（第○回）にはカウントされません（→P62）。ところが1916年オリンピックベルリン大会は、第6回とされた上で、「中止」、正式には「非開催・返上」とされています。

### 中止になったオリンピック

| | | | |
|---|---|---|---|
| 夏季 | 1916年 | ベルリン（第6回大会） | 第1次世界大戦により中止 |
| 夏季 | 1940年 | 東京（第12回大会） | 日中戦争のため開催2年前に返上。アジアで初開催になるはずだった。ヘルシンキ（フィンランド）が代替地となったが戦況の悪化で中止 |
| 夏季 | 1944年 | ロンドン（第13回大会） | 第2次世界大戦により中止。4年後の48年、第14回大会がロンドンで開催された |
| 冬季 | 1940年 | 札幌 | いずれも同年開催予定だった夏季五輪と同様の理由で中止 |
| 冬季 | 1944年 | コルティナ・ダンペッツオ（イタリア） | |

**著者の目**

もし「聖」の対義語を「俗」とするなら、第一次世界大戦の影響でオリンピックが「俗なる休止」になったとでもいうべき結果になりました。この後のオリンピックでも戦争でオリンピックができなくなったり、オリンピックが戦争に利用されたりしていきます。

このオリンピックは、当時のIOC会長のクーベルタンが第一次世界大戦が終わった翌年にIOC総会を召集したことに始まりました。1920年に開催予定のオリンピックの具体的実施、とりわけ開催地選びを最大の議題として話し合われました。

## 1920年（第7回）夏季オリンピックアントワープ大会

ヨーロッパ中の国が、戦争で破壊されていました。ベルギーも大きな被害を受けていた国の一つ。しかし、IOC総会は、敢えてベルギーのアントワープ[*2]を開催地に決めたのです。「平和の祭典」を開催することで、復興を目指そうとしたといわれています。結果、第一次世界大戦の終結から1年5か月後の1920年4月20日、ベルギーのアントワープで開催されました。会期は、4月20日~9月12日。

余談ですが、2023年11月、2030年万博の開催地が決まりました。候補地のひとつにウクライナが南部オデーサ市での開催を立候補。ロシアの激しい攻撃にさらされながら、復興万博として招致活動を繰り広げていました。しかし、6月末候補都市から外れてしまいました。結果辞退。ローマ（イタリア）、リヤド（サウジアラビア）、釜山（韓国）の3都市のなかから、リヤドに決まりました。

1920年（第7回）夏季オリンピックアントワープ大会は、近代オリンピック史上最高の29か国から2622人の選手が参加して、23競技154種目で行われました。

1920年（第7回）
夏季オリンピックアントワープ大会

| | |
|---|---|
| 開催期間 | 1920年4月20日～9月12日 |
| 開催都市 | ベルギー／アントワープ |
| 参加国数 | 29 |
| 参加選手数 | 2622人 |
| 競技数 | 23競技 |
| 種目数 | 154種目 |

＊2　ベルギー北西部の港湾都市。同国第2の都市で、鉄鋼、造船、繊維、ダイヤモンド研磨工業などが盛ん。人口約53万人。

＊3　福岡県出身の男子テニス選手。1918年の全米選手権では日本人テニス選手として史上初のグランドスラムベスト4に

このオリンピックで2回目の参加となった日本は、初のメダリストが誕生。熊谷《くまがい》一《いち》弥《や》*3がテニスのシングル銀メダル、また、ダブルスでも熊谷と柏尾《かしお》誠一郎《せいいちろう》*4のペアで銀メダルに輝きました。これらはアジア初のメダル獲得でもあります。

### 1924年（第8回）夏季オリンピックパリ大会

第8回近代オリンピックは、フランスのパリで1924年5月5日〜7月27日に44か国から3088人の選手を集めて、19競技126種目が行われました。パリでの開催は、1900年に次いで2度目でした。

このオリンピックでは、国別メダル争いで、アメリカが圧倒的な強さを見せました。金メダルでは、1位アメリカ45、2位のフィンランド14、3位フランス13、4位イギリス9、5位イタリア8と続きました。

日本は、内藤克俊《かつとし》*5がレスリングのフリースタイルフェザー級で唯一、銅メダルを獲得しました。

進出。1890年〜1968年。

*4　大阪府出身の男子テニス選手。1892年〜1962年。

**1924年（第8回）夏季オリンピックパリ大会**

| | |
|---|---|
| 開催期間 | 1924年5月5日〜7月27日 |
| 開催都市 | フランス／パリ |
| 参加国数 | 44 |
| 参加選手数 | 3088人 |
| 競技数 | 19競技 |
| 種目数 | 126種目 |

*5　広島県出身のレスリング選手。1924年オリンピックパリ大会でのメダル獲得は、日本レスリング史上初。1895年〜1969年。

# 4 冬季オリンピックへの道

「オリンピック」といえば、夏季オリンピックと冬季オリンピックがあって、2年ごと交互に行われているものと思う人が多くいます。しかし……。

### 冬季オリンピックはいつから?

古代オリンピックで行われていた競技といえば、ギリシャで容易にできるもの。ギリシャはエーゲ海とイオニア海に浮かぶ数千の島々を擁するヨーロッパ南東部の国です。「太陽の国」という異名をもつギリシャの気候は地中海性気候で四季があり、比較的温暖です。それでも高地では、雪が降り、今は、スキー場もあります。とはいえ、スキーやスノーボード、スケートは、古代に限らず、近代になっても一般の人に馴染みはありませんでした。

近代オリンピックで、雪や氷の上の競技が行われるのは、その後しばらく時間がかかりました。しかも、冬季オリンピックとして正式になったのは、1924年（第1回）冬季オリンピックシャモニー・モンブラン大会（→P82）でのこと。1896年第1回オリンピックから28年遅れて始まります。そして、冬季オリンピックと夏季オリンピックが、同じ年に開催されていきます。ところが、1992年（第16回）冬季オリンピックアルベールビル大会（↓P184）の2年後に1994年（第17回）冬季オリンピックリレハンメル大会（↓P192）が開催され、そこで初めて夏季と冬季が異なる年に行われたのです。それからは、現在同様、2年ごとの交互開催となりました。

**著者の目**

そもそもスキーは、雪で閉ざされる地方で交通手段として生まれ、スポーツに発展したものです。正確な期限はわかっていませんが、一説によると、古代よりヨーロッパ北部のスカンジナビア[*1]を中心に行われていました。ところがその頃のスキーは、現在のようなスキー板ではなく、雪上を歩くために使う「かんじき」のようなものでした。

時代が下り、長い板を付けて楽しむスキーが、スポーツとして楽しまれるようになります。競技としてのスキーには、距離とジャンプの「ノルディック」や、少し遅れてフランスで始まったとされる「アルペン」などがあります。それらの名称は「ノルディック」がドイツ語の「北」を意味する言葉から、また「アルペン」がフランス語の「アルプスの」から生まれた言葉で、どちらも北ヨーロッパで誕生したものです。

一方、スケートの起源はもっと古く、石器時代にまで遡るといわれています。北ヨーロッパでは、冬季になると平地でも運河や川が氷結します。そこで、獣骨や毛皮でつくった滑走部の付いた履物を装着して滑走したのが、スケートの始まりだとされています。それは、運河が凍るオランダからヨーロッパ各地やアメリカ、カナダに伝わり、フィギュア、スピード、アイスホッケーを生み出したのです。これは何か不思議な気がするのですが、著者だけでしょうか。

---

＊1 ヨーロッパ北部のスカンジナビア半島周辺の地域。ノルウェー、スウェーデン、デンマークの他、フィンランドとアイスランドを含めることもある。

尚、1924年のシャモニー・モンブラン大会は、もとはフランスが主催し、IOCが「後援」という立場で行われた「国際冬季競技週間（International Winter Sports Week）」という名称の大会でした。それが、大会の成功を受けて、1925年になってIOCにより、「第1回冬季オリンピック」と改名されたのです。

## 冬季大会開催への道

雪や氷のスポーツを楽しむのは、同じヨーロッパでも、地域も時期も限られます。世界的には、見たこともなければやったことなどもないという国や地方が多くあります。今ならともかく、20世紀の初頭ではいわずもがな。当時のIOC委員たちのなかにも、スキーやスケートに馴染みがない人もいました。そんななか、1908年（第4回）夏季オリンピックロンドン大会（↓P64）の競技種目としてフィギュアスケートが登場。その背景は、ロンドンにヨーロッパ初の室内人工リンクが誕生したこと、それにロンドンのオリンピック組織委員会（OCOG《オーシーオージー》）が注目し、冬の競技を夏にもってくるという離れ技を行ったのです。

これがきっかけとなり、IOCでも夏のオリンピックで冬の競技を採用することが検討され、1920年（第7回）夏季オリンピックアントワープ大会（↓P76）では、フィギュアスケートに加えてアイスホッケーも登場。さらに1921年のIOCローザンヌ会議で、オリンピック冬季大会の問題を議題として取り上げ、とくにフランス、カナダ、スイスの代表が、「中欧、西欧でも冬季オリンピックは開催可能」と主張しましたが、ノルウェーとスウェーデンが反対し、フランス代表は1924年第8回パリ夏季大会（→P77）の年にシャモニーでIOC後援の国際冬季競技会を開くことを提案しました。しかし、その冬季大会も、実は実験的な試みでした。「試験的に独立した大会を開いてみて、その結果によって、冬の大会をどうするか確定する」とIOCからいわれていたのです。

その後、冬季オリンピックの開催が確定しますが、当時のクーベルタンは、次のように述べています。「オリンピックのプログラムから全面的に排除するとなると、オリンピックの力と価値は大いに殺がれることになるだろう」と（『オリンピック回想録』*2 1931年初版、2021年保存版・伊藤敬訳）。

もとより、冬季オリンピックが行われるようになった背景には、第一次世界大戦に巻き込まれた国々、とくにスウェーデンなどが戦後において国力を誇示しようとしたのではないかと思われます。また、冬季オリンピックは第2回パリ大会、第3回セントルイス大会がともに万国博覧会の付属（→P58・60）となっていたため、IOCが主催するオリンピックとして自立させようとしていた事情もあったと考えられています。

＊2　クーベルタンが書き残した文献をまとめた著書。オリンピックの理念とあるべき姿、近代オリンピック実現までの経緯などについて語られている。

（伊藤敬訳、日本オリンピックアカデミー監修、メディアパル刊）

ようやく開催にこぎつけた第1回冬季オリンピックは、1924年1月25日～2月5日までフランスのシャモニー[*3]で行われました。

成功するかどうか心配されていた大会でしたが、16か国から258人の選手が出場し、4競技16種目が実施されて無事に終了。成功だったことは1925年にプラハで開催されたIOC総会で冬季大会の独立に異論が出されず、「第1回オリンピック冬季競技大会」として改めて認定されたことにより証明されました。

**1924年（第1回）冬季オリンピックシャモニー・モンブラン大会**

**『オリンピック憲章』採択**

『オリンピック憲章』[*4]は、IOCが1914年から制定を検討してきた規約のこと。一言でいうと、クーベルタンの提唱した考え方です。1925年にチェコスロバキア（現在のチェコ）のプラハで開かれたIOC総会で採択されました。

『オリンピック憲章』には次の3つのことが記されています。

・オリンピズム：広い意味では世界の発展、国際理解、平和に共存するといった思想。スポーツの役割を強調する考え方。

| 1924年（第1回）冬季オリンピックシャモニー・モンブラン大会 | |
|---|---|
| 開催期間 | 1924年1月25日～2月5日 |
| 開催都市 | フランス／シャモニー |
| 参加国数 | 16 |
| 参加選手数 | 258人 |
| 競技数 | 4競技 |
| 種目数 | 16種目 |

＊3　フランス東部、モンブラン（標高4809m）のふもとにある、世界有数の登山とスキー・リゾート地。

・オリンピック・ムーブメント：スポーツを通じて、友情、連帯、フェアプレーの精神をつちかい、理解しあい、世界の人々が手をつなぎ、世界平和を目指す運動。
・オリンピックの開催条件：どういう大会を「オリンピック」と認めるかの規則。

ここでぜひ述べておきたいのが、それまで30年間ＩＯＣ会長を務めてきたクーベルタンは、『オリンピック憲章』をもって勇退を表明したということです。この時点でオリンピックは、新しい時代の幕開けとなりました。

**著者の目**

1924年（第1回）冬季オリンピックシャモニー・モンブラン大会以来、冬季オリンピックは、ヨーロッパで14回、アメリカ大陸で6回、アジアで4回（そのうち日本で2回）行われました。しかし、5大陸のうち、オセアニアとアフリカでは開かれていません。

雪や氷に馴染みがない地域で行われていないのは、当然といえば当然ですが、オリンピックの基本的な考え方からすれば、それでよいのか？　これまで一貫して疑問に思われてきました。

その疑問は、夏季大会についても同じことです。ようやく第31回夏季オリンピックがブラジル・リオデジャネイロで開催（→P247）。それでも、夏季・冬季ともに、オリンピックがアフリカで開催されたことは、未だに一度もありません。

＊4　国際オリンピック委員会（ＩＯＣ）が定めた近代オリンピックに関する規約。1925年の採択後、時代の要請にあわせて改訂を重ね、現行の最新版は2023年版。

## 5 オリンピックと第二次世界大戦

『オリンピック憲章』が採択され、クーベルタンがIOC会長を勇退。新時代のオリンピックは、夏季ではなく冬季オリンピックから始まりました。

### 1928年（第2回）冬季オリンピック サンモリッツ大会

スイスのサンモリッツ[*1]で行われた冬季オリンピックは、1928年2月11日～19日の間に競技種目数は5競技14種目で、25か国から464人が参加しました。冬季オリンピックが名実ともに独立したのは、この大会からとなります。日本からも、6名の日本選手が初参加しました（残念ながら完敗）。

日本初出場となった冬季オリンピックの開会式に出席する選手たち。

1928年（第2回）
冬季オリンピックサンモリッツ大会

| | |
|---|---|
| 開催期間 | ：1928年2月11日～2月19日 |
| 開催都市 | ：スイス／サンモリッツ |
| 参加国数 | ：25 |
| 参加選手数 | ：464人 |
| 競技数 | ：５競技 |
| 種目数 | ：14種目 |

＊1　スイス東部のイタリア国境に近い観光地。かねてより温泉地として知られ、夏はハイキング、冬にはウィンタースポーツ客が多い。

## 1928年（第9回）夏季オリンピックアムステルダム大会

1928年第2回冬季サンモリッツオリンピックのわずか3か月後の5月17日〜8月12日、スイスからオランダの首都アムステルダム[*2]に会場を移し、夏季オリンピックが開催。46か国から2883人の選手が参加し16競技109種目が行われました。この頃は、第一次世界大戦後初となった1924年（第8回）夏季オリンピックパリ大会（→P77）よりも国際情勢は安定していましたが、オリンピックの規模は、縮小していました。

その理由は、フランスとオランダの国力の違いともいわれていますが、小国オランダとしては、国を挙げてのパフォーマンスを披露。近代オリンピックで初めて「聖火」を灯したのも、このオリンピックの最高のパフォーマンスでした。[*3]

その大会で日本は、頭角を現します。陸上競技・

アムステルダムでのオリンピック開催を記念してつくられた銘板。現在も多目的スタジアムとして利用されているオリンピック・スタジアム（オリンピスフ・スタディオン）前に飾られている。

©DennisM2

**1928年（第9回）**
**夏季オリンピックアムステルダム大会**

| | |
|---|---|
| 開催期間 | 1928年5月17日〜8月12日 |
| 開催都市 | オランダ／アムステルダム |
| 参加国数 | 46 |
| 参加選手数 | 2883人 |
| 競技数 | 16競技 |
| 種目数 | 109種目 |

＊2　オランダ最大の都市で、同国の首都。海運貿易の中心地で商業、観光が盛ん。人口約92万人。

＊3　現在、新聞やテレビなどで見る採火の場面は公開リハーサルで、本番は公開されていない。（→P55）

三段跳びで、織田幹雄《おだみきお》＊4が15メートル21で日本初（アジア初でもある）の金メダル獲得。その他の種目でも日本人選手が大活躍しました。人見絹枝《ひとみきぬえ》＊5は、陸上競技８００メートルで銀メダル獲得。１９２８年といえば日本では昭和３年です。

１９２８年（第９回）夏季オリンピックアムステルダム大会が閉幕して２週間ほどが過ぎた８月27日、当時の国際社会でとくに重要な「不戦条約」がパリで結ばれています。この条約は、第一次世界大戦後に締結された多国間条約で「国際紛争を解決する手段として、締約国相互で戦争の放棄を行い、紛争は平和的手段により解決すること」を規定したのです（「パリ協定」「パリ不戦条約」ともいう）。アメリカ、イギリス、ドイツ、フランス、イタリア、日本（大日本帝国）などをはじめとする15か国が署名し、最終的にはソビエト連邦など63か国が批准しました。『オリンピック憲章』に謳われた内容とも一致するものでした。

日本の女子選手として初めてオリンピックに出場し、メダリストとなった人見絹枝《ひとみきぬえ》選手（左）。

＊4　広島県出身の陸上競技選手。高校生時代から素質を見せ、１９２４年パリオリンピック出場を経て奨学金で早稲田大学へ入学。金メダルを獲得したのは大学３年生のとき。１９０５年～１９９８年。

＊5　岡山県出身の陸上競技選手でジャーナリスト。オリンピックで日本初の女子メダリスト。当時、人見は１００メートルの世界記録保持者であったが、準決勝で思わぬ敗退。急きょ８００メートルへ出場し、銀メダルを獲得。１９０７年～１９３１年。

## 1932年（第3回）冬季オリンピックレークプラシッド大会

この冬季オリンピックは、アメリカのレークプラシッド[*6]で、1932年2月4日～15日に行われました。レークプラシッドは、ニューヨーク州北東部の山中に位置する村です。50年ぶりの暖冬といわれるなかで、17か国から参加選手252人が集まって開催されました。

大会規模が、1928年（第2回）冬季オリンピックサンモリッツ大会（→P84）よりも小さくなった理由は一概にはいえませんが、世界恐慌（→P90）が深刻化していたこと、そして、その直前の2月2日にスイスでジュネーブ軍縮会議が始まるほど、当時の国際情勢が悪化の一途をたどっていた

レークプラシッドオリンピック開会式。日本からは17人の選手が参加した。

＊6　人口は、約2500人の小村。夏は避暑、冬はスキーやスケート客でにぎわうリゾート地。

| 1932年（第3回）<br>冬季オリンピックレークプラシッド大会 | |
|---|---|
| 開催期間 | 1932年2月4日～2月15日 |
| 開催都市 | アメリカ／レークプラシッド |
| 参加国数 | 17 |
| 参加選手数 | 252人 |
| 競技数 | 4競技 |
| 種目数 | 14種目 |

ことが影響したのは間違いありません。

前後しますが、1月7日、アメリカは、日本の満州《まんしゅう》占領不承認を通告していました。その日本では、8日に皇居桜田門外で天皇爆殺未遂事件が発生（桜田門事件）、一方、9日には、ドイツが第一次世界大戦にかかわる賠償支払い不能を宣言。これらの世界史上の重大な出来事も、オリンピック直前に起こりました。こうしたなか、平和の祭典・オリンピックを開催する状況ではなかったのでしょう。

### １９３２年（第10回）夏季オリンピックロサンゼルス大会

それでも、冬季から5か月後に行われた夏季オリンピックには、不戦条約（→P86）の締結国のすべてを含む37か国から１３３４人が参加。１９３２年7月30日〜8月14日に行われました。

競技種目は16競技１１７種目。ただし、アメリカ西海岸のサンフランシスコは、ヨーロッパからするとかなり遠くに感じる土地だったせいか、参加国・選手数は、前回の夏季オリンピックが46か国から２８８３人だったことと比べると、やはり激減といわざるを得ません。

このオリンピックで日本は国際世論の向かい風を受けていたといいます。なぜなら、日本は１９３１年9月18日に柳条湖《リウティアオフー》事件*7を起こし、その後中国東北を侵略していた

**1932年（第10回）**
**夏季オリンピックロサンゼルス大会**

| | |
|---|---|
| 開催期間 | 1932年7月30日～8月14日 |
| 開催都市 | アメリカ／ロサンゼルス |
| 参加国数 | 37 |
| 参加選手数 | 1334人 |
| 競技数 | 16競技 |
| 種目数 | 117種目 |

*7　満州（中国東北部）の柳条湖《リウティアオフー》で、南満州鉄道の線路が爆破されたのを、現地駐屯の関東軍が中国軍の行為と主張して軍事行動を起こした事件。満州事変の始まりとなった。

からです（満州事変*8）。翌1932年3月1日、満州国の建国を宣言。これは、明らかに「不戦条約」にも『オリンピック憲章』にも違反するものでした。それでも日本は、192人の大選手団をロサンゼルスに派遣しました。

競泳で男子6種目中、5種目で金メダルを獲得。陸上の三段跳びで南部忠平《なんぶちゅうへい》*9も金メダル。馬術競技の個人で西竹一《にしたけいち》*10が優勝しました。

**著者の目**

これらの日本人選手の名誉は、本人たちが好むと好まざるとにかかわらず、日本の国威発揚に大いに役立ちました。ロサンゼルスで優勝した西竹一《にしたけいち》選手は、愛馬ウラヌス号の鬣《たてがみ》を身につけて戦っていたことが知られていますが、1945年3月22日、42歳で戦死。その頃、日本にとって戦争の行方は悪化の一途。国威発揚もなにもありませんでした。

馬術の練習に励む西竹一《にしたけいち》選手。　出典：国立国会図書館「本の万華鏡」

*8　柳条湖事件に端を発する軍事衝突、関東軍による満州全土の占領を経て、1933年の停戦協定成立までの、日本と中華民国との間の武力紛争。

*9　北海道出身の陸上競技選手。走幅跳びの元世界記録保持者。1904年～1997年。

*10　陸軍軍人（陸軍大佐）、男爵。東京都出身。ロサンゼルスオリンピックにおける金メダルは、オリンピックの馬術競技で日本が獲得した唯一のメダル。1902年～1945年。

# 第二次世界大戦前夜の世界情勢

１９２９年10月、アメリカ・ニューヨークの証券取引所で株価が大暴落します。そうした時代のオリンピックは……。

**世界恐慌が新たな火種**

多くの企業が倒産し、失業者が続出するなど、アメリカ経済が大混乱。経済をアメリカに依存していた世界の国々も大打撃を受けて、１９３３年まで続く世界的な大不況（世界恐慌）に陥る。

そうしたなか、各国は次のような政策をとるものの、それらが第二次世界大戦の火種となっていたと考えられている。

・アメリカ：「ニューディール」と呼ばれる経済・労働政策の実施。

・イギリス：植民地や友好国との経済協力を強める「ブロック経済」の実施。

・フランス：イギリス同様、海外植民地との経済連携の強化。

・ドイツ：第一次世界大戦の敗戦にともなう巨額の賠償金に加え、世界恐慌により国内が混乱。ヒトラー率いるナチス党[*1]が民族差別や暴力的な主張を掲げて台頭。

・イタリア：ムッソリーニのファシスト党[*2]が対外侵略の政策を強化。

・日本：１９２７年の金融恐慌に世界恐慌が追いうちをかけ、経済、社会が混乱。解決策として中国大陸での支配権を拡大。

## 日独伊三国同盟

1937年の盧溝橋《ルーコウチアオ》事件*3を機に、日本の中国進出は拡大していく。それに対し、それまで対立していた国民党と共産党は「第2次国共合作」により反撃。日本との全面戦争に発展（日中戦争）。アメリカ、イギリス、そしてソ連が、中国を支援するが、日本の侵攻を止められない。それでも首都を南京から重慶に移して抗戦を続け戦争は泥沼化。

1936年11月25日、ムッソリーニ率いるイタリアが、日独伊防共協定に加わり、日独伊防共協定が成立。その後「防共協定」*4はその規模を拡大し、後にスペイン、ハンガリー、ブルガリアなども加盟。ただし、それは、ヒトラーの圧力によるものだといわれている。時は、ヒトラーのオリンピック（→P94）の3か月後のことだった。この同盟は当事者の一方がソ連と戦争に入った場合、他方は「戦争の遂行面でソ連の負担を軽減するような措置はとらない」といった内容だった。

日独伊三国同盟のプロパガンダ用の葉書。

*1　第一次世界大戦後にできたドイツの政党の俗称。アドルフ・ヒトラーが率い、1933年に政権を握った。ゲルマン民族優越主義をとり、ユダヤ人の大虐殺を行った。

*2　1921年正式に成立。ベニート・ムッソリーニが、イタリアで独裁制を確立した。

*3　1937年7月7日、中国北京郊外の盧溝橋一帯で日中両軍が軍事衝突した事件で、日中全面戦争の発端となった。

*4　国際共産主義運動を指導するコミンテルンに対抗する共同防衛を謳った条約。1936年に日本とドイツの間で署名された後、イタリア、スペイン、ハンガリー、ブルガリア、ルーマニア、デンマーク、スロバキア、クロアチア、フィンランド、中国（中華民国）が加盟。

## 第二次世界大戦勃発

1938年に入る頃、日本とは同盟関係にあるドイツが、ドイツ民族統合の旗印の下、オーストリアを併合。南に勢力を拡大し、チェコスロバキア（↓P139）の一部を割譲するように要求した。これに対し、イギリス、フランスなどは、当初黙認（宥和政策）をとる。そのせいで、ドイツは、チェコスロバキアの解体に乗り出すなど、ヒトラーの攻勢が勢いを増していった。

また、イタリアもアルバニアを併合するなど、海外進出を強める。するとイギリス・フランスは、自らの宥和政策の限界を認め、ポーランドに加勢。結果、ドイツとポーランドの緊張が一気に高まった。

一方、イギリス・フランスは、ソ連と軍事同盟の交渉を行う。ところが、ソ連は、イギリス・フランスの態度に不信を抱き、逆にドイツに近づき、1939年8月独ソ不可侵条約[*5]を締結。それにより力を得たドイツは、1939年9月1日、ポーランド侵攻を開始。これに対しイギリス・フランスはドイツに宣戦布告し、ここに第二次世界大戦が始まる。

## ドイツと日本

ドイツは1940年4月、デンマーク、ノルウェーに、また、5月にはオランダ・ベルギーに侵攻。まもなく、フランス軍を奇襲攻撃、壊滅させた。

ところが6月、ドイツがバルカン半島に侵攻すると、そこへの拡大を目指していたソ連との関係が危うくなった。

一方、日本は、独ソ不可侵条約という情勢の急転回により、日独伊三国防共協定の意味が消失。

すると日本は、ドイツとイタリアに強く働きかけて、1940年9月、日独伊三国軍事同盟[*6]を締結した。これは、日独伊三国の提携が軍事同盟へと変化したことを意味した。

その一方で、日本はソ連にも急速に近づき、1941年4月には日ソ中立条約[*7]を締結。当時ソ連がアメリカ、イギリスとともに中国を支援していたため、どうしても必要な条約だった。また、ソ連としてもこの条約の締結は、ドイツとの戦争に備えるため必要だったといえる。

ところが、1941年6月ドイツは、独ソ不可侵条約を反故にして、ソ連を攻撃。フランス軍への奇襲攻撃と同様にソ連軍を電撃攻撃した。その勢いで、一時は首都モスクワに迫るが、ソ連軍の反撃で、ドイツ軍は後退せざるを得なかった。

日本も、12月8日真珠湾を奇襲攻撃し、アメリカとイギリスに宣戦布告。ここに太平洋戦争が始まった。

太平洋戦争の勃発により、ドイツ・イタリアもアメリカ合衆国に宣戦し、第二次世界大戦は世界的な規模の戦争となり、戦場の広さからしても世界大戦となった。

＊5　1939年ドイツとソ連の間で締結された軍事同盟で、互いに攻撃しないことを約束した条約。同条約の秘密協定でドイツとソ連によるポーランドの分割、バルト三国のソ連による占領を承認。

＊6　日本、ドイツ、イタリア間の条約で、ヨーロッパの戦争と日中戦争に参戦していない国（とくにアメリカを想定）からの攻撃に対する相互援助を約束したもの。後に枢軸側の諸国も加盟。

＊7　1941年に日本とソ連の間で調印された条約。相互に領土の保全と不侵略を約束し、いずれかが第三国から攻撃された場合は他方は中立を守ることを約束。1945年8月ソ連はこの条約を破って日本に侵攻した。

日本海軍の航空母艦で発艦を待つ戦闘機。

# 6 オリンピックを取り巻く太平洋戦争の国際情勢

1939年9月1日、ドイツがポーランドに侵攻し、第二次世界大戦が始まりました。その前後のオリンピックはどうなったのでしょう。

## ヒトラーのオリンピックと幻のオリンピック

大戦の始まる3年前の1936年に、第11回夏季オリンピックベルリン大会が開催されました。それは、ヒトラーが世界にナチスドイツの力を誇示するための一大イベントとなりました。そして1940年のオリンピックは、日本の番。東京で夏季オリンピックが、しかも、札幌でアジア初となる冬季オリンピックも開催される予定となっていました。

ところが日本は、1937年に始まった日中戦争の悪化により、1940年（第12回）夏季オリンピック東京大会を「返上」。同年の（第5回）冬季オリンピック札幌大会

ベルリン・オリンピアシュタディオンでの開会式のようす。

©Joe Haupt

| 1936年（第11回）夏季オリンピックベルリン大会 | |
|---|---|
| 開催期間 | 1936年8月1日～8月16日 |
| 開催都市 | ドイツ／ベルリン |
| 参加国数 | 49 |
| 参加選手数 | 3963人 |
| 競技数 | 21競技 |
| 種目数 | 129種目 |

と1944年の第13回夏季オリンピックロンドン大会も中止となりました。これら、どのオリンピックも「幻のオリンピック」と化したのです。

1964年に日本で初めて行われた夏季オリンピック東京大会以前に日本でオリンピックが行われる予定だったという事実さえ知らない日本人がほとんどです。

**著者の目**

1940年（第5回）冬季オリンピック札幌大会に出場する予定だった日本代表選手が、1945（昭和20）年4月、沖縄近海で「神風特攻隊」[*1]の一員として戦死しました。北海道小樽市出身の久保登喜《とき》夫《お》さん（当時23歳）です。このことは今では知る人もほとんどいなくなっています。終戦のわずか4か月前のことでした。

小樽はスキーが盛んで、1936年2月に行われた冬季オリンピックガルミッシュ・パルテンキルヒェン大会（下記のデータ）に参加した日本人選手・役員15人中9人が小樽出身者だったほどです。そうした北国に生まれ育った久保さんは、スキージャンプの選手として頭角を現し、1939年（昭和14年）の全日本スキー選手権では少年の部で優勝するなど活躍。1940年（第5回）冬季オリンピック札幌大会の出場も期待されていました。

ところが、その久保さんは1944（昭和19）年に名古屋海軍航空隊に操縦士として配属されます。爆弾を積んで機体ごと敵艦船に体当たりする神風特別攻撃隊として、1945（昭和20）年4月28日、鹿児島県の基地から沖縄近海に出撃。23歳の若さでかえらぬ人となりました。

彼が特攻隊に選抜されたことと、スキージャンプによって養われた空中感覚に秀でていたことは、決して無関係ではなかったといわれています。

**1936年（第4回）冬季オリンピック**
**ガルミッシュ・パルテンキルヒェン大会**

| | |
|---|---|
| 開催期間 | 1936年2月6日～2月16日 |
| 開催都市 | ドイツ／ガルミッシュ・パルテンキルヒェン |
| 参加国数 | 28 |
| 参加選手数 | 646人 |
| 競技数 | 4競技 |
| 種目数 | 17種目 |

＊1　第二次世界大戦の末期に、日本海軍航空隊が編成した特別部隊。敵艦船に対して自機による体当たり攻撃を命じられた。

### オリンピック
### 東京大会開催への道

実は、新型コロナウイルス感染症[*2]の流行で1年延期された2020年（第32回）夏季オリンピック東京大会は、「幻の1940年（第12回）夏季オリンピック東京大会から80年目に当たる年、また、戦後75年を迎える年のこと。75という数字は3クォーターズ（1クォーターは25）です。2020年は、かつての戦争の大きな節目の年でした。

1940年（第12回）夏季オリンピック東京大会は、アジア（白人国家以外）で初めての開催として準備が進められていました。しかも、日本にとってその国際イベントは、紀元2600年の記念行事という意味合いがありました。

1936年に行われたIOC総会は、1940年に東京市（現在の東京都23区）で夏季オリンピックを開催すると決定。その経緯は、おおよそ次のとおりです。

・1929年　日本学生陸上競技連盟[*3]会長の山本忠興《ただおき》[*4]が、来日中の国際陸上競技連盟会長（後の国際オリンピック委員会IOC会長）ジークフリード・エドストレームと日本でのオリンピック開催について意見を交わす。これをきっかけとして、にわかにオリンピック誘致の機運が高まった。

・1929年10月　世界恐慌（→P90）始まる。

---

＊2　2019年12月に中国湖北省武漢市の原因不明の肺炎の集団発生に始まり、世界的な大流行（パンデミック）となった感染症。日本ではその流行を受けて、2020年4月から2021年9月まで、多い地域では計4回にわたって緊急事態宣言が出され、ステイホームの意識が広まった。

＊3　日本の学生陸上競技を統括する公益法人。1928年設立。学生陸上競技の普及・振興を図り、学生の心身の健全な発達と明るく豊かな学生生活の形成に寄与することを主眼とする。さまざまな学生陸上競技に関する競技会を開催。

・1931年10月　東京市会[*5]、オリンピック招致活動の開始を正式に決定。

・1932年　日本はIOCに対し正式に立候補を表明。東京が、ローマ（イタリア）、バルセロナ（スペイン）、ヘルシンキ（フィンランド）などとともに、第12回夏季オリンピックの候補地となる。

・1935年　ノルウェーでIOC総会開催。1940年のオリンピック開催都市を決定する予定だったが、事前に日本の働きかけを受けたローマが立候補辞退を表明。会議混乱のため開催地決定は延期。

・1936年　IOC総会で投票が行われた結果、東京36票、ヘルシンキ27票で、東京開催が決定。現在の柔道（講道館柔道）の創設者であり、オリンピック招致に情熱を注

東京オリムピック正式決定！
吾等の待望實現！
"東京"遂に勝てり
日本卅六票・芬蘭廿七
萬歳!!
凱歌あがるまで
きのふの委員總會

1940年のオリンピック開催地が東京に決定した翌日に掲載された新聞記事。開催決定の電報を受けて喜んでいるのは、東京市役所関係の人たち。　出典：国立国会図書館「本の万華鏡」

＊4　電気工学者、早稲田大学教授、発明家、教育者。1928年の第9回アムステルダムオリンピックの総監督を務めた。1881年〜1951年。

＊5　1889年5月から1943年6月まで東京市に設置されていた日本の地方議会。

いだ嘉納《かのう》治五郎《じごろう》（↓Ｐ68・102）がこの総会で左記のように述べたとされる。

「オリンピックは当然日本に来るべき」「もし日本が遠いという理由で来ないのであれば、正当な理由が退けられたことになる。それならば、日本からヨーロッパへの参加もまた遠距離であるから、出場する必要ないということになる」

オリンピック開催が決定すると、東京市を中心として、大会会場やホテルの建築、町の美観工事が行われました。

メインスタジアムは駒沢ゴルフ場の跡地[*6]に建設することが決まり、また、関係者の英語教育なども行われました。東京の各競技場と大阪、名古屋を結んでテレビ中継を行う計画も立てられました。

こうしたなか、日本政府は１９４０年冬季オリンピックを北海道札幌市に招致することを目指し、招致活動に力を注ぎました。

オリンピックの機運が醇成された結果、１９４０年第５回冬季オリンピックも、日本の札幌で開催されることが決定。１９４０年は、オリンピックムード一色になるところとなりました。

＊6　当初、メインスタジアムは代々木の明治神宮外苑競技場を予定していたが、拡張用地確保の問題などから再検討され、「駒沢ゴルフ場」がある13万坪の土地に新たな競技場を建設する事が内定していた。しかしオリンピック開催が返上されたため、着工にも至らなかった。

洋画家・和田三造《さんぞう》が描いた、1940年東京オリンピックの公式ポスター。印刷されずに幻の作品となった。右手を挙げる選手のうしろに、仁王像が見られ、背景に小さく富士山が描かれている。

## スポーツと政治

スポーツと政治は関係ないはず。ＩＯＣでは、第一次世界大戦の前から、事あるたびにその原則が脅かされてきましたが、なんとか原則維持を守り通そうとしてきました。しかし、１９３６年は夏季・冬季ともにヒトラーのオリンピックとなり、政治色が非常に強いものとなっていたことは歴史が証明してしまいました。そして、戦時下の１９４０年も、さらにその傾向が増すおそれがあったのです。

世界の列強が条約や同盟を結んだり解消・反故にしたりを繰り返す当時の国際情勢のなかでは、世界中の国と地域が参加するオリンピックのようなイベントともなれば、政治が介入することを避けられません

1936年、競泳女子200メートル平泳ぎで１位となり、日本女子選手として初のオリンピック金メダリストとなった前畑秀《まえはたひで》子《こ》選手。直立の姿勢で右手をピンと張るナチス式敬礼をしているオリンピックスタッフの中で、深くお辞儀をする前畑選手の姿が印象的だ。

でした。

１９３９年９月、第二次世界大戦が勃発し、１９４０年に日本で予定されていたオリンピックは中止となりました。ただし、それは、開催不能であるというＩＯＣの判断もさることながら、日本が自ら開催権を返上する形をとったのです（現在の正式記録上も「返上」と記されている）。また、ＩＯＣの規定では中止を決定する場合には代替候補を決めることになっていましたが、この際にはそれも行われませんでした。

オリンピック大會中止
木戸厚相返上を聲明
オリンピック東京開催問題は各方面の注意を惹いてゐたが萬國博覧會の延期と同時にオリンピックの返上
しと十四日木戸厚相は遂に決意し或ひは十五日の閣議においてこれが返上に關する政府の態度を正式に
ことになる模様である
木戸厚相談　オリンピックを萬國博と切離して考へることは出來ぬと思ふ、オリンピックに對する政
度を決定すべき時期が到來した譯だが國を擧げて戰時體制に備へてゐるときオリンピックだけをやること
能だ、誠に仕方がないと思ふ
一九四八年を希望する
國際オリンピック委員　副島道正伯談

東京大会の返上決定を伝える、1938年７月15日の新聞記事。

出典：国立国会図書館「本の万華鏡」

**著者の目**

「平和の祭典」であるオリンピックが戦争で中止になること自体、オリンピックが政治と関係していることの証です。１９３６年が「ヒトラーのオリンピック」（→P94）だったように、もしも１９４０年にオリンピックが予定どおり開催されていたとすれば、「大日本帝国のオリンピック」になっていたのは間違いないでしょう。

# 嘉納治五郎《かのうじごろう》のオリンピックへの思い

幻となった1940年第12回東京オリンピック。しかし、その実現のために全身全霊をささげた日本人がいました。

## 新しい柔術から柔道へ

日本古来の武術「柔術」[*1]から「柔道」を生み出した嘉納治五郎《かのうじごろう》は、1860年、兵庫県に生まれた。嘉納は、少年時代からからだが弱く、なんとか強くなりたいとの思いから、日本に古くから伝わる武術である「柔術」の修行を始めた。天神真楊流《てんじんしんようりゅう》柔術[*2]と起倒流《きとうりゅう》柔術[*3]をきわめ、それぞれの流儀の良さを取り入れ、そこに自らの創意と工夫を加えて「新しい柔術」を生み出した（1882年）。これが現在の「柔道」の基礎となり、1900年に最初の規定（講道館ルール）が定められた。

## 世界へ広がる柔道

柔道を生み出した嘉納治五郎は、積極的に柔道を世界に広めようとする。そのためには、柔道をオリンピック種目とすることが必要だと考えた。

嘉納は、1909年、アジア出身者として初めてIOC委員になる。その後、1938年に亡くなるまで十数回にわたって海外へ赴き、そのたびに訪問先で柔道のデモンストレーションを行う。

東京でのオリンピック開催に反対するIOC委員に対し、「日本が遠いという理由でオリンピックが来なければ、日本が欧州のオリンピックに出る必要はない」と言い放った。しかし、日本開催を反対する理由が政治的なことであることを嘉納は十分に理解していたと思われる。

## 柔道とオリンピック

日本では明治時代になると、一般に武術は衰退したが、柔道は盛んに行われるようになった。明治時代末頃には学校教育に取り入れられ、1931（昭和6）年からは、正式な科目として学校で教えられるようになった。1940年（第12回）夏季オリンピック東京大会の盛り上がりとあいまって、柔道はどんどん盛んになっていく。しかも、公式競技になっ

柔道着姿の嘉納治五郎《かのうじごろう》師範。
取材協力　公益財団法人講道館（英語表記：Kodokan Judo Institute）

＊1　日本の古武道を代表する武術。徒手または短い武器を使った技で、主として身を護ることを重視する。現在の柔道は柔術を改良したもの。

＊2　江戸時代から伝わる柔術の一派。ほぼ徒手による技のみの流派。

＊3　江戸時代初期に開かれた柔術の流派。天神真楊流とともに講道館柔道の基盤となった。

たことで、嘉納治五郎の考える柔道の世界進出も加速するはずだった。

ところが、日中戦争によって日本を取り巻く国際情勢は急速に悪化し、東京オリンピックの開催は叶わなかった。それどころか、世界からは、日本人を戦争へと追いやった背景には、柔道をはじめとする武道の存在があると見られたという。その証拠として、第二次世界大戦後、日本にやってきたアメリカを中心とする占領軍（GHQ《ジーエイチキュー》＊4）は「武道は軍国主義的な考え方を養う」として、学校で武道を教えることを全面的に禁止した。

＊4 GHQとは、General Headquartersの略。連合国軍最高司令官総司令部。第二次世界大戦後、降伏した日本を占領・監督するために、アメリカをはじめとした連合国が設けた総司令部。1945年から1952年まで日本を統治した。

現在では、海外からの柔道修行者を受け入れる講道館。

取材協力　公益財団法人講道館（英語表記：Kodokan Judo Institute）

# 第4章　現代のオリンピック

# 1 第二次世界大戦後のオリンピック

第二次世界大戦が1945年に終わりました。そのわずか3年後に冬季オリンピックが始まります。

「現代」とは？　敢えて辞書を引いてみると、「歴史上の時代区分の一つ。日本史では第二次世界大戦後の時代、世界史では第一次世界大戦後の時代をさす」と記されています。本書では、日本史の区分に従いながらも、この章からは「近代」も「現代」もつけずに単に「オリンピック」と表記することにします。

## 戦後初のオリンピックは1948年冬

1936年（第11回）夏季オリンピックベルリン大会（→P94）は、世界史的に見た「近代」の最後のオリンピックでしたが、12年間開催されなかったオリンピックが、1948年に再開。日本史でいうところの初めての「現代オリンピック」は、スイスで行われた第5回冬季オリンピックサンモリッツ大会でした。夏季オリンピックではなく、1月の冬季オリンピックです。

スイスは、第二次世界大戦を通じて中立国[*1]でしたが、枢軸国[*2]または枢軸国によって

**1948年（第5回）冬季オリンピックサンモリッツ大会**

| | |
|---|---|
| 開催期間 | 1948年1月30日～2月8日 |
| 開催都市 | スイス／サンモリッツ |
| 参加国数 | 28 |
| 参加選手数 | 669人 |
| 競技数 | 5競技 |
| 種目数 | 22種目 |

＊1　国際条約や自国の宣言によって、戦時に交戦国からの侵攻や攻撃を受けない代わりに、交戦国のいずれにも便宜を与えてはならないとする立場をとる国。

占領された国に隣接していることから、連合国側の爆撃に見舞われました。リゾート地であるサンモリッツも空爆により教会が破壊されるなどの被害に見舞われました。それでも、比較的被害は少なかったようです。

また、サンモリッツは1928年（第2回）冬季オリンピック（→P84）を開催したところ。戦後のオリンピック再開にふさわしいと判断されました。1946年9月6日、スイスのローザンヌで開催された第40回IOC総会で開催が決定した際、1948年の大会開催まで準備期間はわずか十数か月しかありませんでした。

このオリンピックは、冬季オリンピックとしては、初めて同一都市での開催となりました（夏季オリンピックでは、2度開催はパリがある。また、アメリカのレークプラシッドも候補に上がっていたが、中立国のスイスに決定）。急ピッチで準備が進められ、1948年1月30日～2月8日の会期で、5競技22種目が行われました。参加国が28、参加選手は669人でした。

敗戦国である日本とドイツの参加は認められませんでした。イタリアは戦争中に政権が交代し、連合国に降伏していたため参加が認められ、ソ連は自ら不参加。こうした決定は当然といえば当然？　しかし、オリンピックの基本理念に鑑みると、IOCでは異論もあったといわれています。

1948年（第5回）冬季オリンピック
サンモリッツ大会・国別メダル数ランキング

| 順位 | 国名 | 金 | 銀 | 銅 | 合計 |
|---|---|---|---|---|---|
| 1位 | ノルウェー | 4 | 3 | 3 | 10 |
| 1位 | スウェーデン | 4 | 3 | 3 | 10 |
| 3位 | スイス | 3 | 4 | 3 | 10 |
| 4位 | アメリカ | 3 | 4 | 2 | 9 |
| 5位 | フランス | 2 | 1 | 2 | 5 |

＊2　第二次世界大戦前から大戦中にかけて、日本・ドイツ・イタリアを中心に同盟を結んだ国で、フィンランド、ハンガリー、ルーマニア、ブルガリア、タイの5か国。イギリス・フランス・アメリカ合衆国などの連合国に対立した。

## 1948年（第14回）夏季オリンピックロンドン大会

戦後初めてとなる夏季オリンピックは、1944年に中止となったイギリスのロンドンで、7月29日～8月14日の会期で行われました。

ロンドンでは、1940年9月7日から1941年5月10日までナチス・ドイツによる大規模な空襲がありました。その名は「ザ・ブリッツ」（ドイツ語で「稲妻」を意味するが、イギリス側がこう呼んだ）。

そのロンドンが終戦から3年たらずで、世界中から59の国と地域、選手4104人を集め、オリンピックを開催したのです。競技種目は、19競技136種目。同年1月の冬季大会同様、日本とドイツは招待されませんでした。

そうしたオリンピックでは、「ヒトラーのオリンピック」といわれた1936年（第11回）夏季オリンピックベルリン大会で始まった聖火リレー[*3]が行われました。ヒトラーがもたらした「平和の象徴」？　なんとも皮肉なものです。

尚、聖火リレーは1951年のIOC総会で『オリンピック憲章』（→P82）に正式に加えられました。

**1948年（第14回）夏季オリンピックロンドン大会**

| | |
|---|---|
| 開催期間 | 1948年7月29日～8月14日 |
| 開催都市 | イギリス／ロンドン |
| 参加国数 | 59の国と地域 |
| 参加選手数 | 4104人 |
| 競技数 | 19競技 |
| 種目数 | 136種目 |

＊3　聖火リレーの発案者は、ベルリン大会組織委員会事務総長でスポーツ学者のカール・ディーム。3075人の聖火ランナーがオリンピアからベルリンのオリンピックスタジアムまでの3075キロメートルのルートを一人1キロメートルずつ走った。

著者の目

1948年ロンドン大会の陸上競技で、オランダのフランシナ・ブランカース=クン選手が、金メダル4個を獲得（100メートル走、200メートル走、4×100メートルリレー、80メートルハードル）。30歳で結婚をして子どもが二人いる主婦がメダリストになるのは当時めずらしく、「空飛ぶ主婦」と呼ばれました。

1948年のロンドン大会のポスター。国会議事堂の時計塔ビッグベンの針は、開幕予定時刻の4時（16時）を指している。手前に描かれているのはオリンピック・シンボルの五輪と「ディスコボロス」（古代ギリシャの円盤投げの選手）の像。 ©Leonard Bentley

1948年(第14回)夏季オリンピック
ロンドン大会・国別メダル数ランキング

| 順位 | 国名 | 金 | 銀 | 銅 | 合計 |
|---|---|---|---|---|---|
| 1位 | アメリカ | 38 | 27 | 19 | 84 |
| 2位 | スウェーデン | 17 | 11 | 18 | 46 |
| 3位 | フランス | 11 | 6 | 15 | 32 |
| 4位 | ハンガリー | 10 | 8 | 6 | 24 |
| 5位 | イタリア | 10 | 5 | 13 | 28 |

## 1952年（第6回）冬季オリンピックオスロ大会

このオリンピックは、ノルウエーのオスロ*4で、2月14日～25日の会期で行われました。世界30の国と地域から694人の選手が参加。競技種目数は4競技22種目でした。『オリンピック憲章』に加わった聖火リレーが、冬季大会でも初めて行われました。

日本はこのオリンピックに戦後初参加。18人の選手団を送り込み、そのなかには、その後、世界トップ選手となった猪谷《いがや》千春《ちはる》*5がいました。猪谷は高校3年生でありながら、アルペンスキー男子回転に出場、11位となりました。

尚、猪谷は1956年の次回冬季オリンピックで日本人初メダリストとなります。これは、ヨーロッパ以外からの出場選手がアルペンスキー競技で獲得した初めてのメダルとなりました（→P114）。

1952年当時の猪谷《いがや》千春《ちはる》選手。

**1952年（第6回）冬季オリンピックオスロ大会**

| | |
|---|---|
| 開催期間 | ：1952年2月14日～2月25日 |
| 開催都市 | ：ノルウェー／オスロ |
| 参加国数 | ：30の国と地域 |
| 参加選手数 | ：694人 |
| 競技数 | ：4競技 |
| 種目数 | ：22種目 |

＊4　ノルウェー南部に位置する同国の首都で最大の都市。人口約69万人。造船や海運など海事セクターの中心地。

＊5　北海道・国後島出身。幼いころから両親よりスキーの英才教育を受けた。引退後は実業家として活躍。1931年～。

## 1952年（第15回）夏季オリンピックヘルシンキ大会

　このオリンピックは、7月19日～8月3日にフィンランドの首都ヘルシンキ＊6で行われました。参加国は、69の国と地域で、参加選手は4955人と、前回の夏季オリンピックを大きく上回りました。それは、ソビエト（以下、ソ連）が初参加して、大量の選手団を送り込んだことによりました。また、日本は夏季オリンピックには16年ぶりに参加しました。

　競技種目数は18競技149種目。日本は、石井庄八《しょうはち》＊7がレスリングのフリースタイル・バンタム級で金メダル（日本唯一）を獲得しましたが、当時33回も世界記録を更新し金メダルが期待されていた競泳の古橋廣之進《ふるはしひろのしん》＊8は、400メートル決勝に進出するも8位に終わりました。

北欧での開催は1912年のストックホルム（スウェーデン）以来となった。　©manhhai

**1952年（第15回）**
**夏季オリンピックヘルシンキ大会**

| | |
|---|---|
| 開催期間 | 1952年7月19日～8月3日 |
| 開催都市 | フィンランド／ヘルシンキ |
| 参加国数 | 69の国と地域 |
| 参加選手数 | 4955人 |
| 競技数 | 18競技 |
| 種目数 | 149種目 |

＊6　フィンランド南部にある同国の首都。最大の都市。人口約60万人。情報技術や金融業の中心地。

＊7　千葉県出身。1926年～1980年。

＊8　静岡県出身。「フジヤマのトビウオ」の異名を持つ。1928年～2009年。

# 「東西冷戦」とオリンピック

**「東西」とは、ソ連を中心とする東側諸国（東：社会主義国）とアメリカなどの西側諸国（西：資本主義国）であることはいわずもがな。**

**「熱い冷戦」？**

「冷戦」が、軍隊が直接ぶつかる戦争＝熱い戦争に対して、直接の戦争ではない冷たい戦争という意味であることもいわずもがな。では「熱い冷戦」とは？　言葉遊びですが、オリンピックの熱い戦いのこと！　そういうと不謹慎だとお叱りを受けそう。でも、それほど国別のメダル獲得競争は加熱していた。

当時、アメリカ・イギリス対ソ連・東ドイツなどの「熱戦」に、多くの日本人が注目したものだ。

もとより、戦後、ソ連は東ヨーロッパの国々を次々と自国の影響下に置く。一方のアメリカは西側諸国を支援して、ソ連を封じ込めようとした。

アメリカのトルーマン大統領[1]は、世界を自由主義国と共産主義国とに二分し、アメリカは「悪」（共産主義）と対決するのだなどと宣言し、こうして、アメリカとソ連による東西冷戦はますます深刻になり、その影響は世界各地に及んだ。

**2つの軍事機構**

1949年にはアメリカをはじめとする西側諸国によって北大西洋条約機構（NATO《ナトー》）[2]という軍事機構が、1955年にはソ連が中心になってワルシャワ条約機構（WTO《ダブリュティーオー》）[3]という軍事機構がそれぞれつくられた。１９５０年には、朝鮮戦争が始まる（１９５３年７月27日まで続いた）。その後、ベトナム戦争[*4]が１９５５年11月１日に始まり、１９７５年４月30日まで続く。どちらも、ソ連とアメリカは直接戦火を交えない東西陣営の「代理戦争（→P127）」となり、戦争は世界各地で行われた。

もちろんオリンピックは、「平和の祭典」。東側、西側に関係なく世界中の国々が参加。ところが、オリンピックでさえ、東西のメダル争いとして、激しさを増していく。

＊１　アメリカの第33代大統領（在任1945年～1953年）。第二次世界大戦終結当時の大統領。1884年～1972年。

＊２　北米２か国と欧州30か国の計32か国が加盟する（2024年３月現在）、自由民主主義諸国の集団防衛機構。1949年創設。

＊３　ソ連を中心とした東欧８か国による社会主義陣営の軍事同盟。1955年創設、ソ連崩壊に伴い1991年解散。

＊４　南北ベトナム両国間のベトナム統一をめぐる戦争。南ベトナムを支援するアメリカが1965年から1973年まで軍事介入。1975年に北ベトナムが南ベトナムを崩壊させて終了。

**1955年当時の世界の軍事体制**

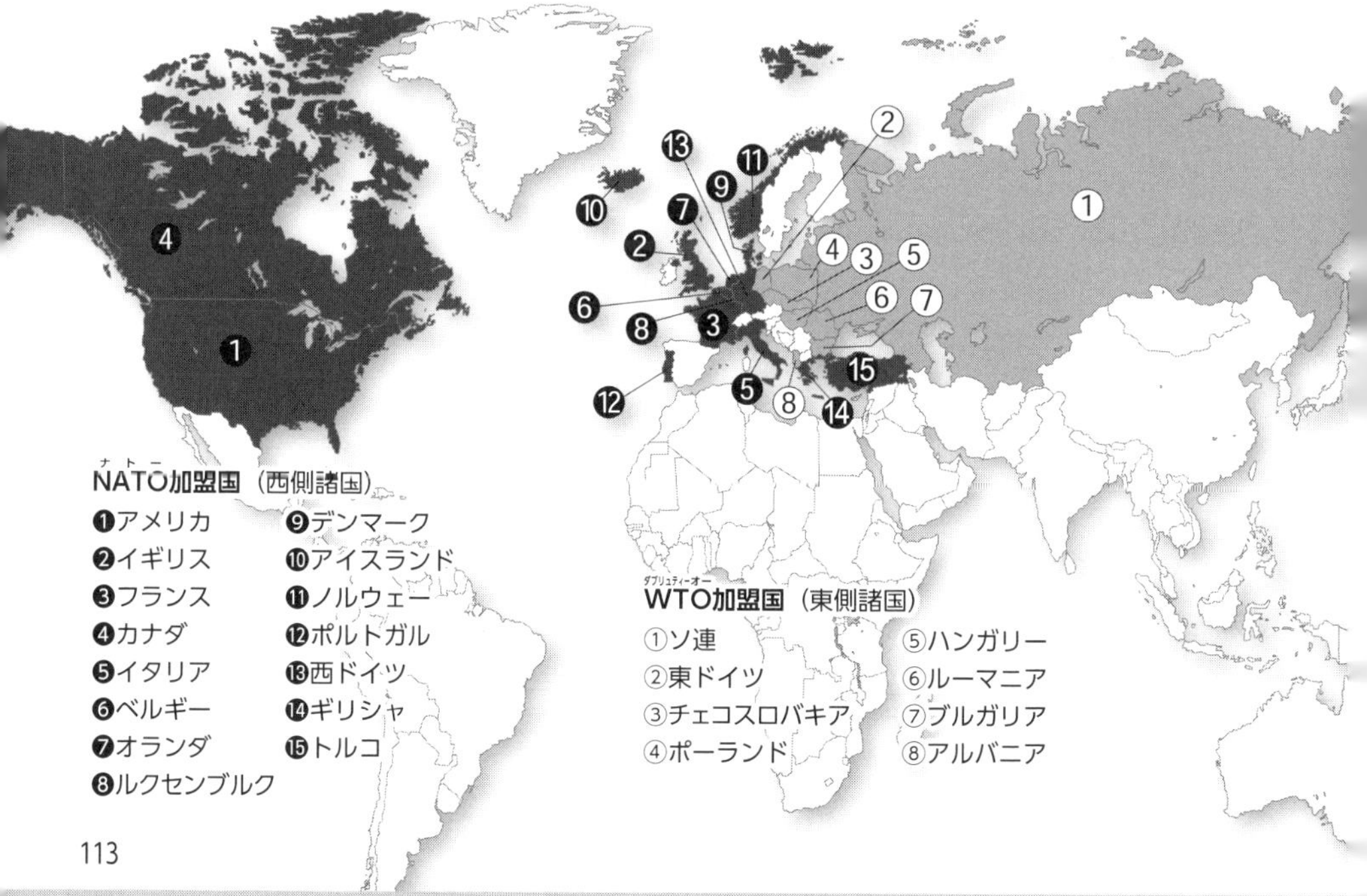

# 2 オリンピックでもソ連が台頭

ソ連が初めて冬季オリンピックに参加。しかも、最多のメダルを獲得したのです。

**1956年（第7回）冬季オリンピックコルティナ・ダンペッツォ大会**

このオリンピックは、1月26日〜2月5日の間、イタリアの登山やウィンタースポーツの拠点でもあるリゾート地コルティナ・ダンペッツォ（→P28）で行われました。参加国も選手数も、前回冬季オリンピックより増加し、32の国と地域、821人となり、競技種目数は、4競技24種目となりました。

この大会では、ソ連が躍進しました。スピードスケートで4種目のうち3種目で金メダルを獲得、アイスホッケーでもカナダを破り金メダルに輝きました。

オーストリアのトニー・ザイラー*1が、スキー・アルペン種目で初の三冠の偉業を達成。日本も猪谷《いがや》千春《ちはる》（→P110）がスキー回転競技で銀メダル。冬季大会で日本初のメダルを獲得しました。

**1956年（第7回）**
**冬季オリンピックコルティナ・ダンペッツォ大会**

| | |
|---|---|
| 開催期間 | ：1956年1月26日〜2月5日 |
| 開催都市 | ：イタリア／コルティナ・ダンペッツォ |
| 参加国数 | ：32の国と地域 |
| 参加選手数 | ：821人 |
| 競技数 | ：4競技 |
| 種目数 | ：24種目 |

＊1 オーストリアのスキー選手。俳優として映画にも出演し、さらに歌手活動も行った。1935年〜2009年。

男子スラロームの上位３人。中央が金メダルのトニー・ザイラー選手。右端が銀メダルの猪谷《いがや》千春《ちはる》選手。左端は銅メダルのスティグ・ソランダー選手（スウェーデン）。

1956年（第７回）冬季オリンピック
コルティナ・ダンペッツォ大会・国別メダル数ランキング

| 順位 | 国名 | 金 | 銀 | 銅 | 合計 |
|---|---|---|---|---|---|
| 1位 | ソ連 | 7 | 3 | 6 | 16 |
| 2位 | オーストリア | 4 | 3 | 4 | 11 |
| 3位 | フィンランド | 3 | 3 | 1 | 7 |

## 1956年（第16回）夏季オリンピックメルボルン大会

このオリンピックは、初めて南半球で行われました。オーストラリアのメルボルン[*2]で11月22日～12月8日で開催。南半球のしかも高緯度にあるメルボルンだったため、北半球では、冬に夏季大会が行われたことになります。ただし、馬術競技のみ、スウェーデンのストックホルムで6月10日～17日に行われました。その理由は、オーストラリアの検疫が非常に厳しいことでした。

参加国と選手数は、67の国と地域で3155人。競技種目は、17競技145種目と、前回よりも減少。これは、当時の国際情勢が大きく影響していました。ボイコットする国が相次いだのです。イギリスとフランスが関与したスエズ動乱[*3]への抗議や、ソ連によるハンガリー侵攻[*4]への抗議などによるものでした。

さらに、中華民国（台湾）の参加に抗議し、中国もボイコット。しかし、このボイコットは「オリンピックは政治上の領域に関係なく参加する資格がある」（→P284）というIOCの原則に抗議する不当なものだといわれました（その後、中国のオリンピック参加は1984年の第23回夏季オリンピックロサンゼルス大会までなかった）。

尚、1948年（第14回）夏季オリンピックロンドン大会に参加が禁じられたドイツ（1952年の第15回夏季オリンピックヘルシンキ大会には西ドイツ選手のみ参加）

**1956年（第16回）**
**夏季オリンピックメルボルン大会**

| | |
|---|---|
| 開催期間 | 1956年11月22日～12月8日 |
| 開催都市 | オーストラリア／メルボルン |
| 参加国数 | 67の国と地域 |
| 参加選手数 | 3155人 |
| 競技数 | 17競技 |
| 種目数 | 145種目 |

※馬術競技のみ6月10日～17日、スウェーデンのストックホルムで実施

＊2　オーストラリア大陸南東部の都市。シドニーに次ぐ同国第2の都市で大企業が集まる。人口500万人。

＊3　エジプトのスエズ運河国有化宣言に対してイギリス、フランス、イスラエルがエジプトに出兵した事件。アメリカやソ連の圧力で停戦に至った。

は、1956年（第7回）冬季コルティナ・ダンペッツォ大会に続いて、このメルボルン大会にも東西統一ドイツ選手団（↓P119）で参加しました（その後、1964年まで東西統一ドイツで参加）。

メダル数では、1位がソ連、2位アメリカ、3位は地元オーストラリアでした。また、水球のハンガリー対ソ連戦で、乱闘騒ぎ（メルボルンの流血戦）を起こしたハンガリーが4位になりました。さらに、東西統一が注目されたドイツは9位、日本も大健闘で10位となり、史上最多のメダル数を記録しました。

**著者の目**

日本は、1956年のメルボルン大会で金メダル4個を含む、19個のメダルを獲得。戦後10年余で早くも日本の再建を誇示したかのようでした。特に目立ったのが、日本体操の小野《おの》喬《たかし》*5選手の鉄棒の金メダルでした。もとより小野さんは、1952年のヘルシンキ大会から4大会連続でオリンピックに出場し、金5、銀4、銅4の計13個を獲得し、「体操ニッポン」の初期の時代を牽引した選手。今でも、小野さんの勇姿を記憶している日本人が少なくないといいます。

また、体操女子では、ラリサ・ラチニナ*6選手が個人総合、団体総合、床、跳馬で金メダル。ラチニナ選手は21歳でオリンピックに初参加。1956年メルボルン、1960年ローマ、1964年東京と3回の大会に出場し、合計9個の金メダルを獲得。銀と銅をふくめたメダル総数は18個です。これはオリンピック通算獲得メダル数が女子で最多記録となり、東京2020大会終了時点でも破られていません。なお、これらはソ連の選手としての記録ですが、ラチニナ選手は現在のウクライナに暮らしていました。

*4　ソ連に反対するハンガリーの市民暴動や改革に対して、ソ連が同国に軍事侵攻し虐殺を行った事件。

*5　秋田県出身の体操選手。1931年～。

*6　ソ連（現ウクライナ）出身の体操選手。1934年～。

**1956年（第16回）夏季オリンピック**
**メルボルン大会・国別メダル数ランキング**

| 順位 | 国名 | 金 | 銀 | 銅 | 合計 |
|---|---|---|---|---|---|
| 1位 | ソ連 | 37 | 29 | 32 | 98 |
| 2位 | アメリカ | 32 | 25 | 17 | 74 |
| 3位 | オーストラリア | 13 | 8 | 14 | 35 |
| 4位 | ハンガリー | 9 | 10 | 7 | 26 |
| 9位 | ドイツ | 4 | 10 | 6 | 20 |
| 10位 | 日本 | 4 | 10 | 5 | 19 |

## 1960年（第8回）冬季オリンピックスコーバレー大会

2月18日〜28日に行われた冬季オリンピックは、アメリカ・カリフォルニア州のスコーバレー[*7]に30か国から665人の選手が集い、4競技27種目で熱戦を繰り広げました。東西冷戦（↓P112）が拡大するなか、ソ連とアメリカの「熱戦」はオリンピックではますます激しくなり、分断国家となったドイツ、中国、朝鮮が「代理戦争」の様相を呈してきました。その当時のオリンピックを取り巻く状況をもう少し具体的に見ておきます。

まず、中華人民共和国の出場問題。それは、中華人民共和国が中華民国（台湾）の参加によりＩＯＣを脱退したことに始まりました。

アメリカで開催されるオリンピックでは、アメリカが中華人民共和国だけでなく、その他の共産圏の国の参加を認めないのではないかなどと心配されていました。しかし、アメリカ人のアベリー・ブランデージＩＯＣ会長[*8]が、「ＩＯＣが認めた国の出場をアメリカが拒否するなら、スコーバレーでの開催権を取り消し、私は会長を辞任する」と述べたといわれています。結果、アメリカは共産圏の国の参加を許しましたが、中華人民共和国が、中華民国（台湾）をＩＯＣから追放するよう主張し続け、選手派遣を行いませんでした。

これと同じような問題が北朝鮮や東ドイツをめぐっても起こりました。

**1960年（第8回）**
**冬季オリンピックスコーバレー大会**

| | |
|---|---|
| 開催期間 | 1960年2月18日〜2月28日 |
| 開催都市 | アメリカ／スコーバレー |
| 参加国数 | 30 |
| 参加選手数 | 665人 |
| 競技数 | 4競技 |
| 種目数 | 27種目 |

＊7　アメリカのカリフォルニア州東部、シエラネバダ山脈の盆地にある都市。スキー・リゾート地として有名。

＊8　アメリカの陸上選手、建設業経営者。第5代ＩＯＣ会長（在任1952年〜1972年）。1887年〜1975年。

ＩＯＣは朝鮮戦争以前にソウルの大韓オリンピック委員会を「朝鮮の国内オリンピック委員会」として承認し、北朝鮮を独立した国として認めず、朝鮮統一選手団としての出場を要請。しかし、北朝鮮がこれを拒否したため、韓国の選手のみが出場することになりました。

また、ドイツは、1956年（第7回）冬季オリンピックコルティナ・ダンペッツォ大会以来、東西統一ドイツ選手団[*9]として出場していましたが、東ドイツは単独での出場を求めていました。

この冬季オリンピックは、スタジアムの外で「熱い冷戦」が繰り広げられました。メダル獲得数では、1位がまたしてもソ連、2位は東西統一ドイツ、3位が、開催国として非常に不本意な結果となったアメリカでした。尚、この大会ではバイアスロンと女子スピードスケートが加わりました。

### 1960年（第17回）夏季オリンピックローマ大会

戦後15年となる1960年、ようやく第二次世界大戦の敗戦国側のイタリアで、オリンピックが開催されることになりました。しかも、この後の冬季のインスブルック（オーストリア）と夏季の東京（日本）と合わせて3つのオリンピックが、かつての枢軸国（→P106）での開催！

＊9　東ドイツと西ドイツが合同で派遣したオリンピック選手団。1956年のコルティナ・ダンペッツォ・オリンピックから1964年の東京オリンピックまでの3大会に統一選手団として参加。

**1960年（第8回）冬季オリンピック スコーバレー大会・国別メダル数ランキング**

| 順位 | 国名 | 金 | 銀 | 銅 | 合計 |
|---|---|---|---|---|---|
| 1位 | ソ連 | 7 | 5 | 9 | 21 |
| 2位 | 東西統一ドイツ | 4 | 3 | 1 | 8 |
| 3位 | アメリカ | 3 | 4 | 3 | 10 |

「枢軸国」とは、第二次世界大戦時に「連合国と戦った国」とでもいえばわかりやすいでしょうか。具体的には、日独伊三国同盟を組んだドイツ、日本、イタリアに加え、ハンガリー、ルーマニア、ブルガリアの東欧諸国、さらに、フィンランド、タイのことです。

このオリンピックでとくに注目を集めたのが、マラソンで優勝したエチオピアのアベベ[*10]でした。アベベは裸足で走り通し、世界を驚かせました（↓P121著者の目）。

このことについて日本では、エチオピアではシューズを履かないとか、貧困で買えないのではないかなど、噂が流れましたが、その背景には、かつてのイタリアによるエチオピア侵攻[*11]があったといわれています。

もとより、１９６０年（第17回）夏季オリンピックローマ大会は、イタリアの

金メダルを目指して、裸足で走るアベベ選手。

**1960年（第17回）夏季オリンピックローマ大会**

| | |
|---|---|
| 開催期間 | 1960年8月25日～9月11日 |
| 開催都市 | イタリア／ローマ |
| 参加国数 | 83の国と地域 |
| 参加選手数 | 5338人 |
| 競技数 | 18競技 |
| 種目数 | 150種目 |

＊10　エチオピア出身の陸上競技（長距離走）選手。オリンピックマラソンで史上初の２大会連続優勝。１９３２年～１９７３年。

＊11　１９３５年から１９３６年にかけて、イタリア王国がエチオピアの植民地化を目指し、エチオピアを併合。

ローマで1960年8月25日～9月11日に、世界83の国と地域から、5338人の選手により、18競技150種目が行われました。

メダル争いは、またしてもソ連が1位、2位のアメリカを圧勝。3位はイタリアで大健闘、開催国の強みを見せました。日本は16競技に219人の大選手団を派遣。4年後のオリンピック東京大会開催をひかえ、選手強化の真只中でしたが、前回よりメダル総数で一つ少ない18個のメダルとなりました。

著者の目

アベベ・ビキラ選手は、1932年にエチオピアで生まれました。足の速い少年で、子どもの頃から野山を走り回っていました。エチオピアは当時、国全体が貧しく、子どもたちには靴を履く習慣がありませんでした。しかし、長じて、マラソン選手になったアベベは、マラソンシューズを履いて練習していました。ところが、ローマ大会直前の練習中、愛用のシューズが壊れてしまいました。ローマでは自分に合うシューズが見つかりません。足に合わないシューズを履くのなら、裸足のほうがまし！　結果、世界記録とオリンピック記録を塗り替え、アフリカへ初めてオリンピックの金メダルをもたらしました。しかも、1964年東京大会でも優勝し、2大会連続の金メダル。ここであまり知られていないことを付記します。彼は、東京大会の6週間前に虫垂炎（盲腸炎）で緊急手術を受け、しばらく練習できなかったのです。レースでは35・4キロメートル地点で2位に3キロメートル以上の差をつけ、そのままゴール！　ゴールしてからの彼の表情には、疲労の色が見えませんでした。

1960年（第17回）夏季オリンピック
ローマ大会・国別メダル数ランキング

| 順位 | 国名 | 金 | 銀 | 銅 | 合計 |
|---|---|---|---|---|---|
| 1位 | ソ連 | 43 | 29 | 31 | 103 |
| 2位 | アメリカ | 34 | 21 | 16 | 71 |
| 3位 | イタリア | 13 | 10 | 13 | 36 |
| 8位 | 日本 | 4 | 7 | 7 | 18 |

この年の冬季オリンピックは、風光明媚な観光地、ウィンタースポーツのメッカとして世界的に知られているオーストリアのインスブルック[*12]で、会期は1月29日～2月9日で行われました。参加国数は36の国と地域、参加選手は1091人と、冬季オリンピックで初めて1000人を超えました。競技種目数は6競技34種目。

## 1964年（第9回）冬季オリンピックインスブルック大会

スピードスケートでは、女子の500、1000、1500、3000メートルでソ連のリディア・スコブリコーワ[*13]が4冠を達成し、メダル争いでもソ連が1位となりました。2位は地元オーストリアでしたが、3位のノルウェーに、メダル合計数では及びませんでした。

暖冬による雪不足やコース条件の悪化などにより、滑降のオーストリア選手とリュージュ（→P30）のイギリス選手がいずれも練習中に事故死するといった惨事が起きてしまいました（→P154）。

1964年（第9回）
冬季オリンピックインスブルック大会

| | |
|---|---|
| 開催期間 | 1964年1月29日～2月9日 |
| 開催都市 | オーストリア／インスブルック |
| 参加国数 | 36の国と地域 |
| 参加選手数 | 1091人 |
| 競技数 | 6競技 |
| 種目数 | 34種目 |

＊12　オーストリア西部にある風光明媚な観光地で、ウィンタースポーツの中心地。人口約13万人。

＊13　ソ連出身のスピードスケート選手。1950年代から60年代に活躍し、冬季オリンピックで合計6個の金メダルを獲得。1939年～。

**著者の目**

現在、夏季オリンピックも冬季オリンピックも、聖火はオリンピックの数か月前に、古代オリンピックが行われていたギリシャのオリンピアで採火され、各国の聖火ランナーによって引き継がれ、世界を旅してオリンピック開催地まで届けられます。

聖火リレーが初めて登場したのは、1936年の夏季オリンピックベルリン大会です（→P108）。「オリンピックの古代と近代をオリンピアの火で結ぶ」という考えから、聖火の採火地はオリンピアでした。一方、冬季オリンピックでは、1952年のオスロ大会（→P110）で聖火リレーが初めて導入されました。ところが、その聖火の採火地は、オリンピアではありません。ノルウェーのモルゲダールにある、「近代スキーの父」といわれる人物の家の暖炉でした。これは、開催地であるノルウェーが、暗闇のなかですべる際に松明《たいまつ》を使用していたという自国の慣習に敬意を示したとされ、そのため「オリンピック聖火」ではなく「象徴的な北欧の炎」といわれています。

1964年の冬季オリンピックインスブルック大会の聖火リレーは、冬季オリンピックでは初めてオリンピアで聖火が採火されました。この大会以降、冬季オリンピックの聖火もオリンピアで採火されるようになりましたが、1994年にノルウェーで行われたリレハンメル大会（→P192）では、モルゲダールで採火された火による聖火リレーが非公式に行われたということです。

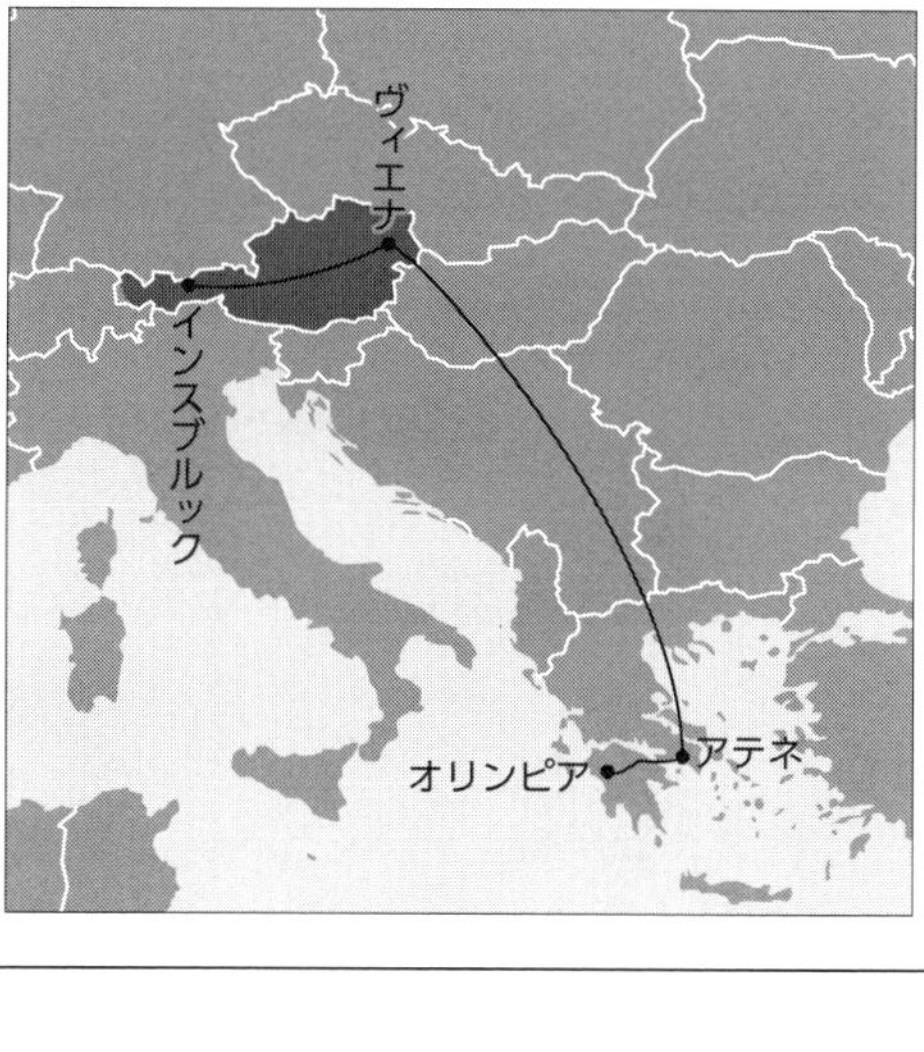


**1964年（第9回）冬季オリンピック**
**インスブルック大会・国別メダル数ランキング**

| 順位 | 国名 | 金 | 銀 | 銅 | 合計 |
|---|---|---|---|---|---|
| 1位 | ソ連 | 11 | 8 | 6 | 25 |
| 2位 | オーストリア | 4 | 5 | 3 | 12 |
| 3位 | ノルウェー | 3 | 6 | 6 | 15 |

# 1950年代の日本と世界

**日本では、終戦から10年がたとうとする1950年代中頃から、国民の生活はよくなりはじめた。そして「もはや戦後ではない！」といわれた。**

## 「三種の神器」と「神武景気」

この時期家電が一般家庭に急速に広まり、白黒テレビ、洗濯機、冷蔵庫は庶民のあこがれの的となり、「三種の神器」と呼ばれて豊かさの象徴とされる。なかでも、テレビは、1959年4月の皇太子殿下夫妻の結婚パレードを境に爆発的に売れ出した。パレードをテレビで見たいという人たちがテレビを買い求めたのだ。

こうした日本の好景気は「神武景気」[*1]と呼ばれた。国民の所得が増加し、消費意欲も高まっていった。

1956年、政府は『経済白書』で、「もはや戦後ではない」として復興の時代の終了を宣言した。

1958年12月23日、東京タワーが完成。1964年10月1日、新幹線「こだま」が運転を開始するなど、日本経済は復興から発展へと向かい、国民の生活はさらに向上していく。

## 所得倍増計画と東京オリンピック

1960年6月23日、日米安保条約をめぐる混乱の責任をとって岸信介首相[*2]が辞意を表明。新しく総理になった池田勇人[*3]（1960年7月から1964年11月まで在任）は「所得倍増計画」を発表。これは、国民の所得を10年間で2倍にするという政策で、その中心は次のようだった。

・道路、下水などの公共施設に資金を注ぎ、経済発展の基盤を整備する。
・国民に銀行預金を呼びかけて、銀行のもつお金を増やす。
・そのお金を企業に貸しだし、それをもとに企業が生産を拡大する。
・企業の業績が上がることで、労働者は収入が増え、ものを買う余裕ができる。
・それが製品の売上増につながる。

家電が急速に一般家庭に広まった、昭和30年代の部屋のようす。

＊1　日本の戦後高度経済成長期の幕開けとなった、1954年から57年までの長期好景気。この好景気で日本経済は第二次世界大戦前の水準に回復した。

＊2　日本の官僚、政治家。山口県出身。1957年から1960年まで内閣総理大臣。実弟は後に内閣総理大臣を務めた佐藤栄作。1896年～1987年。

＊3　日本の官僚、政治家。広島県出身。1960年から1964年まで内閣総理大臣。1899年～1965年。

こうして経済活動を循環させていくことで、10年間で国民の所得を倍増させられるという計画だった。実際、日本のGDPは、1954年の神武景気期から右肩上がりとなっていく。1964年の夏季東京オリンピックが行われたのは、そうした時代だった。

東京オリンピックに向け、急ピッチでインフラ整備が進められた。東京には大ホテルが次々とオープン、首都高速道路の建設も進み、オリンピック開会式の9日前には東京ー新大阪間を4時間（当時）で結ぶ東海道新幹線が開業。また、留学や政府業務だけに限定されていた海外渡航が自由化され、戦後初の海外観光旅行ツアーが出発した。

## 1960年代の国際情勢とオリンピック

日本が経済成長を果たすきっかけとなったのは、朝鮮半島で1950年に始まった代理戦争（朝鮮戦

高度成長期の実質GNPと実質経済成長率（1970年基準）

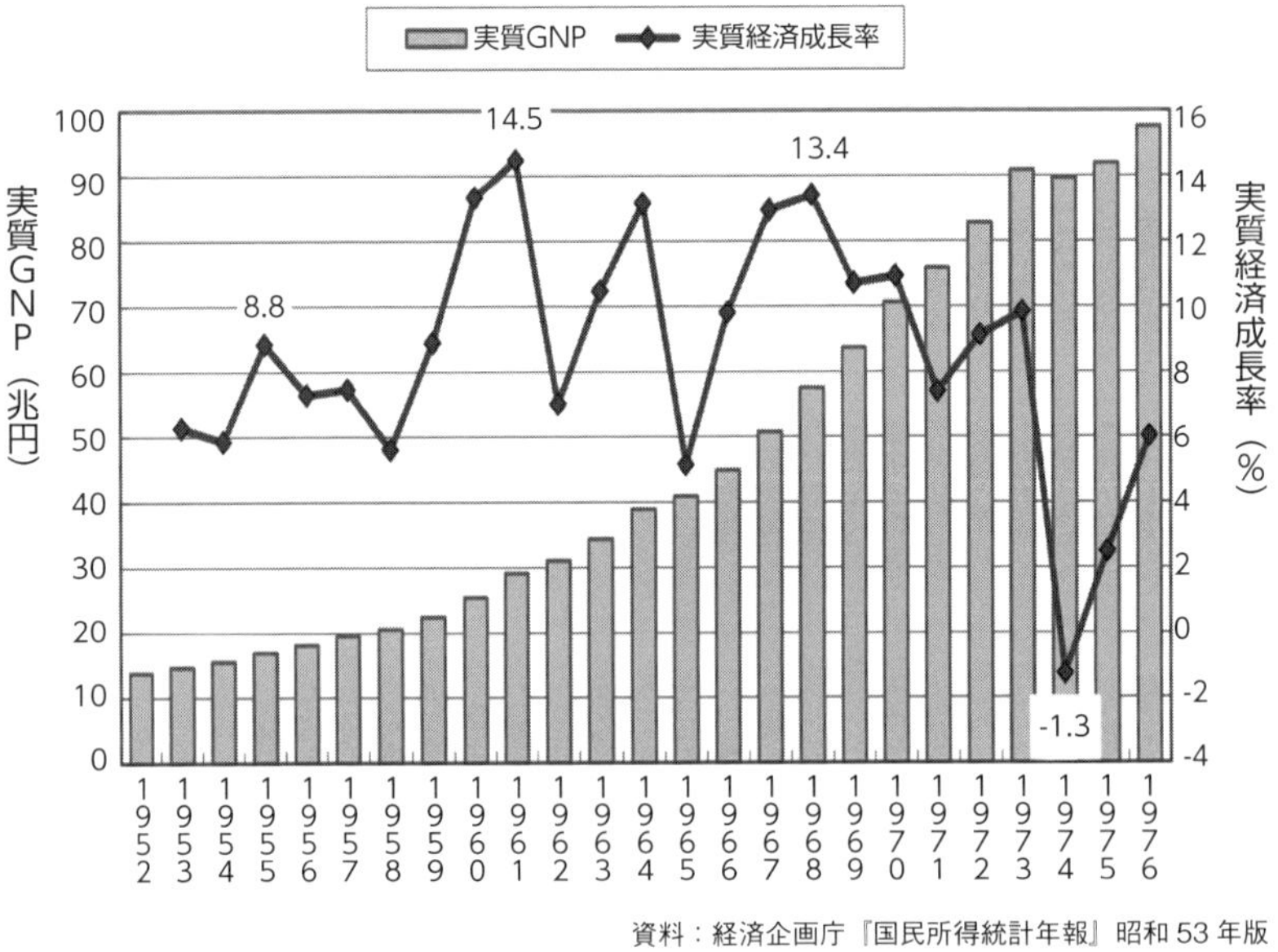


資料：経済企画庁『国民所得統計年報』昭和53年版

争→P113）だった。その戦争による需要が日本で高まったことが背景となっていたのだ。

世界各地でも、あいかわらずアメリカとソ連の「代理戦争[*4]」が起こっている。

そうしたなか、1960年代に入ると、アメリカとソ連が競いあってミサイルや人工衛星を開発していた。

1961年4月、ソ連の宇宙船「ボストーク1号[*5]」が人類初の有人宇宙飛行に成功すると、その翌月の5月には、アメリカも有人ロケットを打ち上げる。ソ連とアメリカとの冷戦は、宇宙にまで広がっていき、激しい宇宙開発競争[*6]が繰り広げられた。

1964年8月、夏季オリンピックが東京で開かれる直前のこと。ベトナム北部トンキン湾で、北ベトナム軍の哨戒艇《しょうかいてい》がアメリカの駆逐艦《くちくかん》を攻撃。これをきっかけにアメリカは本格的な軍事介入を開始。ベトナム戦争（→P113）が激化した。

ベトナム戦争も代理戦争だったが、急速に泥沼化し、アメリカの国力を奪うことになった。

＊4　ある国が直接の当事者とならずにその他の主体を当事者として戦わせる戦争のこと。東西冷戦時代に起こった朝鮮戦争やベトナム戦争、アフガニスタン侵攻などが挙げられる。

＊5　搭乗したのは、27歳のソ連の軍人、ガガーリン飛行士。日本では「地球は青かった」という名言で知られる。

＊6　アメリカとソ連の宇宙開発競争は、ボストーク1号によって始まったのではない。1950年代半ば、アメリカとソ連はともにロケットを使って宇宙に人工衛星を送る計画を発表。アメリカは1958年の打ち上げを予定していたが、その前年の1957年、ソ連は人工衛星スプートニク1号を打ち上げ、世界初の快挙を成し遂げた。まもなくアメリカも人工衛星の打ち上げに成功するが、宇宙空間の支配をめぐって、ソ連とアメリカの開発競争が本格的になる。

## 3 ついに日本でオリンピック開催！

日本が第二次世界大戦と戦後の大混乱を乗り越え、ついに世界中が注目する1964年（第18回）夏季オリンピック東京大会開催！

日本は1940年のオリンピック東京大会が予定されていながら、その開催権を返上したことがあります（↓P94）。

**1964年（第18回）夏季オリンピック東京大会**

その日本は、1964年（第18回）夏季オリンピック東京大会開催の12年前の1952年、早くも開催地に立候補していたのですが、IOC総会で行われた開催地を決める投票では、たった4票しか獲得できなかったという苦い経験がありました。しかも、次の1960年の開催にも願いは叶わなかったのです。

1959年5月26日、西ドイツのミュンヘンで行われたIOC総会で、アメリカ、オーストリア、ベルギーの3つの都市と開催地争いをした末、念願の開催地に選出！

1964年10月10日、青く晴れわたる空の下、高らかにファンファーレが鳴り響き、開会式が行われました。

このオリンピックは日本の戦後の復興・国際社会への復帰宣言となりました。戦

| 1964年（第18回）夏季オリンピック東京大会 | |
|---|---|
| 開催期間 | 1964年10月10日～10月24日 |
| 開催都市 | 日本／東京 |
| 参加国数 | 93の国と地域 |
| 参加選手数 | 5152人 |
| 競技数 | 20競技 |
| 種目数 | 163種目 |

後、急速に復興してきた日本が、世界に向けて国力をアピールするにはオリンピックが最高の舞台だったのです。

開会式は、昭和天皇が開会を宣言、ＩＯＣのアベリー・ブランデージ会長（→P118）と、オリンピック東京大会の組織委員会会長の安川《やすかわ》第五郎《だいごろう》*1の挨拶。安川氏の会長就任は、その当時の日本の経済成長を、原子力を含め電力が牽引したことを物語る人事でした。

この大会の会期については、日本の台風シーズンを考慮していろいろ検討されていましたが、結局、10月10日～10月24日に決定されました。

航空自衛隊のアクロバット飛行チーム「ブルーインパルス」が上空を周回飛行し、開会式の秋空に五輪のマークを描いた。

＊1　九州電力会長、日本原子力発電初代社長、日本原子力研究所初代理事長、日本原子力産業会議会長を歴任した。

なぜ開会式が、10月10日に決まったかについては、「東京の晴れの特異日」であったからだといわれています。「特異日」とは、長年にわたって毎日の気象状態の平均をとったとき、特定の日にある気象状態が偶然とは考えられないほど大きな確率で出現する日を指します。しかし、10月10日は、統計上は晴れが多くはありませんでした。10月10日のお天気を祈った人の数はいかばかりか。因みに、10月10日は、1966年以降「体育の日」として親しまれましたが、体育の日は2000年より、10月の第2月曜日となり、現在は「スポーツの日」とされています。

## 日本にとっての「オリンピック東京大会」の意義

このオリンピックは、日本にとって、とてつもなく大きな意味がありました。準備のために相当な事業を行いました（↓P124）。それがそのまま日本経済の活性を生み出していました。

競技施設や新幹線をはじめとする交通網が整備され、経済が大いに活気づきます。競技を見るために東京にやってくる国内・外からの旅行者が急増。カラーテレビが飛躍的に売れました。こうした状況は「オリンピック景気」と呼ばれました。

競技場の数は、30ほど。国立競技場[*2]のように既にあった施設を拡充・改修・補修したほか、新たに建設した施設、仮設施設もありました。会場の場所は、東京都のほか

＊2　1924年に明治神宮外苑競技場としてつくられ、1958年のアジア競技大会のメイン会場とするために建て替え、1964年東京オリンピックのために拡張された。さらに、全面改築された現在の国立競技場は、2019年11月に竣工。

4県にまたがり、東京に限ることのない経済効果をもたらしました。

選手村[*3]はというと、東京の代々木選手村を思い浮かべる人もあるでしょうが、自転車競技の東京都八王子選手村、カヌー競技が行われた神奈川県の相模湖選手村、セーリングの大磯選手村、総合馬術競技は軽井沢選手村と、合計5か所で開村されたのです。

選手村では大会期間中、毎日7000食もの食事がつくられ、閉村までの間に約60万食の食事が提供されたといわれています。それらは帝国ホテル、ホテルニューグランドなど日本を代表するホテルのシェフたち約300名によってつくられました。

1958年に建設された国立競技場。オリンピックでは開会式、閉会式、陸上競技、サッカー、馬術で使われた。その後はスポーツ以外にコンサートなどの会場でも親しまれた。2014年、56年の歴史に幕を閉じ、新国立競技場の建設へ。東京2020オリンピックのメイン会場となった。

＊3　オリンピック大会の際に、各国の選手や役員などが宿泊するための施設。

## 世界のなかでの意味

オリンピック東京大会は日本だけに意義があったのではありません。アジアで初の開催であり、「有色人種国家初のオリンピック」などといわれました。その当時（今でも）、日本では、「有色人種」という意識をもつ人はほとんどいないと思いますが……。それまでのオリンピックがすべて「白人国家」で開催されていたのです。ヨーロッパ、アメリカのみで行われてきたオリンピックを、世界オリンピックにするきっかけとなりました。

また、この大会は、アジアやアフリカの国々の初出場組が多く、過去最高の出場国数となりました。参加国は、93の国と地域。5152人の選手が参加しました。日本選手団は、最多の東西統一ドイツ選手団の374人、アメリカ合衆国の361人に次ぐ355人で、ソ連は4番目の332人でした。

また、新しい独立国が参加したことも、オリンピック東京大会の大きな意義でした。この背景には、戦後すぐから1960年代にかけて、ヨーロッパやアメリカの植民地支配を受けていた国々が相次いで独立したことがありました。

最終聖火ランナーを務めたのは、広島に原爆が投下された1945（昭和20）年8月6日に広島市近郊で生まれた坂井義則《よしのり》さん＊4（早稲田大学）でした。これは、オリンピックが「平和の祭典」であることを強調するための演出だといわれています。

---

＊4　陸上選手。高校時代、国民体育大会の陸上400メートルで優勝。大学時代は、1966年アジア大会（バンコク）では400メートルで2位、1600メートルリレーで金メダルを獲得。大学卒業後は、フジテレビに入社。スポーツの報道や事業にかかわった。1945年〜2014年。

←聖火台に向けて走る最終聖火ランナー、坂井義則《よしのり》さん。

聖火リレーは、１９６４年8月21日、ギリシャのオリンピアにある遺跡、ヘラ神殿で採火され、翌日からアテネ（ギリシャ）、イスタンブール（トルコ）を通って、中東、アジア各地をまわり、香港（当時はイギリス領）、台北（中華民国〈台湾〉）を経て、９月７日に日本国内最初の地として沖縄（当時はアメリカの統治下）に到着しました。このルートには、第二次世界大戦で日本軍が侵略していた地域が含まれています。これらの地域を通ることで、「平和のための聖火リレー」を印象づけるためだったといいます。とりわけ、中国大陸と台北とを繋いだことは意義深いことでした。

聖火リレー国外ルート

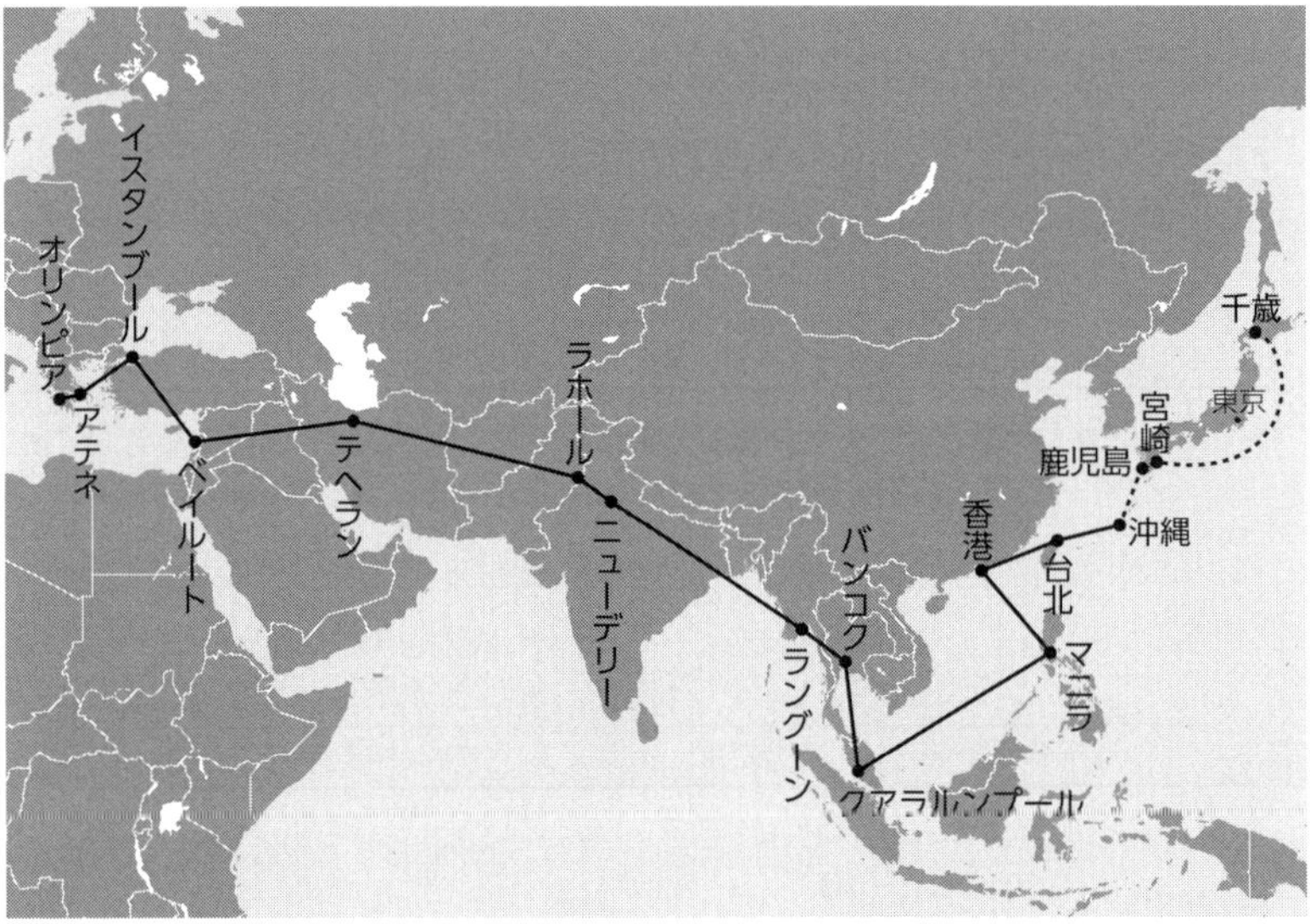

## 大会模様

この大会の競技種目は、20競技163種目となりました。柔道とバレーボールが正式種目に加わったのもオリンピック東京大会でした。

大会3日目の10月12日、ウエイトリフティングの三宅義信《みやけよしのぶ》*5が日本の金メダル第1号を獲得したことは、現在70歳以上の多くの日本人の記憶に残っているといいます。レスリングでも、日本勢が大活躍、金メダル5個を獲得。さらに、遠藤幸雄《ゆきお》*6を中心とする男子体操陣が金メダル5個を奪取。

4つの階級で行われた柔道で、日本は3階級を制覇しましたが、無差別級ではオランダのアントン・ヘーシンク*7が優勝。日本の全階級制覇は達成できませんでした。しかし、ヘーシンク選手の威風堂々たる態度、スポーツマンシップが評判を呼びました。

バレーボール女子の決勝戦、「東洋の魔女*8」と呼ばれた日本チームがソ連をセットカウント3対0で下した瞬間は、日本中が歓喜の渦と化していました。

この様子は、10月23日夜、女子バレーボール決勝戦のテレビ視聴率が85%にも達したことからも、どれほどの盛り上がりだったかが窺われるでしょう。

**女子バレーボール決勝戦のスコア**

| | 第1セット | 第2セット | 第3セット |
|---|---|---|---|
| 日本 | 15 | 15 | 15 |
| ソ連 | 11 | 8 | 13 |

*5　宮城県出身の重量挙げ選手。元陸上自衛官。1960年ローマ・オリンピックから4回連続で出場し、64年東京、68年メキシコで金メダル獲得。1939年～。

*6　秋田県出身の体操選手。1964年東京オリンピックでは、日本人選手として初めて個人総合優勝。1937年～2009年。

*7　オランダ出身の柔道家。後に映画俳優やプロレスラーとしても活躍。1934年～2010年。

*8　大日本紡績貝塚工場の女子バレーボールチームが、欧州遠征時に対してつけられたニックネーム。

曇天の10月21日、「裸足のアベベ」(→P120)がシューズを履いて、2時間12分11秒2の世界最高記録で史上初めてマラソン連覇を果たしました。シューズを履いた事情は、アシックスの創業者・鬼塚喜八郎《おにつかきはちろう》*9から整備されていない日本の道路事情では「危険だ」と伝えられたからだといわれています。

そのレースで、円谷幸吉《つぶらやこうきち》*10が銅メダルを獲得。国立競技場の代々木門をくぐったときは、2番手。ところが、トラックをまわるうちにイギリスのベイジル・ヒートリーが迫ってきて、デッドヒート。ゴールを目前に抜き去られ、銅メダル。この映像を記憶に残す日本人はいまだに多くいるようです。

国別メダル獲得数では、1位アメリカ、2位ソ連と、まさにデッドヒート。日本は3位でしたが、4位の東西統一ドイツと、金メダルは多かったものの合計メダル数で大差をつけられ、5位のイタリアに迫られていました。

---

*9　1949年、運動靴メーカーの鬼塚《おにつか》商会を創業。同年4人の社員で鬼塚株式会社を設立。バスケットシューズの開発からスタートし、競技用シューズを中心としたスポーツ用品メーカーのアシックスを創り上げ、世界的な起業家として活躍した。1918年〜2007年。

*10　円谷《つぶらや》はその後も練習に励むが、腰の持病が悪化。椎間板ヘルニアとアキレスけんの手術を受けながら調整。だが、1968年1月「幸吉はもうすっかり疲れ切ってしまって走れません。(中略)幸吉は父母上様のそばで暮らしとうございました」と遺書を残し自死。享年27歳だった。

陸上男子マラソンで、マラソンコースとなった甲州街道を走る円谷《つぶらや》幸吉《こうきち》選手（左）。各国の選手を追い抜き、2番手で競技場へ。円谷選手は残り200mでヒートリー選手に追い抜かれてしまったが、自己ベストの2時間16分22秒8を記録した。

**1964年（第18回）夏季オリンピック**
**東京大会・国別メダル数ランキング**

| 順位 | 国名 | 金 | 銀 | 銅 | 合計 |
|---|---|---|---|---|---|
| 1位 | アメリカ | 36 | 26 | 28 | 90 |
| 2位 | ソ連 | 30 | 31 | 35 | 96 |
| 3位 | 日本 | 16 | 5 | 8 | 29 |
| 4位 | 東西統一ドイツ | 10 | 22 | 18 | 50 |
| 5位 | イタリア | 10 | 10 | 7 | 27 |

## オリンピック東京大会と武道

日本武道の代表格の柔道は、戦後GHQ《ジーエイチキュー》（→P104）によって禁止されていました（→P104）。しかし、日本中の多くの人たちの努力によって占領が続いていた1950年に、学校での授業として再開されました。学校現場以外でも以前にも増して行われ、世界へも大きく広がりはじめていました。

1951年には、国際組織として国際柔道連盟[*11]（IJF）が設立され、1956年には初の世界柔道選手権大会が東京で開催されました。そして、ついに1964年の東京大会で柔道が正式種目として採用（男子のみ。女子は1992年から）。名実ともに国際的なスポーツとなったのです。

この背景には、かつて嘉納治五郎《かのうじごろう》（→P102）が世界各地に柔道の種をまき、それが各地で芽吹いていたことがありました。

オリンピック東京大会では、剣道、相撲、弓道も、公開競技[*12]（デモンストレーション）として行われ、日本の武道がさらに世界に広まるきっかけとなりました。

＊11　世界規模の国際大会の開催・運営を行い、国際オリンピック委員会（IOC）にも加盟。初代会長は日本の嘉納履正《かのうりせい》（嘉納治五郎の次男）。スイスのローザンヌに本部がある。

＊12　近代オリンピックにおいて、正式競技ではないのに実施される競技のこと。金銀銅メダルは授与されるが、公式な獲得メダル数には含まれない。また、メダルはサイズが異なるなど、正式競技のものと区別される。

著者の目

1964年東京オリンピックを覚えている日本人なら、必ず記憶に残る1人が女子体操のベラ・チャスラフスカ選手（当時チェコスロバキア[*13]）。

彼女は3回オリンピックに出場し、1960年ローマ大会では団体総合の銀メダル1個でしたが、1964年東京大会では平均台、跳馬、個人総合で3個の金メダルを獲得、1968年メキシコシティ大会では4個の金メダルを獲得しました。

＊13　1918年から1992年にかけて中央ヨーロッパに存在した連邦国家。1993年、チェコ共和国とスロバキア共和国に分離。

## 1964年前後の世界情勢

1963年ケネディ大統領暗殺、1964年東京オリンピック。アメリカも日本も世界も大きく動いていました。

### オリンピック東京大会開催中に起きたできごと

1963年11月22日、アメリカのジョン・F・ケネディ[*1]大統領がテキサス州をパレード中に銃撃・暗殺。ちょうどその翌日（日本時間23日）は、日本とアメリカの間で、初めてのテレビ宇宙中継[*2]が行われる歴史的な日となっていた。

最初の宇宙中継は、ケネディ大統領の演説が伝えられる予定だったが、画面から流れてきたのは、ケネディ大統領の暗殺を伝えるニュース！

多くの日本人が初めて見るテレビ宇宙中継で、衝撃的なニュースを知ることになる。

1964年平和の祭典が行われている間にも世界は激動。

・10月14日、ソ連のフルシチョフ首相[*3]解任。

・**10月16日、中華人民共和国（本大会不参加、以下中国と記）による初の核実験。**

このように、この時期、国際的な大事件が相次いだ。

中国がオリンピック期間中に核実験を行ったのは、故意にその時期に行ったわけだ。それは現在の北朝鮮のミサイル発射に鑑み、容易に想像できるだろう。

オリンピック東京大会が始まると、次のような出来事が続いた。

・10月12日：ソ連史上初の3人乗り宇宙船ボスホート1号[*4]打ち上げ成功。東京上空を飛行。
・10月14日：アメリカのキング牧師[*5]のノーベル平和賞受賞が決定。
・10月24日：（東京大会閉会式）イギリス領北ローデシアがザンビア[*6]として独立。開会式と閉会式とでことなる国名となり、閉会式では新国旗が使われた。

Daily Mirror

KENNEDY ASSASSINATED

Jackie spattered with blood

*Mrs. Kennedy, her clothes spattered with blood, bends over her dying husband as their car rushes to hospital.*

THE world was horror-struck last night with the news that President John F. Kennedy was dead — shot down by a hidden assassin.

Mr. Kennedy, only forty-six and the leader of the West, was riding in an open car with his wife Jackie in Dallas, Texas.

A bullet ripped through his right temple. He fell forward, and his 34-year-old wife cradled his head in her arms.

Waiting

ケネディ大統領暗殺を報じるアメリカの新聞記事。©manhhai

＊1　アメリカの第35代大統領（在任1961年～1963年）。初めてのアイルランド系大統領。1917年～1963年。

＊2　衛星を中継してテレビ放送用の電波を飛ばし、外国にテレビ映像を送ること。衛星中継のこと。

＊3　ソ連の政治家。ソ連共産党中央委員会第一書記、閣僚会議議長（首相）として1953年から11年間ソ連の最高指導者。1894年～1971年。

＊4　人類史上初めて、複数の人間を宇宙空間に送ったソ連の宇宙船。ボスホートはロシア語で「日の出」の意味。

＊5　アメリカのプロテスタント・バプテスト派牧師。アフリカ系アメリカ人公民権運動の指導者。1968年に暗殺された。1929年～1968年。

＊6　アフリカ大陸南部の国。約75万平方キロメートルで、人口約2000万人。首都はルサカ。

# 4 冷戦が深刻化するなかのオリンピック

この頃からドーピングが問題となりはじめました。オリンピックの戦いが熱くなっていたのです。冷戦とは関係ありませんが……。

## 1968年（第10回）冬季オリンピックグルノーブル大会

この冬季オリンピックは、フランスの南東部に位置しアルプス山脈の麓にある都市グルノーブル[*1]で、1968年2月6日～18日に開催されました。参加国は37の国と地域で、1158人の選手が参加しました。競技種目は、6競技35種目。

国別メダル獲得数では、1位がノルウェーで、トップを続けてきたソ連を逆転しました。開催国のフランスは3位でした。

4年後の1972年（第11回）冬季オリンピック札幌大会（→P146）の開催が決まっていた日本は、過去最高の62選手を送り込みましたが、メダルどころか6位入賞者さえなく、次回の開催に不安と課題を残す結果となってしまいました。

話題となったのは、男子アルペンスキーでは地元フランスのジャン＝クロード・キリー[*2]が、滑降、大回転、回転の三冠を達成（史上2人目）したことなどです。キリー

1968年（第10回）
冬季オリンピックグルノーブル大会

| | |
|---|---|
| 開催期間 | 1968年2月6日～2月18日 |
| 開催都市 | フランス／グルノーブル |
| 参加国数 | 37の国と地域 |
| 参加選手数 | 1158人 |
| 競技数 | 6競技 |
| 種目数 | 35種目 |

＊1　フランスの南東部にある都市。アルプス山脈の麓に位置し、冬はスキー、夏はハイキングやトレッキングでにぎわう。人口約16万人。

はこのオリンピックのヒーローとなりました。また、このとき、オリンピックで史上初となる男女のドーピング検査（→P34）と女性の性別確認検査が導入されました。さらに、カラーでテレビ中継された初めての大会となりました。

圧倒的な強さを誇り、「王者キリー」とも呼ばれたジャン=クロード・キリー選手。

1968年（第10回）冬季オリンピック
グルノーブル大会・国別メダル数ランキング

| 順位 | 国名 | 金 | 銀 | 銅 | 合計 |
|---|---|---|---|---|---|
| 1位 | ノルウェー | 6 | 6 | 2 | 14 |
| 2位 | ソ連 | 5 | 5 | 3 | 13 |
| 3位 | フランス | 4 | 3 | 2 | 9 |

＊2 フランスのアルペンスキー選手。圧倒的な強さで「王者キリー」と呼ばれた。引退後はカーレーサーや映画出演などで活躍。1943年～。

## １９６８年（第19回）夏季オリンピックメキシコシティ大会

メキシコシティ[*3]が海抜２２４０メートルの高地にあるということを知っている人は少ないかも知れません。高地での開催は選手の健康が心配されていたのですが、実際には、陸上短距離や跳躍の競技で好記録が続出しました。

会期は、10月12日～27日。参加国は、１１２か国と地域で初めて１００を超えました。参加選手は５５１６人、競技種目数は19競技１７２種目となりました。最終聖火ランナーには、オリンピック史上初めて女性が選ばれました（エンリケッタ・バシリオ、20歳、80メートルハードル走の国内チャンピオン）。

日本にとってこのオリンピックでの一番の喜びは、サッカーで日本チームが銅メダルを獲得し、釜本邦茂《かまもとくにしげ》[*4]が６試合で７ゴールを決めて得点王に選ばれたことかもしれません。その他、ウエイトリフティングの三宅義信《みやけよしのぶ》（→P135）がオリンピック２連覇。弟の義行《よしゆき》選手も銅メダルとなり、兄弟で表彰台に立ちました。日本の金メダルは11個で、４年前の東京に続き、１位のアメリカ、２位ソ連という結果でした。

このオリンピックでは、東ドイツと西ドイツが初めて統一チームを組まずに参加したことや、人種差別問題で南アフリカの参加が取り消されたことが話題となりました。また、夏季オリンピックとして初めて、ドーピング検査が実施されました。

＊3　メキシコを構成する32州の一つ。同国最大の都市で、首都。人口約２０００万人。

＊4　京都府出身のサッカー選手。参議院議員を務めた。オリンピックで得点王に選ばれたのはアジア出身者として初。１９４４年〜。

**1968年（第19回）夏季オリンピックメキシコシティ大会**

| | |
|---|---|
| 開催期間 | 1968年10月12日～10月27日 |
| 開催都市 | メキシコ／メキシコシティ |
| 参加国数 | 112の国と地域 |
| 参加選手数 | 5516人 |
| 競技数 | 19競技 |
| 種目数 | 172種目 |

メキシコ五輪の表彰台でこぶしを突き上げる金メダルのトミー・スミス選手(中央)と銅メダルのジョン・カルロス選手(右)。黒い手袋はブラックパワーと差別からの解放を意味していた(→P311)。銀メダルのピーター・ノーマン選手も2人に賛同。関連のバッジを付けていた。

1968年(第19回)夏季オリンピック
メキシコシティ大会・国別メダル数ランキング

| 順位 | 国名 | 金 | 銀 | 銅 | 合計 |
|---|---|---|---|---|---|
| 1位 | アメリカ | 45 | 28 | 34 | 107 |
| 2位 | ソ連 | 29 | 32 | 30 | 91 |
| 3位 | 日本 | 11 | 7 | 7 | 25 |

## 1972年（第11回）冬季オリンピック札幌大会

1940年に一度開催が決定していたオリンピック札幌大会も夏季の東京と同じく、日中戦争（→P91）の影響により開催権を返上した幻の冬季オリンピックでした（→P95）。

その後、日本は招致活動を続け、ようやくこの第11回で念願が果たせました。

アジア初となる冬季オリンピック開催によって、今も札幌市民に親しまれているさまざまな競技場が建設されました。なかでも大倉山ジャンプ競技場[*5]や宮の森ジャンプ競技場[*6]は、市内を一望できる観光地としても人気が高く、また真駒内《まこまない》の屋内外各競技場[*7]では、スケートの国際大会などが今でも開催されています。

大倉山ジャンプ競技場。

| 1972年（第11回）冬季オリンピック札幌大会 | |
|---|---|
| 開催期間 | 1972年2月3日～2月13日 |
| 開催都市 | 日本／札幌 |
| 参加国数 | 35の国と地域 |
| 参加選手数 | 1006人 |
| 競技数 | 6競技 |
| 種目数 | 35種目 |

＊5 札幌市にあるスキージャンプの競技場。1931年に建設され、1972年札幌オリンピックのために大改修された。

＊6 札幌市にあるスキージャンプ競技場。大倉山より小さ目のいわゆるノーマルヒルの競技場。1970年に開場。

そんな札幌で１９７２年2月3日～13日に、35の国と地域から１００６人の選手が参加。6競技35種目が行われました。開会宣言は昭和天皇が、選手宣誓はスピードスケートの鈴木恵一《けいいち》*8選手が行いました。どのオリンピックでも注目される最終聖火ランナーは、地元札幌に住む高校1年生の高田英基《ひでき》さんが務めました。

**著者の目**

札幌大会に出場したフィギュアスケートのジャネット・リン*9選手（アメリカ／18歳）は、「札幌の恋人」「銀盤の妖精」などと呼ばれ、大人気となりました。大会では、しりもちをついてしまい、銅メダル！　しかし、転倒をしても微笑みを絶やさず、なにごともなかったように立ち上がって演技を続けた彼女に、スウェーデンのジャッジはアーティスティック・ポイントで満点を出したといわれています。

*7　札幌市にあるスポーツ競技場。１９７０年開場。スケートリンク、テニスやフットサルコートなどの施設からなる。

*8　樺太出身のスピードスケート選手。3回出場したオリンピックではいずれもメダルに届かなかった。１９４２年～。

*9　アメリカのフィギュアスケート選手。１９５３年～。

このオリンピックで、今も日本人の記憶に残るのは、「日の丸飛行隊」と呼ばれた日本のジャンプ陣でした。スキージャンプ70メートル級（現在のノーマルヒル）で、笠谷幸生《かさやゆきお》*10が1位、金野昭次《こんのあきつぐ》*11が2位、青地清二《あおちせいじ》*12が3位と、表彰台を独占。ところが、メダルはその3つだけで、前回から心配されていた日本勢の不振は続いてしまいました。

国別メダル獲得数では、1位がソ連とトップに返り咲き、2位は東ドイツ、3位はスイスでした。

表彰台を独占した日本のジャンプ陣。（左から）銀の金野昭次《こんのあきつぐ》、金の笠谷幸生《かさやゆきお》、銅の青地清二《あおちせいじ》。

---

*10　北海道出身のスキージャンプ選手。札幌オリンピックで日本人初となる冬期オリンピックの金メダルを獲得。1943年〜。

*11　北海道出身のスキージャンプ選手。1944年〜2019年。

*12　北海道出身のスキージャンプ選手。1942年〜2008年。

## スキージャンプ70メートル級の記録

| 順位 | 国・地域 | 選手 | 1本目 得点 | 1本目 飛距離 | 2本目 得点 | 2本目 飛距離 | 得点 |
|---|---|---|---|---|---|---|---|
| 1 | 日本 | 笠谷幸生 | 126.6 | 84.0m | 117.6 | 79.0m | 244.2 |
| 2 | 日本 | 金野昭次 | 120.2 | 82.5m | 114.6 | 79.0m | 234.8 |
| 3 | 日本 | 青地清二 | 123.3 | 83.5m | 106.2 | 77.5m | 229.5 |
| 4 | ノルウェー | インゴルフ・モルク | 112.0 | 78.0m | 113.5 | 78.0m | 225.5 |
| 5 | チェコスロバキア | イジー・ラシュカ | 112.3 | 78.5m | 112.5 | 78.0m | 224.8 |
| 6 | ポーランド | ヴォイチェフ・フォルトゥナ | 115.4 | 82.0m | 106.6 | 76.5m | 222.0 |

| 順位 | 国・地域 | 選手 | 1本目 得点 | 1本目 飛距離 | 2本目 得点 | 2本目 飛距離 | 得点 |
|---|---|---|---|---|---|---|---|
| 7 | ソビエト連邦 | ガリイ・ナバルコフ | 112.4 | 79.5m | 107.8 | 76.0m | 220.2 |
| 7 | チェコスロバキア | カレル・コデシュカ | 114.7 | 80.0m | 105.5 | 75.5m | 220.2 |
| 9 | ソビエト連邦 | コバ・ツァカゼ | 109.7 | 77.5m | 110.2 | 77.5m | 219.9 |
| 10 | ユーゴスラビア | ペテル・ステファニッチ | 107.9 | 77.0m | 110.2 | 77.5m | 218.1 |
| 23 | 日本 | 藤沢隆 | 117.8 | 81.0m | 90.0 | 68.0m | 207.8 |

**著者の目**

「日の丸飛行隊」という名称は、当時から戦争を彷彿させるとして、反対する声がありました。それでも表彰台独占の偉業のなか、マスコミもはばからずに使用。その後もその時の興奮を再びと、冬季オリンピックのたびに使われてきました。しかし95ページで紹介したスキージャンパーのように、戦争で日の丸をつけて死んでいった人たちのことは、決して忘れてはいけないでしょう。

**1972年(第11回)冬季オリンピック**
**札幌大会・国別メダル数ランキング**

| 順位 | 国名 | 金 | 銀 | 銅 | 合計 |
|---|---|---|---|---|---|
| 1位 | ソ連 | 8 | 5 | 3 | 16 |
| 2位 | 東ドイツ | 4 | 3 | 7 | 14 |
| 3位 | スイス | 4 | 3 | 3 | 10 |

## 1972年（第20回）夏季オリンピックミュンヘン大会

「ヒトラーのオリンピック」といわれた1936年第11回ベルリンオリンピック（→P94）ののち、オリンピックの歴史は空白となり、1948年に再開するも、戦争責任を問われたドイツ国民はオリンピックから遠ざかっていました。

その後、東西冷戦のなか、分断国家となったドイツでは「代理戦争」が続くなか、オリンピックには「統一ドイツ」として参加するようになっていました（第19回メキシコシティ大会から、統一チームを組まずに参加→P144）。

そして、満を持して第20回夏季オリンピックが、8月26日から9月11日まで西ドイツ（現ドイツ）のミュンヘン[*13]で開催されました。

第二次世界大戦後初となるドイツでのオリンピック開催です。東ドイツと西ドイツが相互に承認し合い、国際連合への同時加盟も直前に迫っていました。

そのミュンヘンへ、121の国と地域から7234人がやってきたのです。

しかし、このオリンピックでは「オリンピック史上最悪の悲劇」といわれる事件が発生（ミュンヘンオリンピック事件）。それは会期中の9月5日のことでした。パレスチナのゲリラ[*14]によるテロ事件が起こったのです。イスラエル選手の宿舎がおそわれ、レスリングコーチと選手が殺害され、9人が人質になりました。銃撃戦の末、人質全

**1972年（第20回）**
**夏季オリンピックミュンヘン大会**

| | |
|---|---|
| 開催期間 | 1972年8月26日～9月11日 |
| 開催都市 | 西ドイツ（現ドイツ）／ミュンヘン |
| 参加国数 | 121の国と地域 |
| 参加選手数 | 7234人 |
| 競技数 | 21競技 |
| 種目数 | 195種目 |

＊13　ドイツ南部バイエルン州の州都。ベルリン、ハンブルクに次ぐドイツ第三の都市。自動車、情報通信等の産業で繁栄。人口約150万人。

員とゲリラ5人、警官1人が死亡する大惨事！

　そんな不名誉な事件がありましたが、21競技195種目が実施され、平和な戦いが繰り広げられました。

　そうしたなか、男子バスケットボール決勝のアメリカ対ソ連は、平和な戦いのはずが、審判の判定を不服としたアメリカチームが表彰式の出場と銀メダルの受け取りを拒否したのです。事情は次のとおりです。

　終了間際にソ連のゴールが決まり、アメリカが逆転されました。だがそのゴールは、試合時間残り3秒でプレイが中断されタイムを戻してのリプレイ中のゴールでした。この得点を、アメリカチームは認めようとしなかったのです。

　もとより競技で最も注目されたのは、男子競泳でアメリカのマーク・スピッツ[*15]が、出場

ミュンヘン大会の開会式。テロ事件後、イスラエルではこのオリンピックの中止を求めるデモも起きたが、翌日に観衆を集めてイスラエル選手団の追悼式をこのスタジアムで行い、大会は34時間ぶりに再開された。



＊14　1950年代後半以降、アラブ諸国において結成され、反イスラエル武装闘争を行っていたパレスチナ出身者によるテロ組織の総称。

＊15　アメリカの競泳選手。1大会で7個の金メダルを獲得したスピッツの記録は、2008年北京オリンピックでマイケル・フェルプスが8個の金メダルを取るまで30年以上維持された。1950年～。

7種目すべてで世界新記録を出し、金メダルを奪取したことだと言われています。

日本は、競泳陣が大健闘。田口信教《のぶたか》*16が男子100メートル平泳ぎで、青木まゆみ*17は女子100メートルバタフライで金メダルを獲得。また、男子体操も団体総合で4連覇、金5、銀5、銅6のメダルを獲得、個人総合も加藤沢男《さわお》*18が2連覇を果たしました。

男子バレーボールで日本が金メダルを獲得したことも、多くの日本人が今も記憶しているといいます。残念だったのは、メキシコでは行われなかった柔道が再開されたものの、6階級中、金メダルは3個と苦戦したことでした。

国別メダル獲得数では、1位がソ連、2位はアメリカ、3位が東ドイツ、開催国の西ドイツが4位で、東側陣営の勝ち。しかし、東西ドイツを合計すれば、ドイツは106個と、1位のソ連を上回っていました。

優勝決定戦で東ドイツに3－1で勝利。金メダルを獲得し、胴上げをして喜ぶ日本男子バレーボールチームの選手たち。

*16 愛媛県出身の競泳選手。1951年～。

*17 熊本県出身の競泳選手。1953年～。

*18 新潟県出身の体操選手。1946年～。

1972年（第20回）夏季オリンピック
ミュンヘン大会・国別メダル数ランキング

| 順位 | 国名 | 金 | 銀 | 銅 | 合計 |
|---|---|---|---|---|---|
| 1位 | ソ連 | 50 | 27 | 22 | 99 |
| 2位 | アメリカ | 33 | 31 | 30 | 94 |
| 3位 | 東ドイツ | 20 | 23 | 23 | 66 |
| 4位 | 西ドイツ | 13 | 11 | 16 | 40 |

## 1976年（第12回）冬季オリンピックインスブルック大会

この冬季オリンピックは、オーストリアのインスブルックで行われましたが、同地は3回前の1964年に第9回を開催したところでした（→P122）。このように間隔が近かったのには、次のような理由がありました。

1976年冬季オリンピックは、1970年に開催された第69回IOC総会で、一度はアメリカのデンバーに決定しました。ところがデンバーでは、地元住民を中心にオリンピック開催に強い反対運動が起こってしまったのです。理由は、環境破壊。結局、1972年11月7日に住民投票が行われた結果、開催ができなくなり、デンバーは開催権を返上。その後、IOCではカナダのウィスラー、アメリカのソルトレークシティが検討されましたが、うまくいかず、インスブルックに決まったのでした。

それでもこのオリンピックは、1976年2月4日～15日に37の国と地域から1123人の選手が参

インスブルックは、アルプス山脈の北東部にある都市。ウィンタースポーツのまちとして長い歴史をもつ。　©Mike Norton

**1976年（第12回）**
**冬季オリンピックインスブルック大会**

| | |
|---|---|
| 開催期間 | 1976年2月4日～2月15日 |
| 開催都市 | オーストリア／インスブルック |
| 参加国数 | 37の国と地域 |
| 参加選手数 | 1123人 |
| 競技数 | 6競技 |
| 種目数 | 37種目 |

加して、6競技37種目で行われました。前回の大会は暖冬に悩まされましたが、今回は上々。地元オーストリアのフランツ・クラマー[*19]がアルペンスキー男子滑降で圧倒的な強さを見せたり、西ドイツのロジー・ミッターマイヤー[*20]が女子滑降と回転の2種目で優勝。大回転でも銀メダルを獲得したりするなど話題となりました。

一方、日本勢の不調はこの時も続いていました。期待された札幌のスキージャンプの覇者・笠谷幸生《かさやゆきお》（↓P148）も、不本意な成績に終わりました。

因みに、このオリンピックは、1974年第75回IOC総会で、『オリンピック憲章』から「アマチュア条項」（↓P301）が削除されて以降、初めての冬季オリンピックでした。

**著者の目**

オリンピックの大事件といえば、なんといっても戦争により大会が中止になることです。しかしそれだけではありません。オリンピックに参加する選手や関係者が死亡事故を起こすこともあります。3回前の1964年の冬季オリンピックインスブルック大会では、開幕前の練習中、オーストラリアのアルペンスキーの選手がコース外に飛び出し、木に衝突して死亡。また、イギリスのリュージュ選手も練習中に衝突死するという事件が起きました。その後も1988年カルガリー大会ではオーストリアのチームドクターが雪上車に轢かれて死亡。1992年アルベールビル大会ではスイスのスピードスキー選手が練習中に雪上車と激突して死亡。2010年バンクーバー大会にはリュージュ男子一人乗りの練習中に選手がコース外に投げ出されて死亡するという事故も起きました（↓P229）。冬季オリンピックの事故の多さは、リュージュなどの危険性を物語っています。

---

＊19　オーストリア出身のアルペンスキー選手。オーストリア・スキー界の英雄として「カイザー（皇帝）」と呼ばれた。1953年〜。

＊20　西ドイツ（現ドイツ）のアルペンスキー選手。姉、妹もスキー選手。1950年〜2023年。

**1976年（第12回）冬季オリンピック
インスブルック大会・国別メダル数ランキング**

| 順位 | 国名 | 金 | 銀 | 銅 | 合計 |
|---|---|---|---|---|---|
| 1位 | ソ連 | 13 | 6 | 8 | 27 |
| 2位 | 東ドイツ | 7 | 5 | 7 | 19 |
| 3位 | アメリカ | 3 | 3 | 4 | 10 |

## 1976年（第21回）夏季オリンピックモントリオール大会

モントリオール[*21]は、現在はケベック州にあるカナダ第2の都会ですが、1967年にモントリオール万国博覧会が行われたときも、1976年のオリンピックのときも、その後1980年頃まではカナダ最大の都市でした。その都市で1976年7月17日〜8月1日、92の国と地域から6084人の選手が参加して、21競技198種目でオリンピックが行われました。しかし、1972年のオリンピックが121の国と地域から7121人の選手という規模でしたので、参加国も選手も大幅に減少しました。その理由は、アフリ

1976年（第21回）夏季オリンピックモントリオール大会不参加国と地域

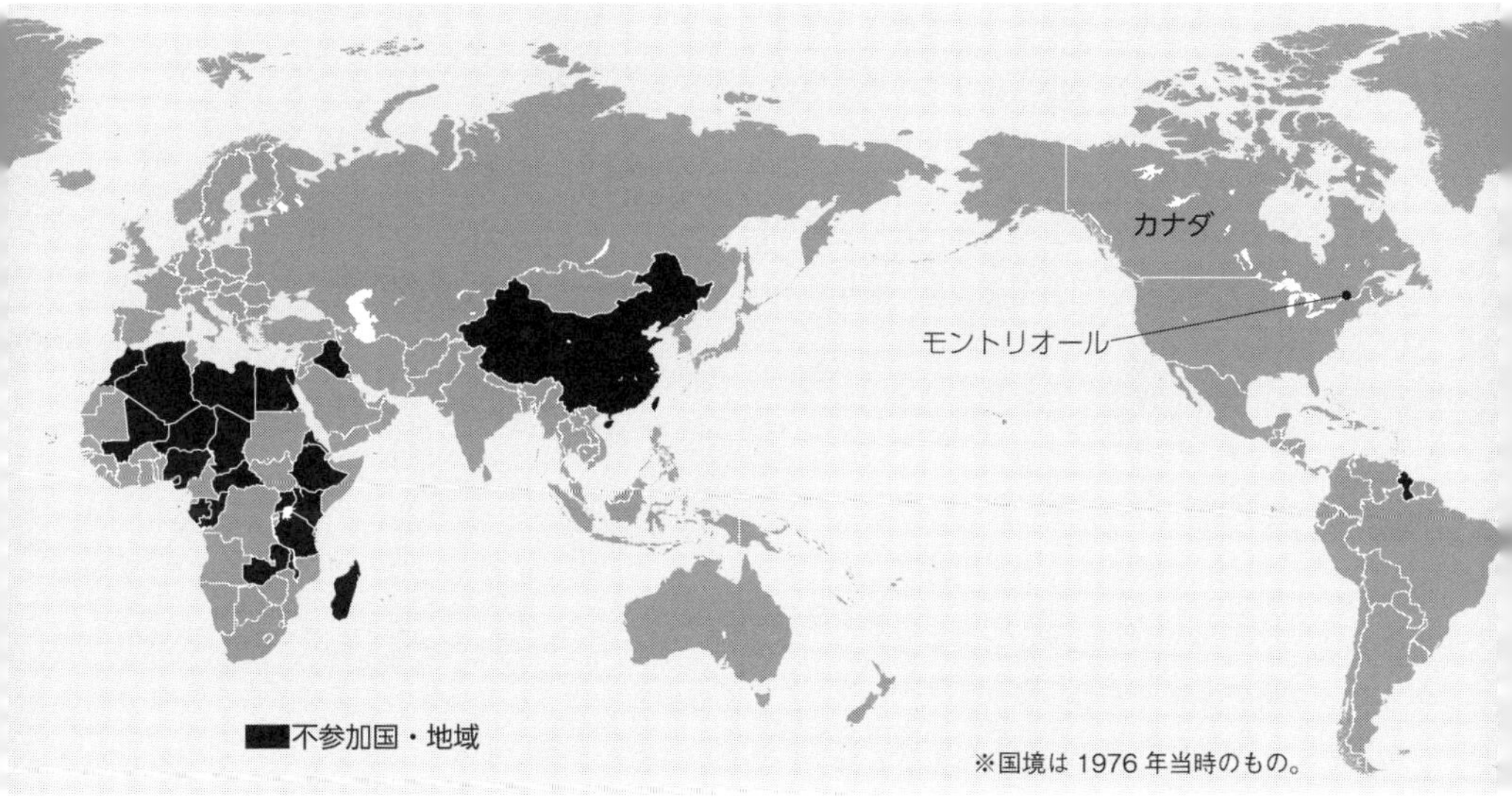


*21　カナダ東部ケベック州の最大都市。フランス語圏に属する。人口約170万人。

1976年（第21回）
夏季オリンピックモントリオール大会

| | |
|---|---|
| 開催期間 | 1976年7月17日〜8月1日 |
| 開催都市 | カナダ／モントリオール |
| 参加国数 | 92の国と地域 |
| 参加選手数 | 6084人 |
| 競技数 | 21競技 |
| 種目数 | 198種目 |

カやアジアなどの23か国が、人種差別問題によりオリンピックをボイコットしたからでした。事情は、次のとおり。

・南アフリカの人種差別政策（アパルトヘイト）に対し世界中の国々が反対していた。
・当然、IOCも反対。人種差別を続ける限り、参加は認めないという方針だった。
・だが、南アフリカはアパルトヘイトをやめなかった。
・その南アフリカ共和国へ、ニュージーランドチームが遠征した。
・そのことを問題視した国々がニュージーランドのオリンピックへの参加に反対した。
・しかし、IOCはニュージーランドに対し何もしなかった。
・そこで、多くの国がオリンピックのボイコットに及んだ。

これだけではありませんでした。もう一つ別のボイコットがあったのです。中華人民共和国が、中華民国（台湾）がオリンピックに参加することを理由に、ボイコットしていたのです（1956年第16回メルボルンオリンピック→P116以来6回目）。

こうしたなかで行われたオリンピックでしたが、水泳女子競泳では、東ドイツのコルネリア・エンダー[*22]が金メダル4個、銀メダル1個を獲得したり、体操女子でルーマニアのナディア・コマネチ[*23]が10点中満点を連発したりするなど、女子選手の活躍が国際的に話題となりました。日本も、女子バレーボールで金メダルを奪回し、女子の活

*22 東ドイツ（現ドイツ）の競泳選手。引退後、選手時代にドーピングをしていたことを認めたとされる。1958年〜。

*23 ルーマニアの体操選手。14歳で参加したモントリオールオリンピックで金メダル3個を獲得。段違い平行棒と平均台演技で、オリンピック史上初の10点満点を記録。後にアメリカに亡命。1961年〜。

躍が話題となりました。

そんななか、日本が男子体操団体総合で5連覇と、男子も意地を見せました。国別メダル獲得数では、1位がソ連と過去最多、2位は東ドイツ、3位アメリカ、4位西ドイツで、東西ドイツを合計すれば129個と、前回同様に1位のソ連を上まわっていました。日本は5位と大健闘でした。

ルーマニアのナディア・コマネチ選手。圧倒的な強さを発揮した。

1976年(第21回)夏季オリンピック
モントリオール大会・国別メダル数ランキング

| 順位 | 国名 | 金 | 銀 | 銅 | 合計 |
|---|---|---|---|---|---|
| 1位 | ソ連 | 49 | 41 | 35 | 125 |
| 2位 | 東ドイツ | 40 | 25 | 25 | 90 |
| 3位 | アメリカ | 34 | 35 | 25 | 94 |
| 4位 | 西ドイツ | 10 | 12 | 17 | 39 |
| 5位 | 日本 | 9 | 6 | 10 | 25 |

## 1980年（第13回）冬季オリンピックレークプラシッド大会

この冬季オリンピックの直前に起きた、ソ連のアフガニスタン侵攻*24。これに対して、アメリカのジミー・カーター大統領*25は、夏の1980年（第22回）オリンピックモスクワ大会をボイコットする方針を表明。間近に自国開催の冬季オリンピックが迫っていながらのことでした。

アメリカのレークプラシッドは、1932年以来2度目の冬季オリンピック開催となり、アメリカ国内としては1960年（第8回）オリンピックスコーバレー大会（→P118）以来、20年ぶり3回目の冬季オリンピックとなりました。会期は2月13日～24日で、参加国は37の国と地域、参加選手は1072人。参加国のなかには、冬季オリンピックに初めて参加する中国が入っていました。競技種目は、6競技38種目でした。

このオリンピックでは、スピードスケートでアメリカのエリック・ハイデン*26が5種目完全制覇。男子スキーでは、スウェーデンのイングマル・ステンマルク*27が回転と大回転の2種目を制覇し、注目されました。

日本勢も、70メートル級ジャンプで八木弘和《やぎひろかず》*28が銀メダルを獲得。女子フィギュアスケートで渡部絵美《わたなべえみ》*29が6位に入賞しました。

そうしたなか、2月22日にアイスホッケー決勝リーグで、アメリカ対ソ連戦が行わ

---

*24 1979年12月、ソ連が親ソ派政権を支援するためとしてアフガニスタンに軍事侵攻。10年にわたる戦争の末、ソ連軍は89年に撤退。

*25 アメリカの第39代大統領（在任1977年～1981年）。2002年にノーベル平和賞受賞。

**1980年（第13回）冬季オリンピックレークプラシッド大会**

| | |
|---|---|
| 開催期間 | 1980年2月13日～2月24日 |
| 開催都市 | アメリカ／レークプラシッド |
| 参加国数 | 37の国と地域 |
| 参加選手数 | 1072人 |
| 競技数 | 6競技 |
| 種目数 | 38種目 |

れました。因縁の試合は、4対3でアメリカの勝利。最終順位も、1位アメリカ、2位ソ連となりました。国別メダル獲得数では、1位がソ連、2位は東ドイツ、3位アメリカでした。

因みに、地元開催でありながら、メダル数でソ連に水をあけ

だれもがソ連が勝つと思っていたアイスホッケーでは、アメリカチームがソ連を破ったのち、最終戦でフィンランドに勝利。氷上で喜ぶアメリカの選手たち。

1924年〜。

＊26　アメリカのスピードスケート選手、自転車競技選手、整形外科医。レークプラシッドオリンピックの業績により「パーフェクト・ゴールドメダリスト」と呼ばれた。1958年〜。

＊27　スウェーデンのアルペンスキー選手。ワールドカップ通算86勝は歴代トップの記録。1956年〜。

＊28　北海道出身のスキージャンプ選手。1959年〜。

＊29　東京都出身のフィギュアスケート選手。1959年〜。

られたアメリカのカーター大統領は大会後、健闘したハイデンやホッケーチームの選手たちを昼食会に招待。ところがその際に、選手たちから夏季オリンピックのボイコットに反対の意見が出されたと伝えられています。

それから5か月後の第22回夏季オリンピックモスクワ大会は、前代未聞の大量ボイコットが起こりました。

著者の目

オリンピックでは勝つと予想される選手やチームがメダルをとることもあれば、逆に信じられないようなことがおこることもあります。レークプラシッド大会で、人々をもっとも驚かせたのは、アイスホッケーで、アメリカがソ連を破ったことでした。アイスホッケーは、何年もソ連が頂点に君臨してきたスポーツだったからです。

第2ピリオドが終わるまで、2対3でアメリカが負けていました。ところが最後の第3ピリオドで、アメリカは、より速く、より攻撃的に動き始め、4対3とリードを奪います。試合の残り10分間、かれらはソ連を押さえ込み、勝利。そしてソ連を打ち破ったのち、アメリカはリーグ最終戦でフィンランドを4対2で破り、金メダルに輝きました。この結果はあまりにも予想外だったので、「氷上の奇跡」とよばれたといいます。

1980年（第13回）冬季オリンピック
レークプラシッド大会・国別メダル数ランキング

| 順位 | 国名 | 金 | 銀 | 銅 | 合計 |
|---|---|---|---|---|---|
| 1位 | ソ連 | 10 | 6 | 6 | 22 |
| 2位 | 東ドイツ | 9 | 7 | 7 | 23 |
| 3位 | アメリカ | 6 | 4 | 2 | 12 |

## 1980年（第22回）夏季オリンピックモスクワ大会

1980年は、何の因果か、国際情勢による蓋然性か、同じ年の2つのオリンピックがアメリカとソ連で開催される予定になっていました。

1979年12月、ソ連のブレジネフ[*30]がアフガニスタンにソ連軍を侵攻させました。その背景には、アフガニスタンの反政府勢力（イスラム原理主義系ゲリラ）が、アフガニスタンの親ソ派政権支援のためアフガニスタンに駐留していたソ連軍に対し激しく攻撃していたことがありました。

しかし、ソ連のアフガニスタン侵攻に対しては、アメリカなど西側諸国が

1980年（第22回）夏季オリンピックモスクワ大会不参加国と地域

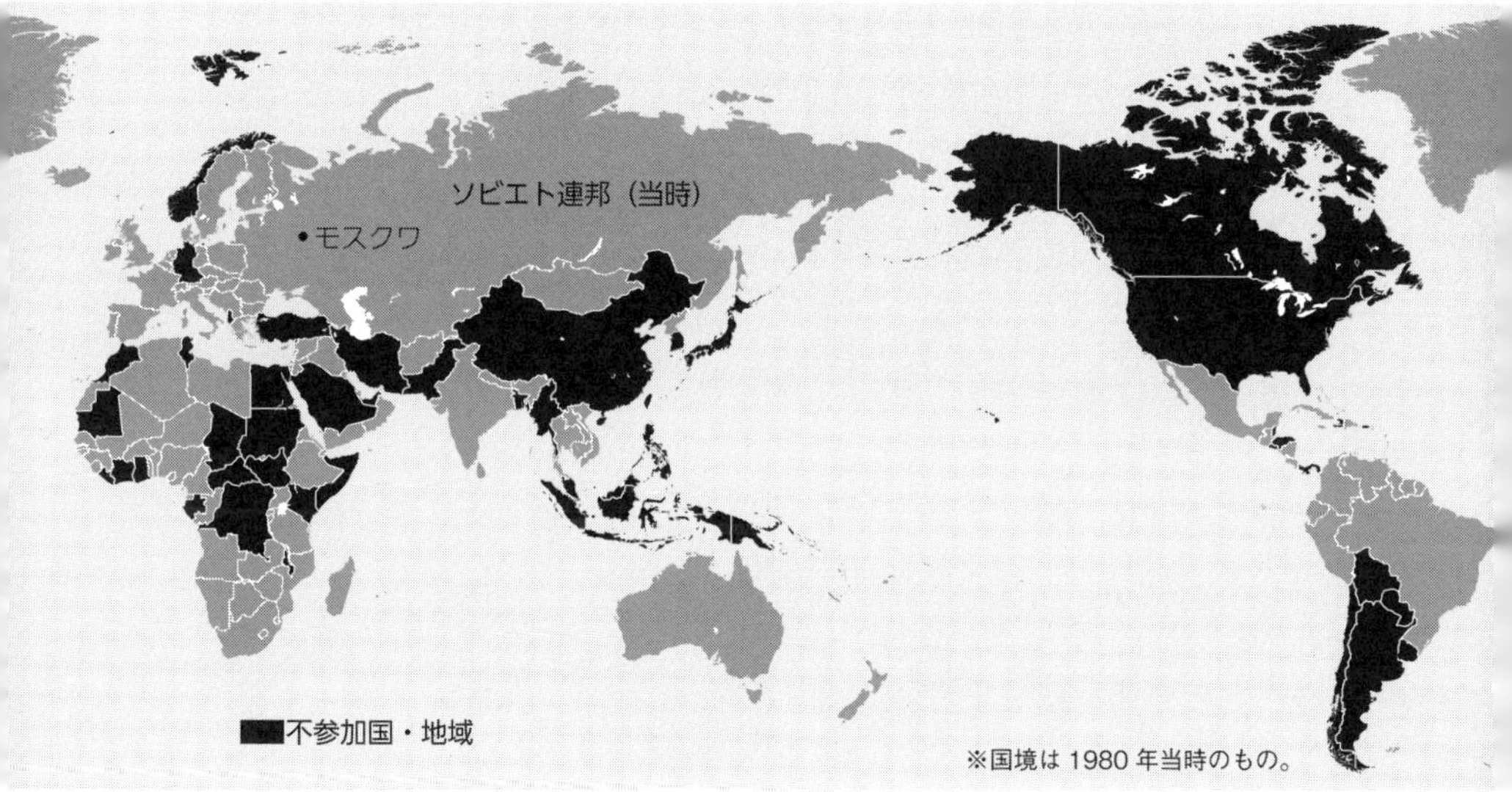


*30　レオニード・ブレジネフ。ソ連共産党中央委員会の第一書記、書記長、最高会議幹部会議長として、18年間にわたり君臨。（社会主義国全体の利益のためには、一国の主権が制限されてもやむを得ないとするブレジネフ・ドクトリンで知られる。）1906年〜1982年。

| 1980年（第22回）夏季オリンピックモスクワ大会 | |
|---|---|
| 開催期間 | 1980年7月19日〜8月3日 |
| 開催都市 | ソ連／モスクワ |
| 参加国数 | 80の国と地域 |
| 参加選手数 | 5179人 |
| 競技数 | 21競技 |
| 種目数 | 203種目 |

強く反発。東西冷戦（→P112）は緊張を増すことになりました。アメリカのカーター大統領（→P158）は、ソ連のアフガニスタン侵攻に対して制裁措置を世界に提案。その一つがオリンピックモスクワ大会のボイコットでした。

結果、7月19日〜8月3日にソ連のモスクワ[*31]で行われた1980年（第22回）夏季オリンピックモスクワ大会の参加国は、80の国と地域に終わりました。これは、1956年以降で最も少ないものでした。多くは、アメリカの呼びかけに応じる形で参加を断念したと見られています。

参加した選手の数も5179人と大幅に少なくなりました。とくに参加国数は、1972年のオリンピックミュンヘン大会（121の国と地域）の3分の2となってしまいました。日本は多くの選手が参加を強く訴えていましたが、JOC（日本オリンピック委員会）が臨時総会を開き、不参加を決定。

そうした波乱のなかで行われたオリンピックでした。それでも競技種目数は21競技203種目が行われ、国別メダル獲得数では、1位がソ連、2位は東ドイツ、3位ブルガリアと、いずれも過去最多を記録しました。

尚、地元ソ連のアレクサンドル・ディチャーチンが体操競技男子の全種目でメダルを獲得し、五輪史上初めてオリンピック1大会で8個のメダルを奪取。これは、当時

---

＊31　ロシアの西部にあるロシア（かつてはソ連）最大の都市で、同国の首都。人口約1200万人。

＊32　アフリカ大陸南部に位置する内陸国。1980年にジンバブエ共和国として英国から独立。人口約1500万人。

世界のトップクラスだった日本が不参加だったことも影響していたと考えられますが、偉業は偉業。

ところが、こんなこともありました。IOCのホームページに「予想外の金メダル」として、次のように記されています。

「ボイコットの影響により、初採用されたホッケー女子は開催国ロシア以外の出場国がなくなってしまいました。しかし、ジンバブエ＊32が急遽出場することになり、大会開幕1週間前にチームを結成し、モスクワに急行して金メダルを獲得するサプライズを起こしました」。

メインスタジアムに使われたのは、モスクワにあるルジニキ・スタジアム（旧称レーニン・スタジアム）。国内最大の競技場で、現在は球技専用となっている。 ©Elekes Andor

**著者の目**

国がボイコットを決めたとき、その大会を目指して努力してきた多くの選手たちの受けたショックは計り知れません。日本でも、柔道の山下泰裕《やすひろ》（→P170）、マラソンの瀬古《せこ》利彦《としひこ》＊33など多くの選手たちが失意のどん底に落ち込みました。また、1960年ローマ大会から5連覇してきた男子体操（団体）の記録もとだえ、2004年アテネ大会（→P210）まで金メダルは取れていません。当時、世界のトップレベルにあったバレーボールでも、その後、男女ともに金メダルは取れていないのです。

**1980年（第22回）夏季オリンピック**
**モスクワ大会・国別メダル数ランキング**

| 順位 | 国名 | 金 | 銀 | 銅 | 合計 |
|---|---|---|---|---|---|
| 1位 | ソ連 | 80 | 69 | 46 | 195 |
| 2位 | 東ドイツ | 47 | 37 | 42 | 126 |
| 3位 | ブルガリア | 8 | 16 | 17 | 41 |

＊33 三重県出身のマラソン選手。モスクワ大会後、ロサンゼルス大会、ソウル大会と代表となるが、いずれも14位、9位と惨敗。福岡国際マラソン4連覇、ボストンマラソン優勝などのキャリアをもつが、オリンピックでのメダルは獲得できなかった。

## 1984年（第14回）冬季オリンピックサラエボ大会

サラエボ[*34]というとサラエボ事件を思い出す人も多いといいます。「サラエボ事件」とは、1914年6月28日に当時オーストリア領だったサラエボで、オーストリアの皇太子が暗殺された事件です。この事件がきっかけとなり第一次世界大戦の勃発につながったことで知られています。

サラエボは、1984年当時はユーゴスラビア社会主義連邦共和国という社会主義の国の都市でした。1984年（第14回）冬季オリンピックサラエボ大会は、1980年のオリンピックモスクワ大会に次ぐ東側陣営での開催となり、また共産圏で初の冬季オリンピックとなりました。

実は、1984年の冬季オリンピックには、2度目の開催を目指す札幌も立候補していたのです。しかも、IOCの第1回目の投票では、札幌は最も多い票数を獲得していたのですが、決選投票で逆転負けし、開催権を逃しました。

サラエボ大会の会期は1984年2月8日から2月19日までで、49の国と地域から1272人の選手が参加して行われました。競技種目は、6競技39種目。前回アメリカ・レークプラシッド大会の37の国と地域、参加選手1072人よりも大幅に多くなりました。ソ連と同じ社会主義国でしたが、モスクワのボイコットの影響は見られ

**1984年（第14回）冬季オリンピックサラエボ大会**

| | |
|---|---|
| 開催期間 | ：1984年2月8日～2月19日 |
| 開催都市 | ：旧ユーゴスラビア／サラエボ |
| 参加国数 | ：49の国と地域 |
| 参加選手数 | ：1272人 |
| 競技数 | ：6競技 |
| 種目数 | ：39種目 |

＊34　ボスニア・ヘルツェゴビナの首都。冷戦終結後ユーゴスラビアから独立したボスニア・ヘルツェゴビナの首都となるが1995年までセルビア人勢力との紛争の舞台の一つとなった。人口約31万人。

ませんでした。

尚、IOCはこのオリンピックから、6位までとしていた入賞枠を8位までに拡大しました。メダル獲得数は、1位が東ドイツ、2位はソ連、3位アメリカとなり、数か月前の夏季オリンピックをボイコットしたアメリカの不振が目立ちました。

サラエボオリンピックの開会式。人文字で「CHAMONIX SARAJEVO（シャモニー サラエボ」と描かれている。

©BiHVolim

**著者の目**

オリンピックは、その規模が巨大化するに従って、開催地にかかる財政的な負担が問題となっていました。この1984年の冬季大会に1972年以来12年ぶりに立候補していた札幌も、前回に使用した施設を再利用できるため費用を抑えられる（経済的な「コンパクトさ」）などを掲げ、いちじは有利とも言われましたが、結果はサラエボに逆転負けしてしまいました。

サラエボ大会で日本人が獲得したメダルは、たった一つ。スピードスケート男子500メートルで北沢欣浩《よしひろ》選手（→P199）が獲得した銀メダルです。この種目では、同じ日本人の黒岩彰《くろいわあきら》選手（→P173）が金メダル候補として注目されていたのですが、決勝戦で、大雪のためスタートが大幅に遅れ、黒岩選手は失速してしまいました。一方、北沢選手は普段どおりに滑り、日本のスピードスケート界初のオリンピックメダルを獲得。黒岩選手は、続く1988年カルガリー大会で3位となり、念願のメダルを獲得しました。

**1984年（第14回）冬季オリンピック**
**サラエボ大会・国別メダル数ランキング**

| 順位 | 国名 | 金 | 銀 | 銅 | 合計 |
|---|---|---|---|---|---|
| 1位 | 東ドイツ | 9 | 9 | 6 | 24 |
| 2位 | ソ連 | 6 | 10 | 9 | 25 |
| 3位 | アメリカ | 4 | 4 | 0 | 8 |

## 1984年（第23回）夏季オリンピックロサンゼルス大会

オリンピックは、1980年夏季と1984年冬季と続いて東側陣営で行われましたが、次は西側陣営のリーダー・アメリカのロサンゼルス[*35]で開催されました。参加は140の国と地域（過去最多）にのぼり、6829人の選手が参加しました。

ところが、このオリンピックでも、ソ連ほか東欧諸国14の国と地域のボイコットがあったのです（1976年に金メダルを獲得した国の58％が不参加）。その理由は、オリンピックモスクワ大会での西側陣営のボイコットに対する報復！この頃は東西間の緊張が高まっていたことも背景にあったのでしょう。

1984年（第23回）夏季オリンピックロサンゼルス大会不参加国と地域

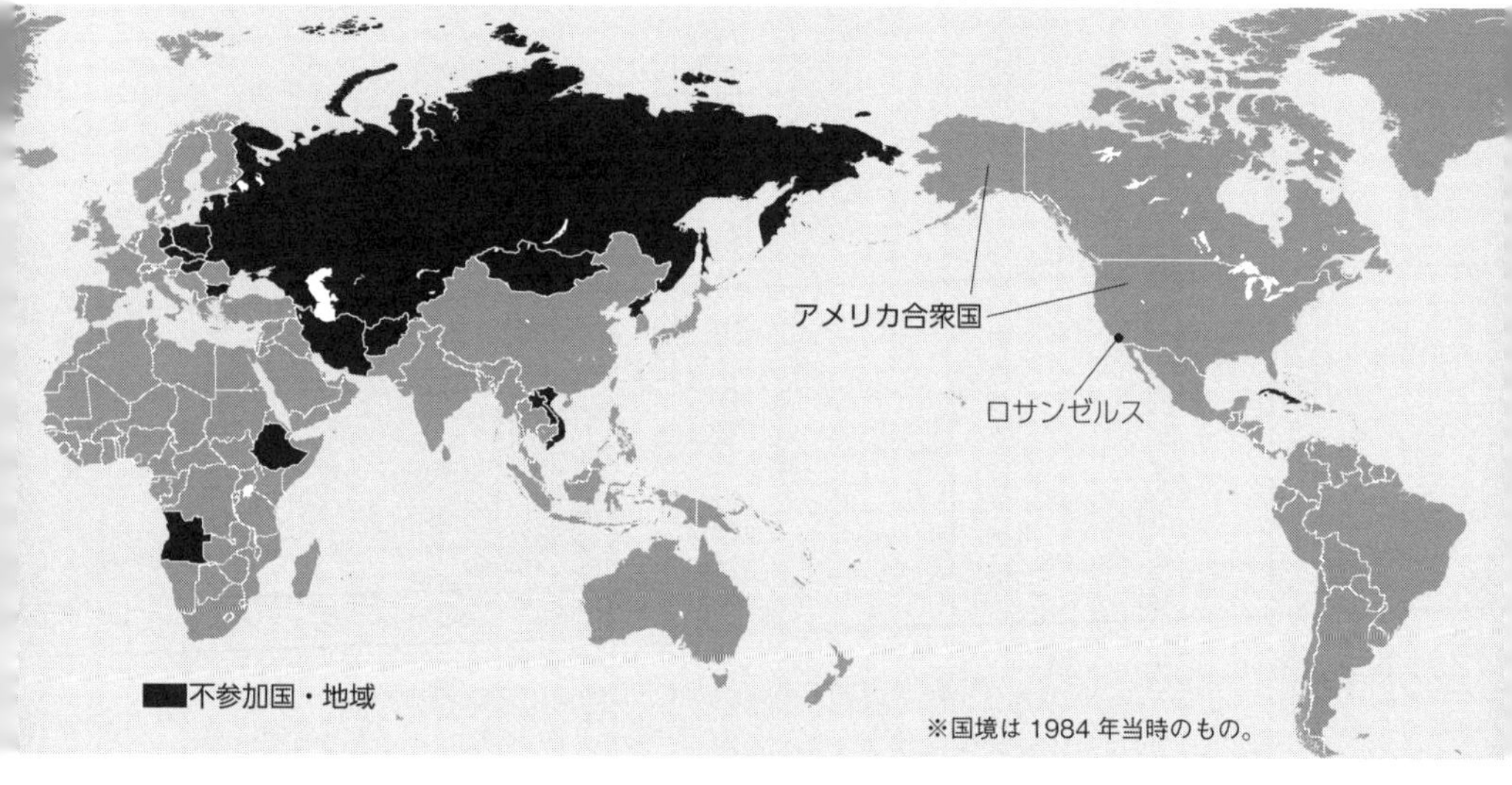


＊35　アメリカ西部南カリフォルニア州にある都市。アメリカの映画産業やテレビ産業の中心地。人口約380万人。

**1984年（第23回）**
**夏季オリンピックロサンゼルス大会**

| | |
|---|---|
| 開催期間 | ：1984年7月28日～8月12日 |
| 開催都市 | ：アメリカ／ロサンゼルス |
| 参加国数 | ：140の国と地域 |
| 参加選手数 | ：6829人 |
| 競技数 | ：21競技 |
| 種目数 | ：221種目 |

## 税金を使わないオリンピック

実は、1984年オリンピックの開催都市立候補は、ロサンゼルス市だけだったのです。その以前からアメリカでは、オリンピック開催に反対する人たちが増えていました。8年前の1976年冬季オリンピック（→P153）では、決定していたデンバー[*36]での開催を地元住民の強い反対運動により返上。その後、ソルトレークシティ[*37]が検討されましたが、うまくいかなかったこともありました。

今回も、財源に税金が使われることなどから、オリンピックに反対する人たちが多くいました。なぜなら、それまでの大会では、スタジアムの

ロサンゼルス・メモリアル・コロシアムでの開会式。左の電光掲示板には、オリンピックのモットー「より速く、より高く、より強く」がラテン語で映し出されている。

＊36 アメリカ中西部コロラド州、ロッキー山脈の東麓に位置する同州の州都。人口約71万人。

＊37 アメリカ西部ユタ州の州都。モルモン教徒が築いた町として知られる。人口約20万人。

建設や環境整備などで開催都市が多額の費用を負担し、結局赤字となり、市の財政に大きなダメージを残したからです。

そうしたなか、カリフォルニア州のオリンピック協会が考えついたのが、税金を使わないでオリンピックという巨大イベント自体で稼いで収支を合わせることでした。具体的には、テレビ放映料やスポンサー協賛金はもとより、多種多様な価値に対してお金を払わせました。それは、聖火ランナーからも参加費を徴収するといった徹底ぶり。もちろん入場料収入や記念グッズの売上収入も財源にされました。

こうして、このオリンピックは商業オリンピックと化したのです。結果として、このオリンピックは約400億円の黒字となり（その全額がアメリカの青少年の振興とスポーツのために寄付された）、金銭的には大成功。そのため、そのやり方が、その後のオリンピックに大きな影響を与えることになりました。

オリンピックロサンゼルス大会の会期は1984年7月28日〜8月12日で、21競技221種目が行われました。夏季オリンピックも、このときから入賞枠が6位までから8位までに拡大されました。

このとき日本で話題になったのは、アメリカのカール・ルイス[＊38]が陸上で4冠王となったこと。

---

＊38　アメリカの陸上競技選手。1991年の世界陸上で人類で初めて100メートルを9秒8台で走った記録を持つ。1961年〜。

←陸上の男子100メートル決勝で力走するカール・ルイス選手。

日本勢では、体操男子で、具志堅幸司《ぐしけんこうじ》*39の個人総合優勝。森末慎二《もりすえしんじ》*40が鉄棒で10点満点を出して優勝。柔道・無差別級で山下泰裕《やすひろ》*41が2回戦で右足を負傷したのを押して優勝。

メダル争いは、ソ連、東欧諸国が不参加のなか、1位がアメリカ、2位はルーマニア*42、3位西ドイツという結果となりました。日本も7位と健闘しました。尚、2位のルーマニアは、9位となったユーゴスラビアとともに社会主義陣営でありながらも参加して大健闘しました。また、その頃、ソ連に対立するようになり、反対にアメリカに近づいていた中華人民共和国が参加して、4位になりました。

体操男子種目別の鉄棒の表彰式。中央が金メダルを獲得した森《もり》末慎二《すえしんじ》選手。右端が個人総合で金メダル、鉄棒で銅メダルの具《ぐ》志堅幸司《しけんこうじ》選手。左端は銀メダルの童非《トンフェイ》選手（中国）。

---

＊39　大阪府出身の体操競技選手。１９５６年～。

＊40　岡山県出身の体操競技選手。１９５７年～。

＊41　熊本県出身の柔道選手。ＩＯＣ委員、第5代ＪＯＣ会長（２０１９年～２０２４年現在）。１９５７年～。

＊42　バルカン半島東部に位置する国。人口約１９００万人。首都はブカレスト。

著者の目

カール・ルイス選手は、「キング・カール」の愛称でアメリカ国内のみならず、世界中に、日本にもファンをもつ、20世紀で最も偉大な陸上選手の1人といえます。本名フレデリック・カールトン・ルイスは、1961年にアメリカのアラバマ州生まれ。彼はオリンピック4大会に出場し、100メートル走、200メートル走、4×100メートルリレー、走り幅跳びで、合計9個の金メダルと銀メダル1個を獲得しました。

彼の最初のオリンピックは、1984年ロサンゼルス大会です。100メートル走、200メートル走、4×100メートルリレー、走り幅跳びで優勝。この記録は、英雄ジェシー・オーエンス*43選手（↓p310）と一致。彼は、オーエンスとよく比較されます。

しかし、かつての英雄と20世紀の英雄の記録の差は明確。それは人類が約50年に大幅に記録をのばしたことを示したものでした。国際陸上競技連盟（IAAF）はカール選手を1988年と1991年に「ワールド・アスリート・オブ・ザ・イヤー（今年世界で最も活躍した選手）」に選出。また、1999年には20世紀最高の選手に指名しています。

因みに、彼には2歳年下の妹キャロル・ルイスがいます。同じく陸上選手で、1984年ロサンゼルス大会では、走り幅跳びで6位入賞。1983年の陸上のヘルシンキ世界選手権では走り幅跳びで銅メダルを獲得し、兄妹でメダリストになりました（同大会でカールは金メダル3個）。

**ジェシー・オーエンスとカール・ルイスの記録**（いずれも金メダル獲得）

| | 100m走 | 200m走 | 走り幅跳び |
|---|---|---|---|
| ジェシー・オーエンス | （1936年ベルリン大会）10秒3 | 20秒7 | 8m06 |
| カール・ルイス | （1984年ロサンゼルス大会）9秒99 | 19秒80 | 8m54 |

＊43　アメリカの男子陸上競技選手。1936年ベルリンオリンピックで4冠を達成。

**1984年（第23回）夏季オリンピック　ロサンゼルス大会・国別メダル数ランキング**

| 順位 | 国名 | 金 | 銀 | 銅 | 合計 |
|---|---|---|---|---|---|
| 1位 | アメリカ | 83 | 61 | 30 | 174 |
| 2位 | ルーマニア | 20 | 16 | 17 | 53 |
| 3位 | 西ドイツ | 17 | 19 | 23 | 59 |
| 4位 | 中華人民共和国 | 15 | 8 | 9 | 32 |
| 7位 | 日本 | 10 | 8 | 14 | 32 |

## 1988年（第15回）冬季オリンピックカルガリー大会

カナダで初めて行われた冬季オリンピックは、カルガリー[*44]で1988年2月13日〜28日に行われました。会期はそれまでの2週間から2日延ばされ16日間となりました。57の国と地域から選手1423人が参加（ソ連も参加）。競技種目は、アルペンスキーでスーパー大回転と複合が追加されて、3種目から5種目に拡大。また、ノルディックスキー・コンバインド[*45]とスキージャンプに団体が加わり、合計で6競技46種目となりました。

ショートトラックスピードスケートとフリースタイルスキーが公開種目として実施されました。このオリンピックでは、冬季史上初めてスピードスケート競技が屋内で開催されたことから、風や気温の変動による氷の状態の変化に左右されにくくなり、好記録が続出

そのジャンプ力が注目された、伊藤みどり選手。1989年の世界選手権では、女子として世界で初めて国際大会でトリプルアクセルを成功させ、優勝した。

1988年（第15回）
冬季オリンピックカルガリー大会

| | |
|---|---|
| 開催期間 | ：1988年2月13日〜2月28日 |
| 開催都市 | ：カナダ／カルガリー |
| 参加国数 | ：57の国と地域 |
| 参加選手数 | ：1423人 |
| 競技数 | ：6競技 |
| 種目数 | ：46種目 |

＊44　カナダ西部アルバータ州にある同州最大の都市で、州都。ウィンタースポーツが盛んなほか石油産業の中心地。人口約120万人。

＊45　クロスカントリースキーとスキージャンプという2つのノルディックスキー競技を組み合わせ、総合成績を競う競技。

しました。

スキージャンプでは、フィンランドのマッチ・ニッカネン*46が大活躍し、個人戦の70メートル級、90メートル級、団体と、三冠に輝きました。日本勢では、公開種目のショートトラックスピードスケート女子3000メートルで獅子井英子《ししいえいこ》*47が金メダル、スピードスケート男子500メートルで黒岩彰《くろいわあきら》*48が銅メダルを獲得しました。フィギュアスケートで伊藤みどり*49は、当時の女子で最高難易度レベルのジャンプを連発。「flying《フライング》 woman《ウーマン》（空飛ぶ女性）」と呼ばれ、カルガリーでも人気者となりましたが、成績は5

**著者の目**

オリンピックには悲しい出来事もいろいろあります。1988年のカルガリー大会でのこと。スピードスケートの500メートルと1000メートルで金メダルの最有力候補とされていたアメリカのダン・ジャンセン選手は、500メートルレースの当日にお姉さんが白血病で死去したことが影響してか、レース中に転倒。不運は続き、その後の1000メートルのレースでも転倒してしまいました。彼のことを知る観客からは大きな声援が送られましたが、確実とされていたメダルが取れなかったのです。

しかし、6年後の1994年リレハンメル大会（→P192）の1000メートルで、彼は見事に復活。金メダルを獲得し、メダルをお姉さんに捧げることができました。
※冬季オリンピックは1992年まで夏季オリンピックと同じ年に行われていたが、その2年後の1994年にリレハンメル大会を開催して以来、夏季・冬季を2年ごとに行っている。（→P185）

*46　フィンランドのスキージャンプ選手。80年代の活躍から「鳥人」とも呼ばれた。1963年～2019年。
*47　東京都出身のスピードスケート選手。1965年～。
*48　群馬県出身のスピードスケート選手。世界スプリント選手権では、1983年大会、1987年大会と2度の総合優勝を果たしている。1961年～。
*49　愛知県出身のフィギュアスケート選手。日本人として初めて世界フィギュアスケート殿堂入りを果たす。1969年～。

位止まりでした。

因みに、ボブスレー競技4人乗りに、雪の降らない中米のジャマイカチームが初参加したことから、映画『クール・ランニング』[*50]が制作され、世界中で人気となりました。

メダル争いは、1位がソ連、2位東ドイツ、3位スイスという結果となりました。アメリカは、9位と不振。開催国カナダも、13位に終わりました。日本は、メダルは銅1個のみでしたが、5位が4、6位が2、7位1、8位1と、近年では最高の成績といわれました。

雪の降らない国からやってきたジャマイカのボブスレーチームが話題を呼んだ。

1988年(第15回)冬季オリンピック
カルガリー大会・国別メダル数ランキング

| 順位 | 国名 | 金 | 銀 | 銅 | 合計 |
|---|---|---|---|---|---|
| 1位 | ソ連 | 11 | 9 | 9 | 29 |
| 2位 | 東ドイツ | 9 | 10 | 6 | 25 |
| 3位 | スイス | 5 | 5 | 5 | 15 |
| 9位 | アメリカ | 2 | 1 | 3 | 6 |
| 13位 | カナダ | 0 | 2 | 3 | 5 |

＊50　ジャマイカのボブスレーチームがオリンピックに参加した実話をもとに制作された、アメリカのスポーツ・コメディ映画。1993年公開。

## 1988年（第24回）夏季オリンピックソウル大会

このオリンピックは、夏季としては1964年（第18回）オリンピック東京大会に続きアジアで2度目。朝鮮戦争で荒廃し、北朝鮮との分断国家となりながら、韓国は近年めざましい経済発展を遂げてきました。1964年の東京がそうであったように、オリンピックが、韓国経済の発展を世界にアピールするチャンスとなりました。韓国では、開催年に因んで「88（パルパル）オリンピック」と呼んでいました。

実は、この年のオリンピックには名古屋も立候補していましたが、大差で選ばれたことは、韓国の国民にとって大きな誇りとなっていました。また、前々回の1980年に西側陣営が、前回の1984年に東側陣営がそれぞれボイコットしていたので、1988年は12年ぶりにアメリカとソ連の両陣営のリーダーが揃うことになりました。

さらに、1980年、1984年の両方をボイコットしたイランが12年ぶりに参加したり、南アフリカの人種差別に抗議して参加しなかった多くのアフリカの国々や、中華民国（台湾）の参加をめぐってボイコットしていた中華人民共和国も参加。1972年（第20回）オリンピックミュンヘン大会以来、16年ぶりの世界規模のオリンピックとなりました。

| 1988年（第24回）夏季オリンピックソウル大会 | |
|---|---|
| 開催期間 | 1988年9月17日～10月2日 |
| 開催都市 | 韓国／ソウル |
| 参加国数 | 159の国と地域 |
| 参加選手数 | 8397人 |
| 競技数 | 23競技 |
| 種目数 | 237種目 |

ただし、朝鮮民主主義人民共和国（北朝鮮）は、一時は参加の姿勢を見せましたが、結局、不参加となりました。それでも、オリンピックソウル大会に不参加の国は北朝鮮に加え、キューバ、アルバニア、セーシェル、エチオピア、ニカラグア、マダガスカルの7か国のみとなりました。

こうして、世界の159の国と地域から8397人の選手の参加を得て、9月17日～10月2日に開催。競技種目は、23競技237種目となりました。

尚、まもなく、東欧革命[*51]やドイツ再統一[*52]等が起こり、ソ連崩壊、東西冷戦も終結となります。そのため、このオリンピックは、ソ連とほとんどの東側諸国にとって、社会主義国としての最後の参加となりました。

### ソウル大会のハイライト

このオリンピックで最も注目されたのは、陸上男子100メートルでカナダのベン・ジョンソン[*53]が9秒79の驚異的記録を樹立。しかし、それから2日後、ジョンソンのドーピング（→P34）が発覚し、金メダル剝奪、記録抹消という事態になったこと。結果、カール・ルイス（→P168）が繰り上げ1位、1984年に続くオリンピック2連覇を達成したことでしょう。

また、アメリカのフローレンス・ジョイナー[*54]が陸上競技女子100メートル、

＊51　ソ連の停滞に伴い、1989年から東欧諸国で共産主義体制が続いて倒れた反共産主義・民主主義革命。

＊52　1990年、冷戦中に分裂していた東西両ドイツが、西ドイツ（ドイツ連邦共和国）による東ドイツ（ドイツ民主共和国）編入によって再度統一されたこと。

＊53　カナダ（ジャマイカ出身）の陸上競技選手。1961年～。

＊54　アメリカの陸上競技選手。現在にいたるまで、女子100メートル（10秒49）、200メートル（21秒34）の世界記録を保持。1959年～1998年。

38歳の若さでこの世を去った伝説の女子スプリンター、フローレンス・ジョイナー選手。

２００メートル、４００メートルリレーで優勝したことも注目されました。

競泳では、アメリカのマット・ビオンディ[＊55]が金メダル5個を含む7個のメダルを獲得しました。また、東ドイツのクリスタ・ルーディング=ロテンブルガー[＊56]が、１９８８年の冬のスケートと夏の自転車競技でメダル獲得。同一年度の冬と夏のオリンピックでのメダル獲得は史上初の快挙でした。

日本勢では、競泳の男子１００メートル背泳ぎで、鈴木大地《だいち》[＊57]が優勝。しかし、柔道の金メダルは、95キロ超級の斉藤仁《ひとし》[＊58]だけでした。

メダル争いは、1位がソ連、2位東ドイツ、3位アメリカ、4位は地元韓国という結果となりました。

＊55　アメリカの水球、競泳選手、教師。１９６５年〜。

＊56　東ドイツ（現在はドイツ）のスピードスケート選手、自転車競技(トラックレース)選手。１９５９年〜。

＊57　千葉県出身の競泳選手。初代スポーツ庁長官。１９６７年〜。

＊58　青森県出身の柔道選手。１９６１年〜２０１５年。

陸上男子100メートル決勝の１位はベン・ジョンソン選手。カール・ルイス選手は２位になったが……。

1988年（第24回）夏季オリンピック
ソウル大会・国別メダル数ランキング

| 順位 | 国名 | 金 | 銀 | 銅 | 合計 |
|---|---|---|---|---|---|
| 1位 | ソ連 | 55 | 31 | 46 | 132 |
| 2位 | 東ドイツ | 37 | 35 | 30 | 102 |
| 3位 | アメリカ | 36 | 31 | 27 | 94 |
| 4位 | 韓国 | 12 | 10 | 11 | 33 |

## 冷戦の終結

オリンピックの「熱戦」をよそに、軍事費優先の経済は東西どちらの陣営も行き詰まっていきました。

### 三極構造の終焉

ソ連はアフガニスタンの侵攻とその後のモスクワオリンピック開催などによる巨額の支出により、また、1986年から始まったペレストロイカ（ゴルバチョフ政権が進めた多方面の「改革」の総称）もうまくいかず、経済の自由化も政治の民主化も困難を極めていた。一方のアメリカも貿易赤字と財政赤字により国内経済の低迷が続いた。こうしたなか世界では、中ソ対立、アラブ・イスラエルの対立の深刻化、アジア・アフリカ諸国の台頭などが顕著になり、ソ連とアメリカの二極構造を大きく揺るがすようになり、東西冷戦の意味がなくなっていた。

### ゴルバチョフの役割

ソ連では、54歳という若さでソ連共産党の書記長となったゴルバチョフ[*1]は、ペレストロイカなどにより、ソ連の社会主義体制の自由化を模索。その結果、ソ連は大きく変化しはじめる。そして、ソ連の変化が東欧諸国の体制変革をもたらし、1989年の東欧革命につながり、東西冷戦の象徴であったベルリンの壁が1989年11月9日、突然破壊された。

こうして東西ドイツの分断が解消され、翌1990年10月3日、東西ドイツ統一。これは、東西冷戦時代の終焉を告げる象徴的な事件となった。

しかし、冷戦終結をもたらしたのは、ペレストロイカの失敗だけではなく、ソ連型社会主義という社会・経済体制の行き詰まりだったと見られている。

ソ連型社会主義は、かつては民主主義・自由主義と矛盾しないと考えられていたが、人権と自由を抑圧せずには、その社会は成り立たなくなっていた。

そうして、既に債務国に転落し、財政と貿易の双子の赤字を抱えるアメリカの事情とあいまって、1980年代には、社会主義（東側陣営）対資本主義（西側陣営）というイデオロギー対立は次第に消え去っていった。

## 冷戦終結後の世界

1988年のオリンピックが終わって間もなくのこと。1989年12月、ゴルバチョフとブッシュ[*2]が地中海のマルタ島でマルタ会談を開き、「冷戦の終結」を宣言。こうして第二次世界大戦後、およそ半世紀にわたって続いてきた「東西冷戦」がいよいよ終わりを告げた（残された分断国家、北朝鮮と韓国が未だに続けている朝鮮戦争が終結しない限り、東西冷戦は終わっていないとする人がいる）。

冷戦後、世界で目立ちはじめたのが、地域紛争、民族紛争、対テロリストとの戦いだった。

＊1　ミハイル・C・ゴルバチョフ。ソ連崩壊まで、共産党書記長、最高会議幹部会議長、大統領として君臨（在任1985年～1991年）。1931年～2022年。

＊2　ジョージ・H・W・ブッシュ。第41代アメリカ大統領（在任1989年～1993年）。1924年～2018年。長男は第43代大統領ジョージ・W・ブッシュ。

1991年1月、湾岸戦争が勃発（↓P184）。アメリカは「正義の戦争」などと主張、国連に先んじるような行動をとるようになる。9・11同時多発テロが発生すると、アメリカの単独行動主義（ユニラテラリズム）が顕著になり、世界でオリンピックがどのようなものになるか、その鍵は、中国が担った。

改革開放に大きく舵を切り、「共産党政権の下で資本主義化する」という考えられないようなことをして、急激に経済成長を遂げた中国は、経済成長に伴うかのように、オリンピックのメダル獲得数でも、この後、4位、3位、2位、1位と順位を上げていく。1位になったのは、2008年（第29回）夏季オリンピック北京大会だった。因みに2000年以降の中国の金メダル数は下のグラフのごとくである。

夏季オリンピックでの中国の金メダル獲得数

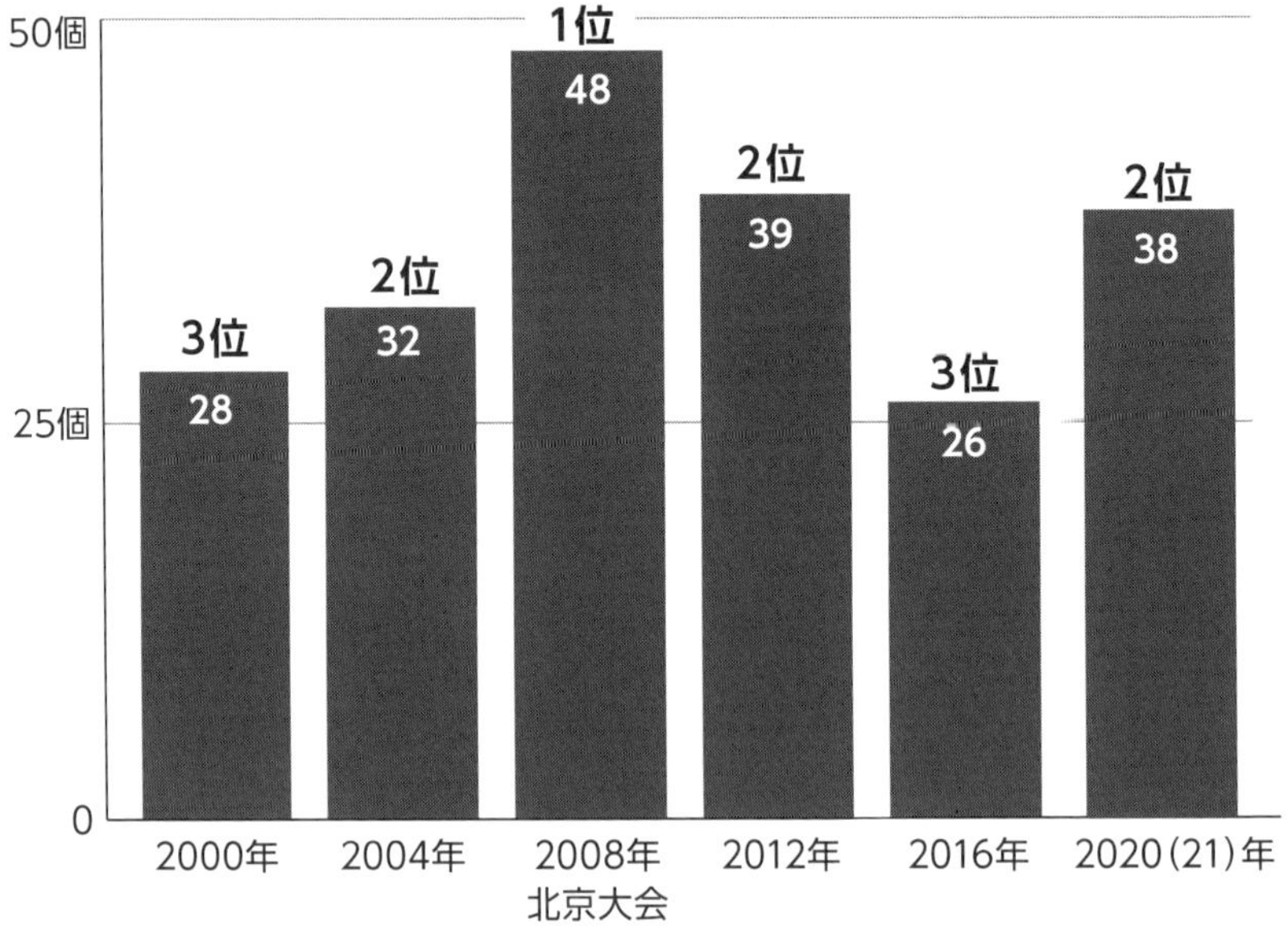


出典：国際オリンピック委員会（IOC）

# 第5章 冷戦終結後のオリンピック

# 1 オリンピックでも中国が台頭

冷戦が終了したということで、東西の緊張も緩和してきたのも束の間、世界では大きな出来事が続きます。

**1992年（第16回）冬季オリンピックアルベールビル大会**

1990年8月、イラクのサダム＝フセイン[*1]大統領が突然クウェート[*2]に侵攻。これに対し、国連の安全保障理事会がイラク軍に対し撤退勧告を発出。経済制裁を決定しましたが、イラクは撤退に応じませんでした。それどころか、クウェートを19番目の州とするなどと宣言。イラクへ併合します。すると、アメリカのブッシュ大統領（→P181）が武力行使を決定し、冷戦時代の西側諸国を巻き込んで、多国籍軍を編成します。

1991年1月17日にイラクを攻撃して、湾岸戦争[*3]が勃発。しかし、中東でのアメリカ軍の軍事行動に対し、イスラム原理主義者[*4]が猛反発して、9・11同時多発テロな

**1992年（第16回）**
**冬季オリンピックアルベールビル大会**

| | |
|---|---|
| 開催期間 | 1992年2月8日～2月23日 |
| 開催都市 | フランス／アルベールビル |
| 参加国数 | 64の国と地域 |
| 参加選手数 | 1801人 |
| 競技数 | 6競技 |
| 種目数 | 57種目 |

＊1　イラクの大統領、独裁者。2003年米軍のイラク侵攻中に逮捕され、イラクの法廷で裁判の結果死刑。1937年～2006年。

＊2　中東アラビア湾（ペルシャ湾）に面した国。1961年英国から独立。有数の産油国。人口約427万人。

どにつながりました。

こうしたなか、1992年2月8日から2月23日までフランスのアルベールビル*5に64の国と地域から選手1801人が集い、6競技57種目が行われました。

特筆すべきは、旧ソ連諸国のうちロシア、ウクライナ、ベラルーシ、カザフスタン、ウズベキスタン、アルメニアの6か国が「EUN」《イーユーエヌ》*6というチームで参加したことです。また、このオリンピックは、2つの意味で最後の冬季オリンピックになりました。

一つは、スピードスケート競技が屋外スケートリンクで開催された最後だったこと。もう一つが、夏季オリンピックと同じ年に開催された最後となったことです。即ち、次の冬季オリンピックは1994年に開催となりました。

その後の冬季オリンピックは、夏季オリンピック

**1992年冬季オリンピックおよび1992年夏季オリンピックに参加したEUNチームの参加国と1994年以降のIOCコード（IOCにおける国名コード）**

| 国（旧ソビエト共和国） | IOCコード（1994～） |
|---|---|
| アルメニア* | ARM |
| アゼルバイジャン | AZE |
| ベラルーシ* | BLR |
| ジョージア | GEO |
| カザフスタン* | KAZ |
| キルギスタン | KGZ |

| 国（旧ソビエト共和国） | IOCコード（1994～） |
|---|---|
| モルドバ | MDA |
| ロシア* | RUS |
| タジキスタン | TJK |
| トルクメニスタン | TKM |
| ウクライナ* | UKR |
| ウズベキスタン* | UZB |

＊は、1992年冬季オリンピックの統一チームの参加国。

＊3　1990年のイラクによるクウェート侵攻に対して、国連の強制措置として多国籍軍がイラクを攻撃し撤退せしめた戦争。

＊4　イスラムの世俗化に反発し、イスラムが誕生した当時の教えの原点に回帰しようとする運動。

＊5　フランス東部アルプス山脈の麓に位置する町。人口約1万7000人。

＊6　1991年のソ連崩壊を受け、旧ソ連を構成していた15共和国の一部が、オリンピック出場に際して臨時に編成したチーム。「統一チーム」の意味。

の間の年、4で割り切れない偶数の西暦年の開催になりました。

この大会では、日本勢が健闘。スキーのノルディック複合団体で日本がついに金メダルを獲得。スケートでも男子500メートルで、黒岩敏幸《くろいわとしゆき》*7が銀、井上純一*8が銅を獲得。女子もフィギュアスケートで伊藤みどり（→P173）が銀、橋本聖子《せいこ》*9はスピードスケート1500メートルで銅メダルを獲得しました。

このように、これまで15回参加した冬季オリンピックで日本が獲得したメダル総数7個と同数を、この大会だけで獲得したのです。

冬季オリンピックでは日本人女性初の銅メダルを獲得した橋本聖子《せいこ》選手。

*7　群馬県出身のスピードスケート選手。1969年〜。
*8　埼玉県出身のスピードスケート選手。1971年〜。
*9　北海道出身のスピードスケート、自転車競技選手。政治家。1964年〜。

国別メダル数ランキングでは、1位ドイツで、2位がEUN《イーユーエヌ》、3位ノルウェー、4位オーストリア、5位アメリカ、6位イタリアとなり、地元フランスは7位に終わりました。

**著者の目**

オリンピックの夏季・冬季の両大会に出場を果たした選手は、百数十人を数えるといわれています。

そのひとりが、夏季・冬季で合計7回出場した橋本聖子《せいこ》選手（後に国会議員を務める）です。1984年サラエボ大会から1994年リレハンメル大会まで冬季4大会に出場。1992年アルベールビル大会では、1500メートルで冬季オリンピックとしては日本史上初となる女子の銅メダルを獲得しました。1988年夏季オリンピックソウル大会（→P175）では自転車の代表選手として出場し、日本人として初めて夏季・冬季両方の大会に出場を果たし、1992年夏季大会（バルセロナ）と1996年夏季大会（アトランタ）にも出場しました。

尚、アメリカのエディー・イーガン選手（「近代オリンピック」が始まった翌年の1897年生まれ）は、1920年アントワープ夏季大会でボクシングで、また1932年レークプラシッド冬季大会ではボブスレーで金メダルを獲得し、夏と冬両方で異なる種目の金メダルを取った唯一の選手。金、銀、銅のいずれかのメダルを両大会ともに獲得した選手でさえ史上5人だけですから、イーガン選手の記録は快挙といえます。

エディー・イーガン選手。

1992年（第16回）冬季オリンピックアルベールビル大会・国別メダル数ランキング

| 順位 | 国名 | 金 | 銀 | 銅 | 合計 |
|---|---|---|---|---|---|
| 1位 | ドイツ | 10 | 10 | 6 | 26 |
| 2位 | EUN | 9 | 6 | 8 | 23 |
| 3位 | ノルウェー | 9 | 6 | 5 | 20 |
| 4位 | オーストリア | 6 | 7 | 8 | 21 |

| 順位 | 国名 | 金 | 銀 | 銅 | 合計 |
|---|---|---|---|---|---|
| 5位 | アメリカ | 5 | 4 | 2 | 11 |
| 6位 | イタリア | 4 | 6 | 4 | 14 |
| 7位 | フランス | 3 | 5 | 1 | 9 |

## 1992年（第25回）夏季オリンピックバルセロナ大会

このオリンピックは、7月25日～8月9日にスペインのバルセロナ[*10]に参加国169の国と地域、参加選手数9356人が集い、過去最大規模のオリンピックとなりました。競技種目は、25競技257種目。東西冷戦終結後の最初の夏季オリンピックです。

また、このオリンピックは、開会前から日本人の活躍が話題となっていました。それは磯崎新《いそざきあらた》[*11]がオリンピック体育館を設計したこと。また、開会式の音楽を坂本龍一《りゅういち》[*12]が作曲、指揮したことなど、日本人が競技以外でも活躍したオリンピックとなりました。

競技でも、日本人の中学2年生（14歳）

磯崎新の設計による屋内競技場、パラウ・サン・ジョルディ。バルセロナのオリンピック公園の一部として建設された。

＊10　スペイン北東部カタルーニャ州の州都。マドリードに次ぐスペイン第二の都市。人口約160万人。

＊11　大分県出身の建築家。ポストモダン建築をリードし、世界各地の建築を手がけた。1931年～2022年。

**1992年（第25回）**
**夏季オリンピックバルセロナ大会**

| | |
|---|---|
| 開催期間 | 1992年7月25日～8月9日 |
| 開催都市 | スペイン／バルセロナ |
| 参加国数 | 169の国と地域 |
| 参加選手数 | 9356人 |
| 競技数 | 25競技 |
| 種目数 | 257種目 |

の岩崎恭子《きょうこ》＊13が女子競泳200メートル平泳ぎで、いきなり金メダルを取り、世界中を驚かせました。日本のマスコミでは、優勝インタビューの「今まで生きてきた中で一番シアワセ」に話題沸騰。

名台詞といえば、男子マラソンの谷口《たにぐち》浩美《ひろみ》＊14。谷口は給水地点で転倒してしまいましたが、完走。結果は、8位でしたが、転倒しなければといわれているなか、「こけちゃいました」と話す様子に多くの人が感動しました。

また、女子マラソンで有森裕子《ありもりゆうこ》＊15が銀メダルを獲得。この種目は、かつては女子には過酷すぎると行われていなかったのが、1984年に初めてオリンピックに登場。しかも、バルセロナは30度を越す

まだまだあどけない表情の岩崎恭子《きょうこ》選手。

＊12　東京都出身の作曲家、編曲家、ピアニスト、音楽プロデューサー。1952年～2023年。

＊13　静岡県出身の競泳選手。バルセロナオリンピックでの金メダルは、競泳競技の最年少金メダル獲得記録。1978年～。

＊14　宮崎県出身のマラソン選手。1960年～。

＊15　岡山県出身のマラソン選手。日本における女子プロランナーの草分け。1966年～。

暑さでした。

柔道男子では、78キロ以下級の吉田秀彦《ひでひこ》*16、71キロ以下級の古賀稔彦《としひこ》*17が金メダルを獲得。尚、このオリンピックから、プロ選手の出場が許可され、競技のレベルが上がったといわれました。

国別メダル数ランキングでは、1位EUN《イーユーエヌ》（↓P185）で、2位がアメリカ、3位ドイツ。4位中国、5位キューバ。開催国のスペインは6位と健闘しました。

互いに栄光をたたえあう、銀メダルの有森裕子《ありもりゆうこ》選手（右）と優勝したワレンティナ・エゴロワ選手。

1992年（第25回）夏季オリンピック
バルセロナ大会・国別メダル数ランキング

| 順位 | 国名 | 金 | 銀 | 銅 | 合計 |
|---|---|---|---|---|---|
| 1位 | EUN | 45 | 38 | 29 | 112 |
| 2位 | アメリカ | 37 | 34 | 37 | 108 |
| 3位 | ドイツ | 33 | 21 | 28 | 82 |
| 4位 | 中国 | 16 | 22 | 16 | 54 |
| 5位 | キューバ | 14 | 6 | 11 | 31 |
| 6位 | スペイン | 13 | 7 | 2 | 22 |

*16 愛知県出身の柔道選手。総合格闘家。1969年〜。

*17 佐賀県出身の柔道選手。医学者（医学博士）。1967年〜2021年。

著者の目

1967年アメリカ・テキサス州ダラスに生まれたマイケル・ジョンソン選手は、1992年バルセロナ大会（→P188）、1996年アトランタ大会（→P195）、2000年シドニー大会（→P203）に参加。合計4個の金メダルを獲得した、オリンピック同一大会の男子200メートル走と400メートル走で優勝した唯一の陸上選手です。アトランタ大会の200メートル走で出した19秒32という世界記録はその後10年以上も破られませんでした。また、短距離走のなかでも一番苦しい種目とされている400メートル走での2大会連続の金メダル獲得は、ひときわ目だつといいます。100メートル走で9秒58の世界記録をもつウサイン・ボルトでさえ、ジョンソンがあこがれの選手だといっています。

そうした輝かしい記録をもつ彼にも、不運は多かったようです。彼にとって最初のオリンピックの際には、200メートル走と400メートル走の金メダルが期待されていながら、彼は大会の最中に食中毒！　200メートル走決勝への出場を断念していたのです（なんとか4×400メートルリレーのメンバーとして金メダル獲得）。また、最後のオリンピックでは、4×400メートルリレーで1位となりましたが、メンバーの1人がドーピング検査で陽性となり、アメリカチームは後に金メダルを返還。もしそうしたことがなければ、彼の生涯メダル数は、もっと増えていたかもしれません。

金色のランニングシューズをはいて走るマイケル・ジョンソン選手。

## １９９４年（第17回）冬季オリンピックリレハンメル大会

この冬季オリンピックは、前回のアルベールビルオリンピックのちょうど2年後にノルウェーで行われました。前回がこれまでの冬季オリンピックの最後を意味するのなら（→P185）、今回はこれからのオリンピックの最初を意味したといえるかもしれません。

というのは、オリンピックでは常に環境問題が意識されるようになりますが、「環境に優しいオリンピック」とスローガンを掲げたのが、リレハンメルが最初だったのです。

実際、アイスホッケーの会場がくり抜いた岩の中に建設されたり、閉幕後、ボランティアが積極的に花を植えたり、環境対策が意識されていました。

こうした背景には、前回冬季大会が終了した後の１９９２年6月3日から14日までの間、ブラジルのリオデジャネイロ[*18]で地球サミット（環境と開発に関する国連会議）が行われ、「人類共通の課題である地球環境の保全と持続可能な開発の実現」のための具体的な方策が話し合われたことがありました。

１９９４年2月12日～27日に行われたリレハンメルオリンピックでしたが、開会式はジャンプ会場で行われ、クロスカントリーでリレーされてきた聖火トーチを持ったジャンパーが、スキージャンプのジャンプ台からジャンプ！　会場に飛び降りて点

**1994年（第17回）**
**冬季オリンピックリレハンメル大会**

| | |
|---|---|
| 開催期間 | ：1994年2月12日～2月27日 |
| 開催都市 | ：ノルウェー／リレハンメル |
| 参加国数 | ：67の国と地域 |
| 参加選手数 | ：1737人 |
| 競技数 | ：6競技 |
| 種目数 | ：61種目 |

＊18　ブラジル南東部リオデジャネイロ州の州都。サンパウロに次ぐブラジル第二の都市で、かつての首都。カーニバルで有名。人口約670万人。

火、という異例の演出でした。

また、サマランチIOC会長[*19]の呼びかけにより、10年前の開催地・サラエボが内戦の戦火に曝《さら》される現状に対し黙祷《もくとう》が捧げられました。参加国は67の国と地域、参加選手1737人、競技種目数は6競技61種目となりました。

閉会式では、国際環境使節団を乗せた犬ぞりが次期開催都市・長野へ向かって出発。環境オリンピックを次に続けようとしました。

日本勢は、スキーで、ノルディック複合[*20]団体が2連覇。個人で河野《こうの》孝典《たかのり》[*21]が銀メダルを獲得。ジャンプラージヒル団体は、金メダルを期待されながら、銀メダル。スケートでは、男子500

リレハンメルオリンピックでは、岩山をくりぬいて地下にアイスホッケー会場を建設したり、巨大木製屋根のスピードスケート場をつくったりするなど、自然環境に配慮。森林には聖火ランナーのシルエットが表示された。

＊19　フアン・アントニオ・サマランチ。スペインのスポーツ・ジャーナリスト、政治家。第7代IOC会長（在任1980年～2001年）。1920年～2010年。

＊20　→「ノルディックスキー・コンバインド」参照（P172）

＊21　長野県出身のスキー・ノルディック複合選手。1969年～。

メートルで堀井学《ほりいまなぶ》が＊22銅メダル、女子スピードスケート5000メートルで山本宏《ひろ》美《み》が＊23銅メダルを獲得しました。

国別メダル獲得数では、1位はEUN《イーユーエヌ》（↓P185）ではなく単独で参加したロシア。2位は開催国のノルウェーで、メダル合計では1位。3位ドイツ、4位イタリアと、接戦となりました。アメリカは5位と低迷する結果になりました。

ノルディック複合団体で優勝。（左から）河野孝典《こうのたかのり》選手、阿部雅司《あべまさし》選手、荻原健司《おぎわらけんじ》選手。

1994年（第17回）冬季オリンピック
リレハンメル大会・国別メダル数ランキング

| 順位 | 国名 | 金 | 銀 | 銅 | 合計 |
|---|---|---|---|---|---|
| 1位 | ロシア | 11 | 8 | 4 | 23 |
| 2位 | ノルウェー | 10 | 11 | 5 | 26 |
| 3位 | ドイツ | 9 | 7 | 8 | 24 |
| 4位 | イタリア | 7 | 5 | 8 | 20 |
| 5位 | アメリカ | 6 | 5 | 2 | 13 |

＊22　北海道出身のスピードスケート選手。政治家。1972年〜。

＊23　北海道出身のスピードスケート選手。1970年〜。

## 1996年（第26回）夏季オリンピックアトランタ大会

1996年といえば思い出すのが、1896年。近代オリンピックが開催された年！ 1996年は100周年記念となるオリンピックです。

開催国にはアテネ、ベオグラード（ユーゴスラビア）、マンチェスター（イギリス）、メルボルン（オーストラリア）、トロント（カナダ）が立候補。第1回近代オリンピック開催のアテネが有力だといわれていましたが、開催地投票が5回行われた結果、アメリカのアトランタ[*24]に決定。1996年7月19日から8月4日までの17日間、アメリカのアトランタで197の国と地域から選手10318人が参加、26競技271種目が行われました。

このオリンピックでは、最終聖火ラ

写真の左側に見えるのは、開会式で使われた思い出深い聖火台。オリンピック跡地に建設されたセンテニアルオリンピック公園の近くにいまなお残されている。

**1996年（第26回）夏季オリンピックアトランタ大会**

| | |
|---|---|
| 開催期間 | 1996年7月19日〜8月4日 |
| 開催都市 | アメリカ／アトランタ |
| 参加国数 | 197の国と地域 |
| 参加選手数 | 1万318人 |
| 競技数 | 26競技 |
| 種目数 | 271種目 |

＊24 アメリカ南部ジョージア州の州都。CNNやデルタ航空などの本拠地。人口約50万人。

ンナー（聖火の点火者）が秘密にされていましたが、その瞬間に現れたのは、モハメド・アリ！[*25] ところが、最初は、誰だかわからなかったという人もいました。アリは、最強の元プロボクサーですが、ボクサーとしての人気以上に、マルコム・X[*26]と出会い、その思想に共鳴。ベトナム戦争への徴兵を拒否したことからアメリカ政府と戦ってきたことで多くのファンがいました。そのアリは、引退後の42歳でパーキンソン病を発症。手が震えるようになっていました。聖火の点火の際にもそうでしたが、それが世界中に感動をもたらしたのも事実でした。

　オリンピックは、多くの感動を世界中の人に与えるもの。このオリンピックで、女子マラソンで銅メダルとなった有森裕子《ありもりゆうこ》（→P189）の「自分で自分をほめてあげたい」という言葉もその一つ（前大会は銀）でした。女子柔道48キロ級の谷（旧姓・田村）亮《りょう》子《こ》[*27]は、決勝で惜敗し銀メダルとなりましたが、それも大きな感動劇でした。女子では他に、恵本裕子《えもとゆうこ》[*28]が金を獲得。男子の中村兼三《けんぞう》[*29]、野村忠宏《ただひろ》[*30]も金メダル。さらに、日本にとっては、サッカー予選リーグで、日本が強豪ブラジルを破る大金星を挙げたことも、メダルとは無関係に感動を呼びました。そして、野球の銀も（金キューバ、銅アメリカ）。国別メダル獲得数は、地元アメリカが1位に返り咲き、2位ロシア、3位ドイツ、4位中国となりました。この頃から中国のメダルの獲得数が目立ってきました。

＊25　アメリカのボクサー。1960年ローマ大会のボクシングライトヘビー級で金メダリストとなる（当時18歳）。その後、プロに転向。無敗で世界ヘビー級王座を獲得。1942年〜2016年。

＊26　アフリカ系アメリカ人の急進的黒人解放運動指導者。イスラーム教信仰をもとにしたブラック＝ムスリム運動を指導した。1925年〜1965年。

＊27　福岡県出身の柔道選手。政治家。ヤワラちゃんの愛称で知られる。1975年〜。

＊28　北海道出身の柔道選手。1972年〜。

病気のせいで震える手をゆっくりと聖火の点火装置にかかげるモハメド・アリ。

**1996年（第26回）夏季オリンピック**
**アトランタ大会・国別メダル数ランキング**

| 順位 | 国名 | 金 | 銀 | 銅 | 合計 |
|---|---|---|---|---|---|
| 1位 | アメリカ | 44 | 32 | 25 | 101 |
| 2位 | ロシア | 26 | 21 | 16 | 63 |
| 3位 | ドイツ | 20 | 18 | 27 | 65 |
| 4位 | 中国 | 16 | 22 | 12 | 50 |

＊29 福岡県出身の柔道選手。2人の兄もアトランタオリンピックに柔道選手として参加。1973年〜。

＊30 奈良県出身の柔道選手。祖父、叔父（ミュンヘンの金メダリスト）、兄も柔道選手という柔道一家。1974年〜。

## 1998年（第18回）冬季オリンピック長野大会

1998年の冬季オリンピックは、2月7日～22日の16日間、冬季オリンピックが開催された場所としては最も緯度が低い長野県長野市[*31]で行われました。長野市での開催は、1985年3月に長野県議会でオリンピック招致決議、次いで長野県内の全市町村の招致決議に始まりました。その後、1988年6月に行われたJOCの1998年冬季オリンピックの開催国内候補地選定投票で、盛岡市、山形市、旭川市を退け選定。さらに1991年6月15日にイギリスで開催されたIOC投票で、日本、アメリカ、スウェーデン、スペイン、イタリアが立候補するなか、5回目の最終投票で、アメリカ・ソルトレークシティ42票に対し、長野は46票。僅差で長野に決定！　長い道のりでした。

こうして開催権を勝ち取った長野市は、県庁所在地だということもあって人口も多い都会で、スキー競技などには必ずしも適した場所ではありません。そのため、主催都市（Host City）は長野市でしたが、競技会場は、白馬村《はくばむら》、山ノ内町、軽井沢町、野沢温泉村の協力を

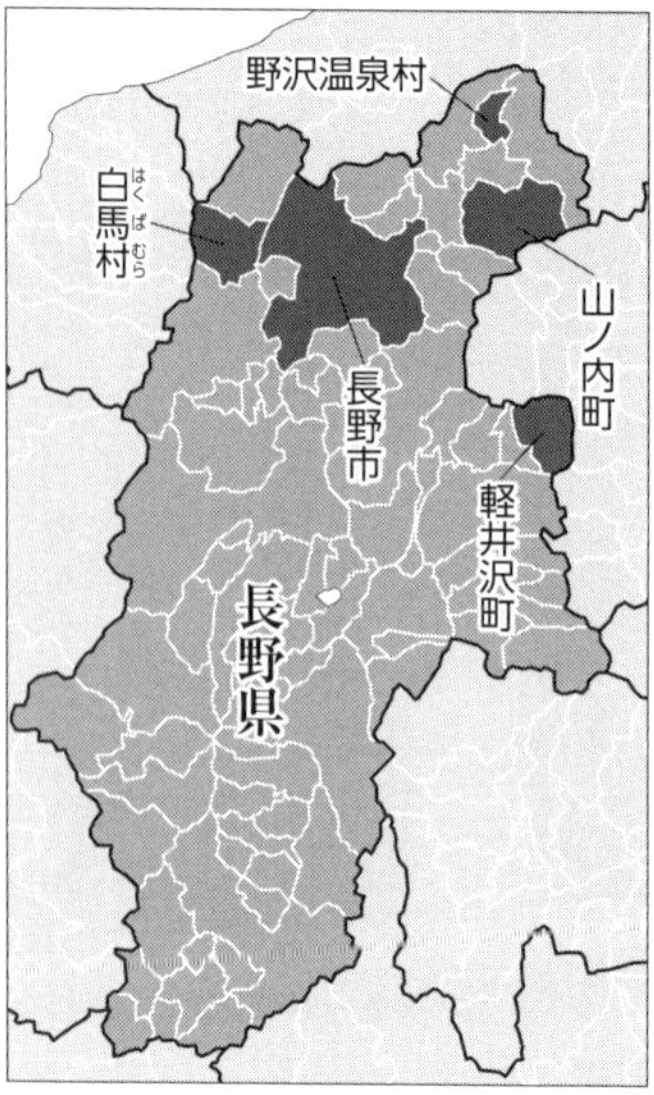


**1998年（第18回）冬季オリンピック長野大会**

| | |
|---|---|
| 開催期間 | 1998年2月7日～2月22日 |
| 開催都市 | 日本／長野市 |
| 参加国数 | 72の国と地域 |
| 参加選手数 | 2176人 |
| 競技数 | 7競技 |
| 種目数 | 68種目 |

＊31　長野県北信地方の中心的都市で、同県県庁所在地。人口約38万人。

得て開催。これは当初より長野県内の全市町村が招致決議していたとおり、県を挙げて取り組んだこともあり、地元はとても盛り上がったといわれています。そうしたなか、世界72の国と地域から選手2176人が7競技68種目に参加しました。会期を通して延べ144万人以上の観客がオリンピックに集まりました。

開会式では、天皇（現在の上皇）・皇后（現在の上皇后）両陛下が見守られる中、猪谷千春《いがやちはる》（↓P110）、笠谷幸生《かさやゆきお》（↓P148）、金野昭次《こんのあきつぐ》（↓P148）、北沢欣浩《よしひろ》[*32]、長久保初枝《ながくぼはつえ》[*33]、大高優子《おおたかゆうこ》[*34]、橋本聖子《せいこ》（↓P186）、山本宏美《ひろみ》（↓P194）の元冬季オリンピック日本代表選手8人がオリンピック旗を持って入場。聖火の点火者は1992年アル

長野オリンピックスタジアム。桜の花をモチーフにデザインされている。

©Taken with Canon IXY DIGITAL 450

＊32　北海道出身のスピードスケート選手。1984年サラエボオリンピック男子500メートルで獲得した銀メダル（↓P165）は日本スケート男子、初のオリンピックメダル。1962年～。

＊33　長野県出身のスピードスケート選手。インスブルック大会には同じくスピードスケート選手の夫とともに出場。1935年～。

＊34　北海道出身のリュージュ選手。1950年～。

ベールビル冬季大会（→P184）、女子フィギュアスケート銀メダリストの伊藤みどり（→P173）でした。余興として、大相撲の元横綱曙《あけぼの》の土俵入り、雅楽の演奏が行われるなど、「和」の雰囲気が醸し出されました。

競技では、その後日本でも一大ブームを巻き起こしたスノーボードに注目が集まりました。また、正式競技としては、1924年シャモニー・モンブランオリンピック（→P82）以来となったカーリング（→P30）も、その後日本で人気となりました。

さらに、1992年のアルベールビル・オリンピックで正式種目となったモーグル*35女子で、里谷多英《さとやたえ》*36が冬季オリンピックで日本女子選手初となる金メダルを獲得。その後、全国のスキー場にモーグルコースができるきっかけとなりました。

その他、日本勢の活躍が目立ちました。スキー・ジャンプで日本は団体で金、個人でも船木和喜《ふなきかずよし》*37がラージヒルで金、ノーマルヒルで銀、原田雅彦《まさひこ》*38もラージヒルで銅メダルに輝きました。

スケートでは、スピードスケート男子の清水宏保《ひろやす》*39が500メートルで金、1000メートルでも銅、女子では岡崎朋美《ともみ》*40が500メートルで銅メダルを、さらにショートトラック男子500メートルでは西谷岳文《にしたにたかふみ》*41が金メダルを獲得しました。

それでも国別メダルランキングでは、1位がドイツ、2位ノルウェー、3位ロシア、

---

＊35　スキーのフリースタイル競技の一つ。（→P31脚注）

＊36　北海道出身のスキーモーグル選手。1976年〜。

＊37　北海道出身のスキージャンプ選手。1975年〜。

＊38　北海道出身のスキージャンプ選手。1968年〜。

＊39　北海道出身のスピードスケート選手。1974年〜。

＊40　北海道出身のスピードスケート選手。1971年〜。

＊41　大阪府出身のスピードスケート選手。1979年〜。

持ち前のスピードとターンの技術を生かして、次々とこぶを越え、金メダルを決めた里《さと》谷《や》多《た》英《え》選手。

4位カナダ、5位アメリカ、6位オランダ。地元日本は7位の結果に終わり、冬季オリンピックでの世界の実力を実感することになりました。
因みに、スノーボードの男子大回転で、カナダのロス・レバグリアティが初のオリンピックチャンピオンになりましたが、競技終了後、ドーピング検査で陽性反応が検出され、メダル剝奪。ところが、その後、スポーツに関連する紛争の仲裁手続等を行う国際的な機関であるスポーツ仲裁裁判所の裁定により、処分は取り消されたという出来事がありました。

著者の目

ノルウェーのクロスカントリースキーのビョルン・ダーリ選手は、1992年アルベールビル大会(→P184)、1994年リレハンメル大会(→P192)、1998年長野大会で、合計8個の金メダルを獲得しました。これは、冬季大会の金メダル最多記録。銀メダルも4個獲得、メダルの合計でも最多。その彼は、1998年長野大会クロスカントリー10キロメートルに1位でゴール、そのままその場を離れませんでした。最下位の選手を待っていたのです。最下位はアフリカのケニアの選手！ その選手がゴールすると、抱きかかえながら、「すばらしい、きみこそ真の勇者だ」と語りました。その姿を捉えた映像は、世界中に報道されました。

1998年(第18回)冬季オリンピック長野大会・国別メダル数ランキング

| 順位 | 国名 | 金 | 銀 | 銅 | 合計 |
|---|---|---|---|---|---|
| 1位 | ドイツ | 12 | 9 | 8 | 29 |
| 2位 | ノルウェー | 10 | 10 | 5 | 25 |
| 3位 | ロシア | 9 | 6 | 3 | 18 |
| 4位 | カナダ | 6 | 5 | 4 | 15 |
| 5位 | アメリカ | 6 | 3 | 4 | 13 |
| 6位 | オランダ | 5 | 4 | 2 | 11 |
| 7位 | 日本 | 5 | 1 | 4 | 10 |

## 2000年（第27回）夏季オリンピックシドニー大会

2000年のオリンピックは、20世紀最後・西暦2000年代最初。1956年メルボルン大会（→P116）以来、44年ぶり2度目となる南半球での開催となりました。会期は、9月15日～10月1日の17日間。参加国は199の国と地域、参加選手は、10651人です。

この大会は、2000年という節目の年とあって招致争いは激しいものでした。オーストラリアの他には、近年のオリンピックで頭角を現してきた中国、オリンピック古参のイギリス、強豪国ドイツ、そしてトルコ。1993年9月23日に行われたIOCでの開催地投票は、4回目の投票で中国の43票を2票差で上回り決定。しかし、3回目も投票では連続で中国が上回っていたことから、招致合戦の激しさを窺い知ることができます。さらに、この結果は、裏でアメリカが関与していたことによるものと噂され、中国では、反米意識が強まったといわれています。

開会式で注目されたのは、開催国が誇る歴代女性金メダリストたちから聖火を受け取って点火をしたキャシー・フリーマン[*42]でした。前回アトランタ大会のモハメド・アリ（→P196）と同じように最終聖火ランナーは極秘だったために、彼女が現れ、スタジアムはどよめきました。オーストラリアの先住民アボリジニ[*43]出身、アトランタで400メートル銀メダリスト。オーストラリアは、現役選手にもかかわらず彼女を最

| 2000年（第27回）夏季オリンピックシドニー大会 | |
|---|---|
| 開催期間 | 2000年9月15日～10月1日 |
| 開催都市 | オーストラリア／シドニー |
| 参加国数 | 199の国と地域 |
| 参加選手数 | 1万651人 |
| 競技数 | 28競技 |
| 種目数 | 300種目 |

＊42 オーストラリアの陸上競技選手。1973年～。

＊43 オーストラリアや周辺諸島に、欧州人の植民以前から暮らしている先住民の総称。

終点火者に選んだのです。その理由は、白人社会と先住民とをつなぐ国民統合、民族融和の象徴として選出されたといいます（聖火リレーの第1走者もアボリジニとして初の金メダリストとなった27歳の女性ノバ・ペリス・ニーボーンだった）。

このことが民族問題に関わるとすれば、このオリンピックでは、もう一つの人きな出来事がありました。第1回南北首脳会談が実施されたばかりの韓国と北朝鮮が統一旗を掲げて合同入場行進を行ったのです。

さらに、２００２年５月20日に、インドネシアから独立することとなる東ティモールの選手たちがオリンピック旗を掲げて入場したことも、見逃せない出来事でした。

こうして始まったシドニーオリンピックは、競技でも話題が尽きませんでした。日本人にとっては、なんといっても女子マラソンで高橋尚子《なおこ》が＊44日本陸上界64年ぶり（戦後初）、かつ日本女子陸上界において史上初となる金メダルを獲得したこと。彼女は、後に国民栄誉賞が授与されました。

ソフトボールの銀メダル、サッカー男子が１９６８年メキシコシティー大会以来32年ぶりに決勝トーナメントに進出したことも、日本中に歓喜の声を響かせました。

柔道では、女子48キロ級の谷（旧姓・田村）亮子《りょうこ》（→P196）が、過去２大会続けて銀メダルだったのを、３度目の正直で、とうとう金メダルを獲得。男子60キロ級の野村

＊44　岐阜県出身の陸上競技選手。女子スポーツ界で初の国民栄誉賞を受賞。１９７２年〜。

←「Qちゃん」の愛称で知られる高橋尚子《なおこ》選手。2001年ベルリンマラソンでは、女性として初めて２時間20分を切る世界記録（当時）を出した。

2338
swatch

忠宏《ただひろ》（→P196）は前回大会に続き金メダル、同81キロ級は瀧本誠《たきもとまこと》*45が、100キロ級の井上康生《こうせい》*46も金メダルを獲得しました。

一方、野球は3位決定戦で韓国に敗れ、5大会連続のメダルを取れなかったにもかかわらず、多くの野球ファンを盛り上げました。

メダル争いは、1位がアメリカ、2位ロシア、3位中国、4位オーストラリア、5位ドイツ、日本はメダル総数18個でしたが、そのうち13個を女子が占めました（競泳では金4個、シンクロの銀2個、ソフトボール銀など）。

開会式で注目された、アボリジニのキャシー・フリーマンは、期待どおりに優勝。大観衆が見守るなか、オーストラリア国旗とアボリジニの旗を渡されてウイニングラン。オリンピックの規定『オリンピック憲章』では、国旗以外を持つ

女子400メートルで優勝し、オーストラリア国旗とアボリジニの旗を掲げて観客の声援に応えるキャシー・フリーマン選手。

*45　茨城県出身の柔道選手。総合格闘家。1974年〜。

*46　宮崎県出身の柔道選手。1978年〜。

ウイニングランは認められていませんでしたが、この時は、ＩＯＣ会長のサマランチ（↓Ｐ193）が「五輪は多文化主義を支持する」と事前に認めていたとのことでした。

**著者の目**

オリンピックのモットーは、「より速く、より高く、より強く」。「より高く」を競う棒高跳びは、1896年の第1回オリンピックアテネ大会から行われてきましたが、女子は100年以上遅い2000年シドニー大会で初めて正式種目になったのは意外です。

男子の世界記録*を長らく保持していたのは、「鳥人」とよばれたセルゲイ・ブブカ選手。1963年ウクライナ（当時はソ連）に生まれ、10歳で棒高跳びをはじめ、なんども世界記録をぬりかえてきました。その数は、35回。1985年にはじめて6メートルを突破。しかし、その彼のオリンピックは不運のスタートでした。1984年のロサンゼルス大会は、ソ連のボイコットにより不出場。1988年のソウル大会で、5メートル90で金メダルを獲得しましたが、自身の6メートル06の世界記録の更新は棄権しました。その後、1992年のバルセロナ大会は記録なし。1996年のアトランタ大会は棄権。2000年のシドニー大会でも記録なしで終わりました。

一方、女子はエレーナ・イシンバエワ選手が2005年、5メートル以上を跳んだ初の女性となりました。1982年、ロシア（当時はソ連）で生まれたイシンバエワ選手は、2008年北京大会では、5メートル05の世界記録を打ち立てて金メダル。その4年前のアテネ大会でも、自身のもっていた世界記録を更新し、4メートル91で金メダルをとっていました。2009年、スイスのチューリヒでおこなわれた国際陸上大会では5メートル06を記録。現在も破られていません（2024年3月現在）。このように彼女は2016年に引退するまで世界記録を28回更新しました。

＊2024年3月現在の世界記録は、アルマンド・デュプランティス選手。（スウェーデン）による屋外6メートル23、室内6メートル22。ブブカ選手が残した最後の記録は屋外6メートル14、室内6メートル15。

**2000年（第27回）夏季オリンピックシドニー大会・国別メダル数ランキング**

| 順位 | 国名 | 金 | 銀 | 銅 | 合計 |
|---|---|---|---|---|---|
| 1位 | アメリカ | 37 | 24 | 32 | 93 |
| 2位 | ロシア | 32 | 28 | 29 | 89 |
| 3位 | 中国 | 28 | 16 | 14 | 58 |
| 4位 | オーストラリア | 16 | 25 | 17 | 58 |
| 5位 | ドイツ | 13 | 17 | 26 | 56 |
| 15位 | 日本 | 5 | 8 | 5 | 18 |

アメリカでは、20世紀のうちに、夏季・冬季合わせて7回オリンピックを開催してきました。そして2002年の冬季オリンピックは8度目、史上最多（2番目がフランスの5回）、1980年のレークプラシッド（↓P158）以来22年ぶり4度目となりました。

## 2002年（第19回）冬季オリンピックソルトレークシティ大会

会期は、9・11同時多発テロ[*47]から5か月後の2月8日〜24日の17日間。対テロ戦争（War on Terror）の真っ只中でした。

「対テロ戦争」とは、アメリカなどとテロリストとの間の戦争をさします。9・11は、テロ組織アルカーイダの犯行であり、アメリカ軍他が、アルカーイダをかくまっているという理由でアフガニスタン・イスラム首長国を攻撃。アルカーイダの最高指導者であるウサーマ・ビン・ラーディンを殺害しました（2011年5月2日）。

こうしたなかでのアメリカのオリンピック開催。厳戒態勢の下で始まった開会式では、9・11で跡形もなく破壊されたニューヨーク世界貿易センタービル跡（グラウンド・ゼロ）で発見されたぼろぼろになった星条旗をアメリカは入場行進に持ち込みました。そして、本来『オリンピック憲章』の規定に則り行われる開会宣言にブッシュ大統領が、「誇り高く、自信に満ち、感謝の念に溢れた国を代表して」といった、規定にない文言を付け加えました。これは、『オリンピック憲章』違反です（直前の冬

---

**2002年（第19回）
冬季オリンピックソルトレークシティ大会**

| | |
|---|---|
| 開催期間 | 2002年2月8日〜2月24日 |
| 開催都市 | アメリカ／ソルトレークシティ |
| 参加国数 | 77の国と地域 |
| 参加選手数 | 2399人 |
| 競技数 | 7競技 |
| 種目数 | 78種目 |

＊47　2001年9月11日、イスラムのテロリスト達が米国で旅客機4機を同時に乗っ取り、乗員・乗客とともにニューヨークやワシントンのビルに突入、約3000人の犠牲者を出したテロ事件。

季オリンピックの国旗以外を持ったウイニングランに続く違反)。しかし、これらのことをどう見るかは、世界中の人々の立場により大きく意見が分かれました。

こうしたなか、世界77の国と地域から選手2399人が参加して、7競技78種目で競われました。種目は前回の長野より、ボブスレーに男女のスケルトン、女子2人乗りなど、計10種目が増えました。

しかし、日本勢は地元開催の長野オリンピック(→P198)に比べると、各種目で不振となり、金メダルなしで、前回長野の金メダリストのスピードスケート男子の清水宏保《ひろやす》(→P200)が銀、モーグル女子の里谷多英《さとやたえ》(→P200)が銅を獲得するに終わりました。内々には「金メダル3、銀・銅合わせて10個」を目標としていたといわれ、関係者にとってはショックだったといいます。それでも、4位~8位の入賞数が25となり、長野の23より多かったことが救いとなりました。

**著者の目**

この大会で、日本のメダル数が少なかった理由として、選手の世代交代がうまくいかなかったなどとともに、ジャンプで新ルールにうまく対応できなかったことが挙げられました。しかし、ルール変更がメダル数に影響することは、オリンピックなどの国際大会ではよくあること。それを不振の理由とすることはできないとも言われました。

**2002年(第19回)冬季オリンピックソルトレークシティ大会・国別メダル数ランキング**

| 順位 | 国名 | 金 | 銀 | 銅 | 合計 |
|---|---|---|---|---|---|
| 1位 | ノルウェー | 13 | 5 | 7 | 25 |
| 2位 | ドイツ | 12 | 16 | 8 | 36 |
| 3位 | アメリカ | 10 | 13 | 11 | 34 |
| 4位 | カナダ | 7 | 3 | 7 | 17 |
| 5位 | ロシア | 5 | 4 | 4 | 13 |

## 2004年（第28回）夏季オリンピックアテネ大会

1896年に近代オリンピック第1回アテネオリンピックとして始まって以来、1世紀以上が過ぎた2004年8月13日〜29日の17日間、ギリシャのアテネで現代のオリンピックが行われました（108年ぶり）。それでも、夏季オリンピックとしては21世紀に入って最初の大会で、大きな節目の大会となりました。なんと世界201の国と地域から参加選手1万625人が集まり、28競技301種目を開催。

アテネは近代オリンピック開催100周年を記念して1996年大会の開催都市に立候補しましたが、アトランタに敗れて（↓P195）、その2回後に念願の現代オリンピックを開催できることになりました。

開会式の入場行進は、『オリンピック憲章』（↓P280）により、先頭にギリシャ、以降開催国の公用語のアルファベット順に出場国の選手団が行進し、最後に開催国の選手団が入場するのですが、この大会では、ギリシャが開催国であったため、先頭にギリシャ国旗のみを行進させ、次にギリシャ語のアルファベット順に出場国の選手団が行進し、最後にギリシャの選手団が入場となりました。因みに「残された冷戦」である分断国家（北朝鮮と韓国↓P181）は、合同入場が行われました。

このオリンピックは、大きな話題がたくさんありました。まず、各国の活躍でみれ

| 2004年(第28回)夏季オリンピックアテネ大会 | |
| --- | --- |
| 開催期間 | 2004年8月13日〜8月29日 |
| 開催都市 | ギリシャ／アテネ |
| 参加国数 | 201の国と地域 |
| 参加選手数 | 1万625人 |
| 競技数 | 28競技 |
| 種目数 | 301種目 |

ば、近年のオリンピックで成長著しい中国勢で、陸上競技110メートルハードルの劉翔《リウシャン》*48が12秒91の世界タイ記録で優勝、アジア勢初のトラック競技での金メダル獲得となりました。また、女子バレーボールで中国チームが優勝（1984年ロサンゼルスオリンピック以来20年ぶり）。

一方、中国が一貫して自国の領土だと主張する台湾の選手が、初めての金メダルを獲得。テコンドー*49で、チャイニーズタイペイの陳詩欣《チェンシーシン》*50が49キロ級で優勝。後に中華民国景星勲章を受章しました。

世界的に人気のサッカー男子では、アルゼンチンが初優勝し、アルゼンチンにとってオリンピックでの金メダルは52年ぶりでした。パラグアイの銀メダルも、全種目を通じてオリンピック初のメダル。銅メダルはサッカー強豪国イタリア。オリンピックではなんと68年ぶりのメダル獲得でした。

このオリンピックは、ボールスポーツがどれも話題になりました。男子バスケットボールでアメリカのドリームチームが、初めて金メダルを逃したのです。アメリカを負かしたのは、サッカーで優勝したアルゼンチンチーム。バスケットでも金メダルを獲得。また、女子ハンドボールではデンマークが3大会連続で優勝しました。

金メダルが期待されていながら逃したといえば、陸上競技男子100メートルでは、

---

*48　中国の陸上競技選手（110メートルハードル）。1983年～。

*49　空手をもとにして韓国で生まれた格闘技。

*50　台湾のテコンドー選手。2004年アテネオリンピックで、台湾選手として初の金メダル獲得。1978年～。

9秒79の世界記録保持者のアメリカのモーリス・グリーン[*51]が連覇ならず銅メダル。代わりに金メダルは、同じアメリカのジャスティン・ガトリン[*52]が獲得しました。また、ジャスティン・ガトリンのいるアメリカチームが男子4×100メートルリレーで金メダル。この種目、日本は4位でしたが、過去最高の順位でした。

男子マラソンでは、記憶に残る出来事が起こりました。

1位　ステファノ・バルディーニ（イタリア）　2時間10分55秒
2位　メブ・ケフレジギ（アメリカ）　2時間11分29秒
3位　バンデルレイ・デ・リマ（ブラジル）　2時間12分11秒
4位　ジョン・ブラウン（イギリス）　2時間12分26秒
5位　油谷《あぶらや》繁《しげる》（日本）　2時間13分11秒
6位　諏訪《すわ》利成《としなり》（日本）　2時間13分24秒

結果は右のとおりでしたが、銅メダルのリマは、トップを走っていた35キロメートルを過ぎた辺りで乱入してきた男によって外へ押し出されて、およそ10秒後にレースに復帰。それでもゴール！　IOCがスポーツマンシップを讃えるとして、ピエール・ド・クーベルタン・メダル[*53]を授与しました（→P306）。また、最終日に行われた男子マラソンの表彰式が、閉会式において行われました。

＊51　アメリカの短距離陸上選手。1974年〜。
＊52　アメリカの短距離陸上選手。1982年〜。
＊53　オリンピックでスポーツマンシップを発揮した、またはオリンピックに格別の貢献が認められたスポーツ関係者に対して、国際オリンピック委員会が授与するメダル。1964年クーベルタン男爵（→P52）に因んで設けられた。

←アテネ五輪男子100メートル決勝で優勝したジャスティン・ガトリン選手（右端）。

5
USA
USA
004

女子マラソンでは日本勢が大健闘。日本の野口みずき[*54]が優勝しました。

1位　野口みずき　2時間26分20秒
5位　土佐礼子《れいこ》　2時間28分44秒
7位　坂本直子《なおこ》　2時間31分43秒

陸上では、こんなこともありました。男子ハンマー投げで優勝したハンガリーのアドリアン・アヌシュが試合後のドーピング検査を拒否し失格。金メダルを剝奪され、代わって2位の室伏広治《むろふしこうじ》[*55]が繰り上げで金メダルを獲得しました。日本勢は、柔道でも目を見張るものがありました。男子60キロ級で野村忠宏《ただひろ》（→P196）が前人未到の3大会連続で金、女子でも48キロ級で谷（旧姓・田村）亮子《りょうこ》（→P196）が2大会連続の金（メダル獲得は4大会連続）を獲得しました。その他、男女合わせて8階級制覇を果たしました。

この大会からオリンピック種目となったレスリング女子フリースタイルでは、55キロ級の吉田沙保里《さおり》[*56]と、63キロ級の伊調馨《いちょうかおり》[*57]が金メダルを獲得しました。

体操男子団体は、1976年モントリオール大会（→P155）以来28年ぶりとなる金を獲得。

競泳では、北島康介《こうすけ》[*58]が男子平泳ぎ100メートル、200メートルで金、日本競泳

---

*54　静岡県出身の陸上競技選手（長距離走、マラソン）。1978年〜。
*55　愛知県出身のハンマー投げ選手。2020年よりスポーツ庁長官。1974年〜。
*56　三重県出身のレスリング選手。1982年〜。
*57　青森県出身のレスリング選手。1984年〜。
*58　東京都出身の競泳選手（平泳ぎ）。1982年〜。
*59　福岡県出身の競泳選手（自由形）。1982年〜。

史上初となる1大会個人2種目制覇。女子800メートル自由形では、柴田亜衣《あい》*59が金メダルを獲得しました。

　メダル獲得ランキングは、上位常連のアメリカ、ロシアの中に中国が入ってきて、1位アメリカ、2位中国、3位ロシア。また、日本が5位に入り、合計37個。1984年ロサンゼルス大会（→P166）の32個を抜いて史上最多となりました。

　尚、このオリンピックでは、古代オリンピックの地とあって、金・銀・銅のメダルの他にオリーブの枝でつくった冠が贈られました。これは、オリーブの他にギリシャに自生する草花をあしらって手づくりでつくったというものです。

オリーブの冠を載冠した室伏広治《むろふしこうじ》選手。ハンマー投げで金メダルを獲得したのは、アジア出身者として史上初。左は銀メダルのイワン・チホン選手（ベラルーシ）。

2004年（第28回）夏季オリンピックアテネ大会・国別メダル数ランキング

| 順位 | 国名 | 金 | 銀 | 銅 | 合計 |
|---|---|---|---|---|---|
| 1位 | アメリカ | 36 | 39 | 26 | 101 |
| 2位 | 中国 | 32 | 17 | 14 | 63 |
| 3位 | ロシア | 28 | 26 | 36 | 90 |
| 4位 | オーストラリア | 17 | 16 | 17 | 50 |
| 5位 | 日本 | 16 | 9 | 12 | 37 |

## 2006年（第20回）冬季オリンピックトリノ大会

このオリンピックは、2月10日〜26日の17日間、人口90万人、冬季オリンピックの開催都市として過去最大の都市トリノ[*60]で開かれました。イタリアでは1956年コルティナ・ダンペッツォ大会（→P114）以来、50年ぶり2回目の冬季大会開催で、参加国が80の国と地域、参加選手は2508人となりました。アルバニア、マダガスカル、エチオピアが初出場でした。

このオリンピックの開会式を記憶している日本人は多いといいます。なかでも、小さな女の子がスタジアムで1人で国歌「マメリの賛歌」を歌う姿を。彼女はエレオノラ・ヴェネッチー（当時9歳）。満場から喝采を浴びる姿が、世界でも話題となりました。また、イタリアの自動車メーカーフェラーリのF1マシンが、トリノ出身のドライバーの運転でステージを走る演出も話題となりました。予想がつかないような方法で点火された聖火も会場をわかせました（点火された聖火が会場の円周を次々と進み、最後に聖火台へ）。

競技では、スキーでノルウェーのチェーティル・アンドレ・オーモットがスーパー大回転を制し、アルペンスキーヤーとして初めて1大会4個のメダルを獲得、初の金メダル通算4個も記録しました。

アルペン男子回転で皆川賢太郎《みながわけんたろう》[*61]が4位、湯浅直樹《ゆあさなおき》[*62]が7位に入り、1956年コルティ

**2006年（第20回）冬季オリンピックトリノ大会**

| | |
|---|---|
| 開催期間 | 2006年2月10日〜2月26日 |
| 開催都市 | イタリア／トリノ |
| 参加国数 | 80の国と地域 |
| 参加選手数 | 2508人 |
| 競技数 | 7競技 |
| 種目数 | 84種目 |

＊60 イタリア北部ピエモンテ州の州都。同じく北部のミラノに次ぐイタリア第二の工業都市。

＊61 新潟県出身のアルペンスキー選手。1977年〜。

＊62 北海道出身のアルペンスキー選手。1983年〜。

ナ・ダンペッツォで銀メダルの猪谷千春《いがやちはる》（→P114）以来、50年ぶりのアルペン種目で入賞。

カナダのサラ・レナー[*63]は、クロスカントリースキーのチームスプリントでストックを1本折るアクシデント。すると、それを見たノルウェーのヘッドコーチが自分のストックを渡し、結果、カナダは銀メダル獲得。一方、ノルウェーはメダルを逃しました。ノルウェーのコーチ、ビョルナル・ホーケンスモーエンのスポーツマンシップが称えられました。

また、クロスカントリー女子チームスプリントで、夏見円《なつみまどか》[*64]・福田修《のぶ》子《こ》[*65]組が日本女子クロスカントリー初の8位入賞となりました。

スケートでは、ドイツのクラウディア・ペヒシュタイン[*66]がスピードスケート選手として初めて通算9つのメダルを獲得しました。

フィギュアスケート女子シングルで荒川静香《しずか》[*67]が、アジア勢として初の金メダルを獲得しましたが、このオリンピックでは、日本の金はこれのみで、全体としても、冬季オリンピックでの不振が続いていました。

メダル獲得ランキングは、1位がドイツ、2位アメリカ、3位オーストリア、4位ロシア、5位カナダという結果となりました。

---

＊63　カナダのクロスカントリースキー選手。１９７６年〜。

＊64　北海道出身のクロスカントリースキー選手。１９７８年〜。

＊65　青森県出身のクロスカントリースキー選手。１９８０年〜。

＊66　ドイツのフィギュアスケート、スピードスケート選手。出場した5つのオリンピックすべてでメダル獲得。１９７２年〜。

＊67　神奈川県出身のフィギュアスケート選手。１９８１年〜。

荒川静香《しずか》選手が女子・シングル・フリースケーティングでみせた「イナ・バウアー」。

2006年(第20回)冬季オリンピックトリノ大会・国別メダル数ランキング

| 順位 | 国名 | 金 | 銀 | 銅 | 合計 |
|---|---|---|---|---|---|
| 1位 | ドイツ | 11 | 12 | 6 | 29 |
| 2位 | アメリカ | 9 | 9 | 7 | 25 |
| 3位 | オーストリア | 9 | 7 | 7 | 23 |
| 4位 | ロシア | 8 | 6 | 8 | 22 |
| 5位 | カナダ | 7 | 10 | 7 | 24 |

著者の目

フィギュアスケートは、オランダの貴族たちが生み出した、すべりの美しさを競う競技です。当初のフィギュアスケートは、円やハート型などの形にそって美しくすべるというものでした。1988年のカルガリー大会（→172）までは、オリンピックでも、決められた形をすべる規定演技が行われていました。

一方、現在のように音楽にあわせてすべるフィギュアスケートは、19世紀中頃のアメリカで、バレエ教師のジャクソン・ヘインズによって、その原型が生み出されたといわれています。1882年にはオーストリアでフィギュアスケート初の国際大会が開かれ、冬季オリンピックでは、1924年の第1回シャモニー・モンブラン大会（→P82）から正式種目として男女のシングルスケーティングとペアスケーティングが採用されました。

フィギュアスケートのなかで、もっとも注目されるのがジャンプです。ジャンプには6種類ありますが、もっともむずかしいとされるのが前向きにすべりながらふみきり、着地後は後ろ向きですべる「アクセル」というジャンプです。他はすべて後ろ向きですべりながらふみきり、着地後も後ろ向きですべる「ループ」「サルコウ」「トウループ」「ルッツ」「フリップ」の5つのジャンプです（これらはスケート靴のブレード（刃）のどの部分で氷をけっているのか、またどちらの足で着地するかで違ってくる）。

ただし、フィギュアスケートでは、ジャンプさえ成功すれば高得点が得られるというわけではありません。スピンやステップなどの技があり、それぞれに得点がついています。また、単体では得点にならないけれど、ジャンプ、スピンの前やつなぎにおこなうことで高い評価につながる技もあります。

2006年トリノオリンピックの女子シングル金メダリスト、荒川静香《しずか》選手が演技に組み入れたことで有名になった「イナ・バウアー」という技も、それ自体は得点をもたない技なのです。

## ２００８年（第29回）夏季オリンピック北京大会

２００８年のオリンピックは、いよいよ中国。８月８日から８月24日までの17日間開催されました。世界の２０４の国と地域から１万９４２人の選手が参加して28競技３０２種目を行いました。

「一つの中国」問題の兼ね合いから、中華民国からの選手団は、中華台北（チャイニーズ・タイペイ）（→P318）として参加しました。アジアで夏季オリンピックが開催されるのは１９８８年の韓国以来20年ぶり３回目で、中国では初開催です。また、社会主義国で開催されるのも１９８０年のモスクワ大会（→P161）以来となりました。

数字の「８」は日本でも漢字の「八」が「末広がり」ということで、幸運な数字といわれていますが、中国では日本以上に「８」という数字が好まれます。その理由は、「８（パー）」という発音が「お金が儲かる」「繁盛する」という意味の「発財」を連想させるからだといわれています。そのため、電話番号や部屋の番号等は「８」が付くものが人気、車のナンバープレートも「８」が付くもの、とくに「88」と並びの「８」は高額で売買されているといいます。会社の開業日や建物の竣工式等も、「８」の付く日が選ばれます。このため、オリンピックの開会式は、２００８年８月８日、しかも、８時８分８秒に開会という徹底ぶりでした。

2008年（第29回）夏季オリンピック北京大会

| | |
|---|---|
| 開催期間 | ：2008年8月8日～8月24日 |
| 開催都市 | ：中国／北京 |
| 参加国数 | ：204の国と地域 |
| 参加選手数 | ：1万942人 |
| 競技数 | ：28競技 |
| 種目数 | ：302種目 |

尚、「国民革命軍第八路軍[*68]」の略の「八路」は、「八」が縁起がいいからつけられたわけではありませんが、抗日戦の主力となり、「人民に奉仕する規律によって、『八路（パールー）』の名は、人民の救い主のような愛称となり、これが勝利の最大原因となった」（小学館・日本大百科全書　ニッポニカ）といわれています。

開会式の参加者は、２００８年に因んで関係者を含め２００８人といわれました。式典は、ひとことで「現代と古代の融合」とでもいうように、中国の古代から現代までの長い歴史がさまざまに演出されました。たとえば、観客を歓迎する言葉を孔子《こうし》[*69]から引用してみたり、長い歴史を巨大な絵巻もので表現したり……。紙の発明等、いずれも中国の偉大さを誇示するものばかりでした。

開会式は、「鳥の巣」の愛称をもつ北京国家体育場で行われましたが、その他「ウォーターキューブ」の名で知られる北京国家水泳センターなどが、新しい北京の輝かしい象徴となり、一方、自転車ロードレースは万里の長城周辺で行われ、紫禁城《ツーチンチェン》[*70]の前を通過するコースは、数千年の歴史をもつ北京の象徴とされました。

ところが、こうした華々しい面がある一方、さまざまな問題が指摘されたのも北京オリンピックでした。

入場行進は、国名を中国語（簡体字[*71]）表記したときの画数順とされました。

＊68　日中戦争時に華北で活動していた中国共産党軍の通称。現在の中国人民解放軍の前身。

＊69　紀元前6世紀～5世紀にかけての中国春秋時代の思想家、哲学者。儒家の始祖。孔子の言葉を弟子たちが編集したのが「論語」。

＊70　北京にある明王朝と清王朝時代の皇宮。明王朝の永楽帝が１４０６年に造営。ユネスコの世界遺産。

＊71　古来の複雑な漢字を簡略化した字体の体系。１９５０年代に中国で制定。

中国は、漢民族の他55の少数民族の合計56の民族が暮らす国です。その象徴として、開会式には、各民族の子どもたちが参加したと発表されましたが、実際に参加した子どもたちは、どう見てもほとんどが漢民族。世界に放映された開会式の花火は、実際の花火は一部だけ、CGでつくった合成映像を流していたことが後に発覚！

北京オリンピックのために街を整備するという名目で、北京市内の低所得者層の居住地が壊されたり、出稼ぎ労働が追い出されたりしました。そして、北京には、3万人以上の軍隊が動員され、厳戒態勢が敷かれたともいわれています。人権活動家が捕まり、外国のマスコミには徹底的に取材規制をかけたのです。それでもこのオリンピックでは、40以上の世界記録と130以上のオリンピック記録が生まれました。

参加した204の国と地域のうち、87か国でメダリストが誕生。モンゴルとパナマが、初のオリンピック金メダルを獲得。バーレーンも陸上競技で母国に初めての金メダルをもたらしました。アフリカでもモーリシャス[*72]とトーゴ[*73]がそれぞれ初のオリンピックメダルを獲得。タジキスタン[*74]は柔道で同国初のメダルを獲得。アフガニスタンもテコンドーで、表彰台にのぼりました。

世界トップクラスの話題も枚挙に暇なし。なかでも水泳では、アメリカのマイケル・フェルプス[*75]が競泳で8つの金メダルを獲得し、1972年ミュンヘンオリンピックで

---

＊72　インド洋に位置する島国。1968年に英国から独立。人口約126万人。

＊73　ギニア湾に面した西アフリカの国。1960年フランスから独立。人口約864万人。

＊74　中央アジアに位置する国。旧ソ連を構成する共和国の一つだったが、ソ連崩壊にともない1991年に独立。人口約1000万人。

＊75　アメリカの競泳選手。あまりの強さに「水の怪物」の異名をもつ。1985年〜。

世界記録を続出したマイケル・フェルプス選手。

マーク・スピッツ（↓P151）が打ち立てた記録を更新しました。

陸上でも、ジャマイカ[*76]のウサイン・ボルト[*77]が注目され、ボルトは100メートルと200メートルの世界新記録を樹立。4×100メートルリレーでもジャマイカを牽引し、世界記録を塗り替えるとともに、3つ目の金メダルを奪取。この種目では、日本チームも大健闘。銅メダル

＊76　カリブ海の島国。1962年、カリブ海英国植民地の中で最初に独立。人口約296万人。

＊77　ジャマイカの陸上短距離選手。100メートル走の世界記録保持者（9秒58）。1986年〜。

獲得。男子トラック種目では、史上初のメダルとなりました。*78

合計25個のメダルを獲得した日本勢は、競泳の北島康介《こうすけ》（↓P214）が男子平泳ぎ100メートル、200メートルで2004年のアテネ大会に続く2大会連続2種目制覇という快挙。レスリング女子では55キロ級の吉田沙保里《さおり》（↓P214）、63キロ級の伊《い》調馨《ちょうかおり》（↓P214）が2連覇を達成。フェンシングでも、男子フルーレ個人で太田雄貴《ゆうき》*79が日本フェンシング史上初のメダルとなる銀メダルを獲得しました。

柔道では、女子63キロ級で谷本歩実《たにもとあゆみ》*80がオール一本勝ちで、史上初の2大会連続連覇を達成した他、計4個の金メダルを獲得。惜しむらくは、女子48キロ級で3連覇が期待された谷（旧姓・田村）亮子《りょうこ》（↓P196）は銅メダルとなりました。

ソフトボールでも大金星。決勝でアメリカを下し、初の金メダルを獲得しましたが、野球では3位決定戦でアメリカに敗れ、4位に終わりました。

国別メダル獲得ランキングでは、1位が中国で史上初、2位アメリカ、3位ロシア、4位イギリス、5位ドイツ、6位オーストラリア、7位韓国。そして、日本は8位という結果となりました。また中華台北（チャイニーズ・タイペイ）も金1、銀1、銅2、計4個のメダルを獲得しました。

---

＊78　その後、優勝したジャマイカの第1走者がドーピングの検査で失格となり、銅メダルだった日本は銀メダルに繰り上がった。2位のトリニダード・トバゴが金メダル、4位だったブラジルが銅メダルに。

＊79　京都府出身のフェンシング選手（種目はフルーレ）。1985年〜。

＊80　愛知県出身の柔道選手。1981年〜。

著者の目

1986年ジャマイカ生まれのウサイン・ボルト選手は、身長が195センチメートル、体重は94キログラムと、かなり大柄。そのため、スタートが非常に重要とされる100メートル走よりも、200メートル走、400メートル走のほうが彼に向いているといわれていました。しかし、彼は、スタートの不利な分は、大幅なストライドにより克服し、スタート時のおくれも中盤に一気にまきかえす走りによって挽回してきました。

2008年北京大会（↓P220）の100メートル走では、自身の世界記録より0秒03速い9秒69を記録し、世界で初めて9秒7の壁を破りました。ほかの選手を完全に引き離したことを確認したボルト選手は最後の数歩はスピードをおとし、両手を広げてゆうゆうとゴール！　彼はその大会で、200メートル走と4×100メートルリレーでも優勝！　3つの金メダルを獲得しました（2009年にベルリンで開催された世界陸上で9秒58を記録）。因みに、彼の左手の人さし指で前方ななめ上をさし、右手の人さし指は胸のあたりでおなじ方向をさすといった独特のポーズは、「世界を射とめる」を意味しているとのこと。

試合後、お馴染みのポーズをとるウサイン・ボルト選手。

**2008年（第29回）夏季オリンピック北京大会・国別メダル数ランキング**

| 順位 | 国名 | 金 | 銀 | 銅 | 合計 |
|---|---|---|---|---|---|
| 1位 | 中国 | 48 | 22 | 30 | 100 |
| 2位 | アメリカ | 36 | 39 | 37 | 112 |
| 3位 | ロシア | 24 | 13 | 23 | 60 |
| 4位 | イギリス | 19 | 13 | 19 | 51 |
| 5位 | ドイツ | 16 | 11 | 14 | 41 |

| 順位 | 国名 | 金 | 銀 | 銅 | 合計 |
|---|---|---|---|---|---|
| 6位 | オーストラリア | 14 | 15 | 17 | 46 |
| 7位 | 韓国 | 13 | 11 | 8 | 32 |
| 8位 | 日本 | 9 | 8 | 8 | 25 |
| 44位 | 中華台北 | 1 | 1 | 2 | 4 |

# 2000年代の中国経済と北京オリンピック

中国は急速な経済成長に成功。2008年の北京オリンピックの頃はまさに絶好調でした。

## 2003年からは急成長

近年の中国経済は、1990年代前半に高い成長を記録したが、その後、高インフレに対する政府の警戒感や、アジア通貨危機の影響、世界的なITバブルの崩壊などにより、2000年代初頭には、成長率の低下が見られた。ところが、低成長は一過性のもので、成長率は再び高まる。2003年から3年連続で2桁の急成長となった。

また中国の名目GDP[*1]は1990年の1%台から2000年には3%台となり、2005年には5・1%以上に達した。これは、アメリカ、日本、ドイツに次ぐ世界第4位。ところが、購買力平価ベースGDPという指標では、約8・6兆ドルで世界第2位の経済規模ということになる。「購買力平価ベースGDP」とは、「国内の生産活動による商品・サービスの産出額から原材料などの中間投入額を控除した付加価値の総額」のこと。

こうしたなか、中国の大都市、とくに沿岸部に暮らす中国の人々は、中国の経済成長を肌で感じて自国に対するプライドを高めていった。

## 「中国脅威論」と「中国機会論」

そうした中国に対し、世界で次第に「中国脅威論」が高まりはじめた。日本では、中国の輸出の増大、外国投資受入れの拡大で、日本国内の産業が悪影響を受けると心配された。

一方、「東アジア各国が部品等の中間財を中国に輸出し、中国国内で組み立てて先進国市場へ輸出する」という東アジアの分業体制が確立していた電気機器などの分野では、中国の投資・生産拡大により、日本経済にも好影響があるのではという意見も出ていた（「中国機会論」と呼ばれた）。

東アジア（日本、韓国、台湾、ASEAN《アセアン》諸国）から中国への輸出額を見ると、1995年から2000年にかけての5年間は、およそ2倍程度増加し、次ぐ2000年から2005年にかけては、日本が2・6倍、韓国が3・4倍、台湾が9・7倍、ASEANが3・3倍と急拡大。中国における投資拡大が周辺諸国にも好影響を与えていたのは確かのようだった。

## 北京オリンピックの評価

2008年北京オリンピック。その頃中国の人々は、着実に経済成長を感じ、自信を高めていたのである。

＊1　特定の年の価格水準を基準とし、その後の物価変動の調整をせずに国内総生産（GDP）を評価した額。これに対して、基準年からの物価変動を調整し直したものが実質GDP。

## 2 夏の北京から冬の北京まで

2008年の夏季北京オリンピックが終了して間もない9月15日、突如として世界同時不況が発生。「リーマン・ショック[*1]」です。

**2010年（第21回）冬季オリンピックバンクーバー大会**

1929年に起きた世界恐慌以来の世界的な大不況「リーマン・ショック」は、簡単にいえば、住宅市場の悪化による住宅ローンの危機が起こり、投資銀行のリーマン・ブラザーズ・ホールディングスが経営破綻。それが世界中の金融機関や企業に連鎖し、世界的な金融危機が発生したもの。

2010年のオリンピックは、こうしたなかで行われました。そのため、バンクーバーオリンピック協会が掲げた3つの理念（先住民の参加・環境への配慮・持続可能な発展）のうちの3つ目が、重くのしかかっていました。

そうしたなかの開会式では、オリンピック史上初となる屋内で行われ、史上初めての黒人による開会宣言が行われました。また、理念の一つ「先住民の参加」のとおり、先住民の代表約300人がそれぞれの民族衣装を着て参加。先住民文化を象徴す

＊1 2008年にアメリカの投資銀行大手リーマン・ブラザーズが、負債総額6000億ドル超という史上最大級の規模で倒産したことを契機に発生した世界的な金融・経済危機（the Global Financial Crisis）。

**2010年（第21回）**
**冬季オリンピックバンクーバー大会**

| | |
|---|---|
| 開催期間 | 2010年2月12日～2月28日 |
| 開催都市 | カナダ／バンクーバー |
| 参加国数 | 82の国と地域 |
| 参加選手数 | 2566人 |
| 競技数 | 7競技 |
| 種目数 | 86種目 |

るものとして、会場の中央に氷でできた4体の巨大なトーテムが建てられました。

開会式の冒頭に「ノダルに捧げる」として、1分間の黙祷が捧げられました。これは、開会式の直前にジョージアのリュージュの選手（ノダル・クマリタシビリ）が練習中に事故死したことを受けたものでした。

競技では、カナダが地元開催での初の金メダル獲得とメダル獲得数の拡大に向けて大いに盛り上がりました。なぜならカナダは2006年のトリノオリンピック（→P216）で、メダルの獲得数で初めて3位になり、近年では大会ごとにメダル獲得数を増やしてきたか

開会式に登場した巨大な4体のトーテム。

らです。

実際、カナダは１９８８年カルガリー冬季大会（↓P172）以来、22年ぶり2回目の冬季大会の開催。２０１０年2月12日～28日の17日間にカナダのバンクーバーに82の国と地域から選手２５６６人が集い、７競技86種目を競いました。

その結果、カナダは金メダル14個、メダル総数26個を獲得し、金メダル数では世界1位（冬季オリンピックとしても史上最多）、メダル総数でもカナダの過去の冬季オリンピック記録を更新しました。

ということで、競技としては大成功といったところですが、「商業オリンピック」（↓P168）としては、予測どおり赤字となったといいます（大会終了後の3月1日発表）。

日本勢は、スケートのスピードスケート男子５００メートルで長島圭一郎《けいいちろう》[*2]が銀、加藤条治《じょうじ》[*3]が銅メダルとなり、女子のチームパシュート[*4]で銀メダルを獲得しました。

また、フィギュアスケート男子シングルで、髙橋大輔《だいすけ》[*5]が日本男子初となる銅メダルを獲得、女子シングルでは、浅田真央《まお》[*6]が銀メダルとなりました（金メダルは韓国のキム・ヨナ）。

金メダル獲得ランキングは、1位がカナダ、2位ドイツ、3位アメリカ、4位ノルウェー、5位韓国でした。

---

＊2　北海道出身のスピードスケート選手。１９８２年～。

＊3　山形県出身のスピードスケート選手。１９８５年～。

＊4　スピードスケートで行われる競技形態のひとつ。3人1組のチームで滑走し、タイムを競う。「団体追い抜き」ともいう。

＊5　岡山県出身のフィギュアスケート選手。１９８６年～。

＊6　愛知県出身のフィギュアスケート選手。１９９０年～。

19歳で初めてオリンピックに出場した浅田真央《まお》選手。ライバルであるキム・ヨナ選手とどちらが金メダルを取るか，日本中が注目した。

2010年（第21回）冬季オリンピックバンクーバー大会・国別メダル数ランキング

| 順位 | 国名 | 金 | 銀 | 銅 | 合計 |
|---|---|---|---|---|---|
| 1位 | カナダ | 14 | 7 | 5 | 26 |
| 2位 | ドイツ | 10 | 13 | 7 | 30 |
| 3位 | アメリカ | 9 | 15 | 13 | 37 |
| 4位 | ノルウェー | 9 | 8 | 6 | 23 |
| 5位 | 韓国 | 6 | 6 | 2 | 14 |

## ２０１２年（第30回）夏季オリンピックロンドン大会

このオリンピックは、１９０８年、１９４８年に次いでロンドンで開催する3度目のオリンピックとなりました。７月27日から８月12日までと、男女サッカーの一部試合を行った開会式前の２日間を含め、19日間の開催となりました。世界２０４の国と地域から1万５６８人の選手が参加して26競技３０２種目で競い合いました。

競技会場は、新しく建設した会場も含め、ほとんどがロンドン東部のオリンピックパーク[*7]を中心に位置し、開閉会式が行われる「オリンピック・スタジアム」をはじめ、水泳会場「アクアティクス・センター」、ベロドローム、ホッケー、ハンドボール、バスケットボールのアリーナ、そしてBMXサーキットは歩道橋や遊歩道でつながれました。その他、環境問題を重視して、既存施設が多く使われるため、ロンドンの郊外はおろか、まったく別の街で行われる種目もあります。

7月27日夜、突如としてライムハウスカット（テムズ川に現存する最古の運河）をモーターボートがスタジアムに向かって近づいてきました。操舵しているのは、元サッカーイングランド代表のデビッド・ベッカム[*8]。同乗しているのは、聖火を持ったジェイド・ベイリー（U-17サッカーイングランド女子代表）でした。

オリンピック・スタジアム近くの船着き場では、金メダルを5個獲得したイギリス

| 2012年（第30回）夏季オリンピックロンドン大会 | |
|---|---|
| 開催期間 | 2012年7月27日～8月12日 |
| 開催都市 | イギリス／ロンドン |
| 参加国数 | 204の国と地域 |
| 参加選手数 | 1万568人 |
| 競技数 | 26競技 |
| 種目数 | 302種目 |

＊7　正式名称はクイーン・エリザベス・オリンピック・パーク。2012年ロンドンオリンピック・同パラリンピックのために建てられたスポーツ複合施設（選手村、ロンドン・スタジアム、アクアティクス・センターなどの競技施設を有する）。

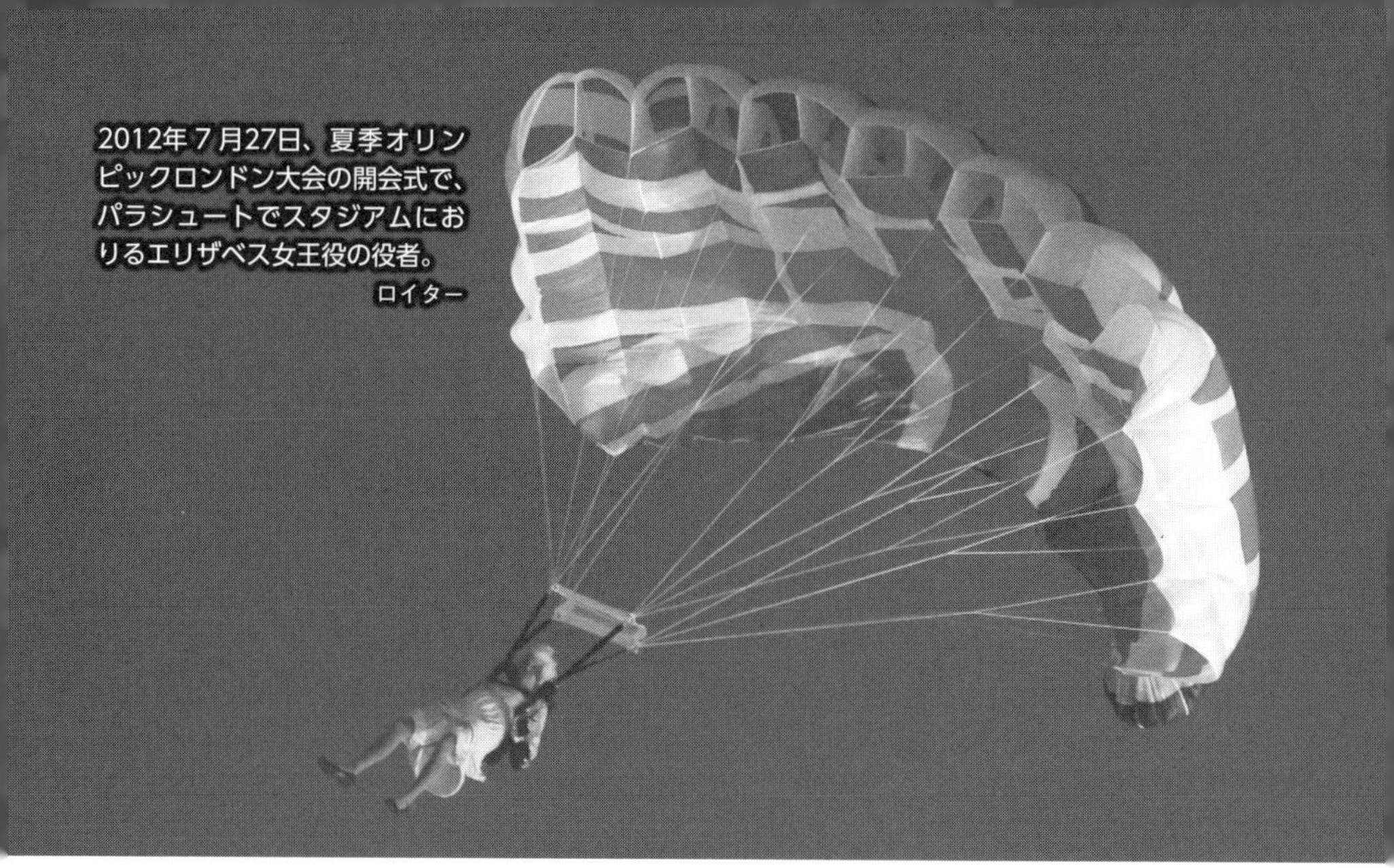


の元ボート選手のスティーヴ・レッドグレーヴが待ち受けていました。聖火リレーです。

聖火を託されたスティーヴは、スタジアム内まで走り、聖火を7人にリレー、7人が放射状に設置された204（参加国と地域の数）本の先がカラーの花のようになったトーチに点火。すると炎が広がって立ち上がり、一つの巨大な炎になりました。この一連の状況をスタジアムの選手、観客、そして世界中の人々が目撃しました。ベッカムの小粋な操舵の姿に見とれた人は数知れません。

余計な話ですが、日本選手団は、入場行進後の誘導ミスにより、聖火の点火の瞬間を見ることができなかったようです（組織委員会側から謝罪があった）。

観衆がわきたったシーンが多い開会式でし

＊8　イングランドのプロ・サッカー選手。ポジションはミッドフィールダー。国際サッカー連盟（FIFA）最優秀選手賞の2位を2回受賞。1975年〜。

たが、当時まだまだお元気だった故エリザベス女王の登場の場面でも、大観衆が一様に驚いたといいます。

映画「007」シリーズの主人公として知られるジェームズ・ボンドことダニエル・クレイグにエスコートされたエリザベス女王が、ヘリコプターに搭乗。その様子がスタジアムの電光掲示板に映し出され、『ジェームズ・ボンドのテーマ』が流れます。その時です。スタジアムの上空にヘリが飛来。そのヘリから2人がパラシュートでスタジアムに降下してきます。見えるのは、ユニオンフラッグのパラシュート。と同時に、貴賓席にエリザベス女王本人が現れました。どよめきのなか、イギリス国旗が入場し、イギリス国歌が子どもたちの手話で歌われ、国旗が掲揚されたのです。

著者の目

イギリス音楽といえば、ビートルズ。ポール・マッカートニーがロンドンオリンピック開会式の一番最後を飾るアーティストとして登場しました。聖火が灯った日本時間午前8時40分頃、娘がデザインしたという袖口のボタンが五輪になっているジャケットを着たポールが登場。ピアノの前に座ったポールは、いつものバンドメンバーと「The End《ジ・エンド》」の最後の一節を演奏した後、司会者から紹介され、おもむろに歌いだしたのは「Hey Jude《ヘイ・ジュード》」でした。その際、機械トラブルが発生。急きょ、生演奏に切り替えられ、観客との大合唱になりました。真相は、さまざまに報道されていますが、8万人の大合唱は、結果オーライだったのではないでしょうか。

開会式は映画監督のダニー・ボイルが演出を担当。シェークスピアや児童文学を盛り込みながら、イギリスの歴史を描き出した。 ©Shimelle Laine

結果的にこのオリンピックで、ああ、そうなったんだということを記します。それは、ジェンダーフリー[*9]の問題、男女不平等の問題です。

## オリンピックのジェンダーフリー

実は、ロンドンオリンピックでは、野球とソフトボールが行われませんでした。その理由は、競技人口や、野球場、用具の問題などといわれていますが、男女不平等問題も大きく影響していたのです。「男子のみしかなかった野球と、女子のみだったソフトボールが排除された」といわれているのです。

男女不平等に見えるというなら、新体操とシンクロナイズドスイミング[*10]では女子種目のみが採用されています。男子も参加しようとしているのですが、果たされていません（シンクロナイズドスイミングは水泳全体のなかの1種目で、新体操も競技としては体操に含まれているから、それでよいというのでしょうか？）

一方、ボクシングで女子種目が新たに採用され、全26競技で男女の種目が実施されました。しかも、男性しか出場させていなかったサウジアラビア、カタール、ブルネイが、イスラム教の戒律に沿った服装で出場することを条件に、女子選手を派遣。すべての国・地域から女子選手が参加する史上初めてのオリンピックとなったのです。これは、結果的に現代社会が求める方向になってきたといえるでしょう。

＊9　一般に、男女が性別による社会的な役割分担に縛られず、自由に各自の能力を発揮することといわれる。

＊10　２０１８年にアーティスティックスイミングと改称された。

こうしたオリンピックでしたが、金メダル獲得ランキングは、1位がアメリカ、2位中国、3位イギリス、4位ロシア、5位韓国でした。日本は善戦するも11位。それでも、金7、銀14で、合計メダル数38は5位韓国の30個を上回り、2004年アテネ大会の37個を上回る史上最多記録となりました。

夏季オリンピックロンドン大会陸上女子800メートル予選を走るサウジアラビアの女子選手。イスラム教では女性は他人に顔と手を除いて原則的には肌を見せてはいけないので、頭、手、足をおおい、競技に参加している。

2012年(第30回)夏季オリンピックロンドン大会・国別メダル数ランキング

| 順位 | 国名 | 金 | 銀 | 銅 | 合計 |
|---|---|---|---|---|---|
| 1位 | アメリカ | 48 | 26 | 30 | 104 |
| 2位 | 中国 | 39 | 31 | 22 | 92 |
| 3位 | イギリス | 29 | 18 | 18 | 65 |
| 4位 | ロシア | 18 | 21 | 26 | 65 |
| 5位 | 韓国 | 13 | 9 | 8 | 30 |
| 11位 | 日本 | 7 | 14 | 17 | 38 |

# 日本のオリンピック参加100周年

## 2012年は、日本にとって1912年（第5回）オリンピックストックホルム大会に初めて参加してからちょうど100年です。

### 日本のオリンピック参加は1912年から

国内では100周年はあまり話題になっていなかったが、JOCをはじめ日本のオリンピック関係者のこのオリンピックへの意気込みは大きかったという。この大会は意外と知られていないことがもうひとつあった。ロンドンへの日本選手団派遣は、この時が初めてだったのだ。

そんなこともあり、日本選手団が大挙して参加。選手293人、役員225人の総勢518名。尚、この時の日本選手の男女内訳を見ると、男子137人に対し、女子156人と、女性が多かった。何か不思議な気がする。

### 日本勢の活躍

既に記したが、日本は金7個、銀14個、銅17個、計38個のメダルを獲得。ただ、水泳では、金メダルを期待される種目がいくつもあったが、残念ながら、銀3個、銅8個に終わった。

体操男子個人総合で内村航平《うちむらこうへい》*1が金メダル獲得（1984年ロサンゼルス大会の具志堅幸司《ぐしけんこうじ》以来）、また、内村は団体と種目別床でも銀メダルを獲得した。

レスリングは、女子のフリースタイル55キロ級の吉田沙保里《さおり》（→P214）、63キロ級の伊調馨《いちょうかおり》（→P214）がどちらも3大会連続の金メダル。48キロ級の小原《おばら》日登美《ひとみ》*2も金。一方、男子もフリースタイル66キロ級の米満達弘《よねみつたつひろ》＊3が金メダルを獲得した。

しかし、日本にとって期待の柔道が、金メダルは、女子57キロ級の松本薫《かおり》＊4の1個のみ。男子は、1964年東京大会で柔道がオリンピック競技に採用されて以来初めて金メダルなし！

このオリンピックで、日本中をわかせたのが、女子サッカーだ。「なでしこジャパン」＊5は決勝でアメリカに敗れたが、銀メダルを獲得。男子も負けじと、1968年メキシコシティ大会で銅メダルを獲得して以来（→P144）のベスト4に入った（3位決定戦で負け）。

＊1　長崎県出身の体操選手。オリンピック4大会（2008年北京、2012年ロンドン、2016年リオデジャネイロ、2020年東京）に出場し、個人総合2連覇を含む7つのメダル（金3、銀4）を獲得。1989年～。

＊2　青森県出身のレスリング選手。陸上自衛官。1981年～。

＊3　山梨県出身のレスリング選手。陸上自衛官。1986年～。

＊4　石川県出身の柔道選手。1987年～。

＊5　女子サッカー日本代表チームの愛称。2011年FIFA女子ワールドカップで優勝。同年に団体として国民栄誉賞を受賞。

アメリカに1－2で敗れたものの、サッカー女子で日本初の銀メダルを手にしたなでしこジャパンのメンバー。

## 後味悪いサッカーの3位決定戦

1位がメキシコ、2位ブラジル、3位韓国、4位日本となった男子サッカーで、看過できない事件が起きた。韓国と日本の3位決定戦の終了後のこと。日本に勝利した韓国の朴鍾《パクチョン》佑《ウ》選手が、ハングルが書かれたプラカードを観客に見せながらグラウンドをかけ回った。観客席に陣取っていた韓国応援団はそのハングルに気づいた。だがスタジアムのほとんどの人たちには、その意味がわからなかったのだ。

ところが、テレビ映像を見ていた日本をはじめ世界中のサッカーファンは、クローズアップされたハングルを解説付きで伝えられた。

プラカードを観客に見せる朴鍾佑選手。

3位決定戦で敗退する日本チーム。

「ドクトヌンウリタン（独島《ドクト》は我々の領土）」の意味を世界中、否、日本の国民の多くがすぐに感じ取れなかったという。

　この件についてIOCは、事態の不穏さから朴を表彰式に出席させないようにKOC[*6]に要求。KOCも、その意味は十分承知、且つ、オリンピックの規約も理解しているわけで、朴を表彰式に出さなかった。それでもKOCは、朴の行為は朴個人の行ったことで事前に計画されたパフォーマンスではないと主張。その後、この事件の真相は不明だが、平和の祭典で行われたこの行為は、禍根を残すものとなった。

＊6　大韓体育会（Korean Sport & Olympic Committee）の略称。韓国のスポーツ競技団体を統括する組織。

＊7　島根県にある諸島。1952年から韓国が不法占拠中。韓国は独島と呼んでいる。

著者の目

「ドクトヌンウリタン」のパフォーマンスが世界にアピールされた14時間前、韓国の李明博《イミョンバク》大統領が現役大統領として初めてドクト（独島）に上陸するという、国を挙げた政治的一大パフォーマンスを行っていました。

　「ドクト（独島）」とは、日本の領十である「竹島[*7]（たけしま）」のことです。朴選手と李大統領のパフォーマンスのどちらが、世界に伝わる効果が大きかったでしょうか。

　オリンピックがさまざまな主張のアピールに利用される理由がわかるような事件だったのではないでしょうか。

## ２０１４年（第22回）冬季オリンピックソチ大会

２０１４年の冬季オリンピックに立候補していたのは、ロシア、韓国、オーストリアでした。ＩＯＣ総会で最終投票する前までは、前回の冬季オリンピックの投票でバンクーバーに接戦で負けた韓国が有力視されていました。しかも、１回目の投票でも韓国が優位。ところが過半数に満たず、２回目の投票となりました。そこで大逆転。51票対47票でロシアが逆転。ロシアはソ連時代の１９８０年にモスクワで夏季オリンピックを開いていますが、冬季は初めてです。開催都市のソチ[*11]は黒海沿岸のリゾート都市でありながら、北側には５０００メートル級の山が連なるコーカサス山脈[*12]が横たわるロケーションにあります。そのため競技は、スケートが沿岸部、スキーが山岳部で行われました。沿岸部から山岳部への移動時間は約30分。オリンピック史上最もコンパクトな大会の一つといわれました。

このオリンピックの会期は2月6日～23日の18日間でしたが、開会式は7日。それに先立ち、6日にはスノーボード、フィギュアスケート、フリースタイルスキーが始まっていました。冬季オリンピックで開会式に先立って競技が行われるのは、この時が最初となりました。

開会式は、ウラジーミル・プーチン[*13]大統領が開会宣言。その後、映像でロシア語の

| 2014年（第22回）冬季オリンピックソチ大会 | |
|---|---|
| 開催期間 | 2014年2月6日～2月23日 |
| 開催都市 | ロシア／ソチ |
| 参加国数 | 88の国と地域 |
| 参加選手数 | 2780人 |
| 競技数 | 7競技 |
| 種目数 | 98種目 |

＊11　ロシア西部の黒海に面した温泉町。人口約46万人。

＊12　黒海からカスピ海まで東西に走る山脈、ロシア、ジョージア、アゼルバイジャンの3か国にまたがる。

アルファベットを暗唱する様子をスクリーンに映すというユニークな演出。世界中の人々にとっては、ロシア語の「いろは」を教わるようでした。

・Азбука（アルファベット教本を持つキュリロスとメトディオス兄弟[*14]）
・Байгал（バイカル湖）
・Гагарин（ユーリイ・ガガーリン、最初の宇宙飛行士）
・Спутник-1（スプートニク1号、最初の人工衛星）
・Россия（ロシア）

これらは、各アルファベットで始まるロシアの有名人や名所などでしたが、外国人にはわかりにくかったのは事実です。Россияの最後の文字Яのように、Rの左右反対の文字がロシア語にあるくらいしか知らない日本人にとっては、ロシア自体のわかりにくさを象徴しているかのようでした。

尚、選手団の入場行進は、最初がギリシャで、各国の名称をロシア語で書き表したときのキリル文字のアルファベット順で入場し、最後がロシアとなりました。

ロシア語のアルファベットと英語のアルファベットの違いはありますが、北京オリンピックのときのような混乱（→P221）はありませんでした。

聖火をスタジアムに運んできたのは、テニスのマリア・シャラポワ[*15]。その後、棒高

＊13　ロシアの元諜報員、政治家。ロシア連邦第2代、第4代大統領（任期2000年〜2008年、2012年〜現在）。1952年〜。

＊14　9世紀にスラブ人へのキリスト教の布教を行った神学者の兄弟。

＊15　ロシアのテニス選手。元世界ランキング1位（2005年）。史上10人目の生涯グランドスラム（四大大会制覇）達成者。2012年ロンドンオリンピックでテニス女子シングルス銀メダル。1987年〜。

跳びのエレーナ・イシンバエワ[16]、元レスリングのアレクサンドル・カレリン[17]、元新体操のアリーナ・カバエワ[18]にリレーし、元フィギュアスケートのイリーナ・ロドニナ[19]と元アイスホッケーのウラディスラフ・トレティアク[20]の2人が一緒に、ソチメダルプラザに設置してある聖火台に点火。と同時に花火が打ち上げられ、開会式はクライマックスを迎えました。

こうして始まったオリンピックでしたが、国別メダル獲得ランキングは、1位がノルウェー、2位ロシア、3位カナダ、4位アメリカ、5位オランダでした。

日本のメダルは、金1、銀4、銅3でしたが、フィギュアスケート羽生《はにゅう》結弦《ゆづる》[21]の金は値千金。スノーボード男子ハーフパ

フィギュアスケート日本男子初の金メダルを獲得した羽生《はにゅう》結弦《ゆづる》選手。

＊16　ロシアの陸上競技選手（棒高跳び）、IOC委員。1982年～（→P207）。

＊17　ロシアのレスリング選手。1967年～。

＊18　ロシアの新体操選手、政治家。1983年～。

＊19　ロシアのフィギュアスケート選手、政治家。1949年～。

＊20　ロシアのアイスホッケー選手。1952年～。

＊21　宮城県出身のフィギュアスケート選手。2018年国民栄誉賞受賞。1994年～。

イプの平野歩夢《あゆむ》*22、女子パラレル大回転の竹内智香《ともか》*23の銀、スキージャンプ男子ラージヒル団体（清水礼留飛《れるひ》、竹内択《たく》、伊東大貴《だいき》、葛西紀明《かさいのりあき》）などが日本のファンをわかせました。残念だったのが、スキージャンプ女子の高梨沙羅《たかなしさら》*24と、フリースタイルスキー（モーグル）の上村愛子《うえむらあいこ》*25がともに4位だったことです（4位から8位の入賞は合計20人）。

この大会の最後に忘れずに記しておきたいことが２つあります。それはドーピング問題と領土問題です。

２０１７年12月22日、ＩＯＣは２０１４年ソチ冬季五輪で採取した検体を再検査した結果、11選手のドーピング違反を認定して失格処分とし、オリンピックから永久追放すると発表しました。また、処分者数は、これまでの処分を含め46名に達し、ソチオリンピックにおいては、ロシアが獲得した30個のうちの３分１以上の13個のメダルが剥奪されたことになります。

ロシアのドーピング疑惑については、決してソチオリンピックだけのことではなく、もっとずっと前から、また、その後もまだ尾を引いていたといわれています。しかし、ロシアにとって初めての自国開催で処分者が出たことは、他国の開催以上に深刻な事件であったのはいわずもがな。

一般のオリンピックファンとしてはどう考えればよいのでしょうか。

*22　新潟県出身のスノーボーダー、スケートボーダー。１９９８年〜。

*23　北海道出身のスノーボードアルペン選手。１９８３年〜。

*24　北海道出身のスキージャンプ選手。１９９６年〜。

*25　兵庫県出身のフリースタイルモーグル選手。１９７９年〜。

もう一つの領土問題は、開会式で発覚しました。開会式でフィールドには参加国の国土を表す演出があり、日本の地図も映し出されました。すると、日本の北方領土の上に雲がかかっているように処理されていたのです。

おかしいと思うのは日本だけではありません。南オセチア紛争[*26]などを抱えるグルジア（現ジョージア）の国土の多くも雲に隠されていたのをどう感じるでしょう。そこは国境が画定しているところ。グルジアの国土だったのです。グルジア政府は直ちにロシアに強く抗議したといわれています。今から考えればウクライナはどうだったのかと思わざるを得ません。

これは、オリンピックで領有権を主張するといったやり方が、２年前のロンドンオリンピックに続いて発生したことになりました。

ジョージアでは、南オセチアとアブハジアの２地域が分離独立を宣言。ロシアは２地域を「独立国」として承認している。

＊26　２００８年、ジョージアの南オセチアが分離独立を唱え武力紛争が勃発したのに対してロシアが軍事介入し、南オセチアの一方的な独立を承認した。

2014年（第22回）冬季オリンピック
ソチ大会・国別メダル数ランキング

| 順位 | 国名 | 金 | 銀 | 銅 | 合計 |
|---|---|---|---|---|---|
| 1位 | ノルウェー | 11 | 6 | 9 | 26 |
| 2位 | ロシア | 10 | 10 | 9 | 29 |
| 3位 | カナダ | 10 | 10 | 5 | 25 |
| 4位 | アメリカ | 9 | 9 | 10 | 28 |
| 5位 | オランダ | 8 | 7 | 9 | 24 |

## 2016年（第31回）夏季オリンピックリオデジャネイロ大会

２０１６年、オリンピックは史上初めて南アメリカ大陸に渡りました。気づいてみると、ポルトガル語圏でオリンピックが開催されるのも初。南米はほとんどがスペイン語圏ですが。南半球での開催となれば、１９５６年のメルボルンと２０００年のシドニーオリンピックがありますが、どちらもオーストラリア。大陸というよりは巨大な島でした。

この夏季オリンピックは、８月５日から８月21日までの17日間（開会式に先立ち男女サッカーの一部試合が行われた2日間を含むと19日間）、現地の真冬にブラジルのリオデジャネイロ（リオと略される→P192）で開催されました。

ブラジルでは真冬といっても、熱帯気候のリオでは気温は22℃度前後です。

リオは、ブラジル南東部に位置する世界有数の巨大都市。人口は６７０万人以上。ブラジル最大の観光都市で、商工業が盛んな港湾都市です。そこへ２０７の国と地域、並びに難民選手団から、合計１万１２３８人の選手が参加し、28競技３０６種目で、暑いなか熱い戦いが繰り広げられました。

リオのオリンピックの開会式は午後８時に始まりました。超大型スクリーンには、スポーツを楽しむさまざまな人々など趣向を凝らした映像が映し出されたあと、トーマス・バッハＩＯＣ会長の紹介、ブラジルの国歌の歌唱、ブラジル国旗の掲揚。そし

**2016年（第31回）**
**夏季オリンピックリオデジャネイロ大会**

| | |
|---|---|
| 開催期間 | 2016年8月5日～8月21日 |
| 開催都市 | ブラジル／リオデジャネイロ |
| 参加国数 | 207の国・地域と難民選手団 |
| 参加選手数 | 1万1238人 |
| 競技数 | 28競技 |
| 種目数 | 306種目 |

て、ブラジルの国旗を身にまとったダンサーが舞台を取り囲みました。さながらリオのカーニバルのようです。すると、プロジェクションマッピング[*27]が「平和と持続可能性」の1本の木を表現し、生命の始まりから、時代が下り、船に乗ってブラジルに到来したヨーロッパ人、奴隷としてブラジルへ連れてこられたアフリカ人、移民してきたアラビア人、日本人などの子孫が登場。日系人の登場時間は、夜の8時15分。日本は12時間進んだ午前8時15分。広島に原爆が投下された時間でした。

選手入場は、ポルトガル語のアルファベット順となっています。選手たち全員が何かを持って登場。会場にたくさんの金属製の四角い柱が立てられました。選手が持っていたのは、植物の種です。種を柱に空いた穴に入れてから入場開始。全員の入場が終わると、種の入った四角柱がスタジアム中央に五輪の形に並べられます。「環境五輪（オリンピック）（↓P192）」の象徴だったのです。

開会式も最高潮となり、サンバのダンサーが会場を練り踊り、もはやリオのカーニバル。そこに現れたのが、聖火ランナー（男子プロテニスプレーヤーのグスタボ・クエルテン[*28]）です。最終聖火ランナーは、元男子マラソンのバンデルレイ・デ・リマ[*29]。ボックスが積み重なったところを上り、球体の聖火台に点火。球体が上空へと上がり、ユニークな形のオブジェが現れ、回旋。聖火が太陽光となって会場を照らします。実

＊27　建物などの立体物をスクリーンとして映像を投影する映像表現やパフォーマンス。

＊28　ブラジルのテニス選手。ブラジルのテニス選手として歴代トップ。1976年～。

＊29　ブラジルの陸上競技選手（マラソン）。1969年～。（↓P212）

＊30　生物学上の性別と本人が認識する性が異なる人。

は、会場の外にも聖火台が設置されていて、14歳の少年が聖火を同時に点火。その瞬間、一斉に花火が打ち上げられ、開会式は終了、といった演出でした。

この開会式では、トランスジェンダー[*30]の選手をメディアが追いかけていました。なぜなら、このオリンピックでトランスジェンダーの性別変更に関する基準が緩和され、性的適合手術を受けなくても出場が認められるようになったからです。

一方、コソボと南スーダンが、初めてのオリンピックへの参加であることが紹介されました。日本のテレビは、国ぐるみのドーピング疑惑のためにロシアの選手がオリンピックへの出場が停止になったことや、ＩＯＣがロシア選手団389人のうち271人の出場を認めたことなども報じていました。

最も注目を浴びたのが、難民選手団。これは、世界各地で発生している内戦などにより難民[*31]となったアスリートが結成したもの。「難民選手団」としてオリンピックへの参加が認められたのです。

大会3日目にして、陸上男子100メートルでジャマイカのウサイン・ボルト（↓P223・225）が大会3連覇を達成（初めて同種目を3度制覇）となり、話題となりました。

最終日前々日の男子4×100メートルでもボルトを含むジャマイカチームが大会3連覇。これでボルトは100メートル、200メートルと合わせて連覇、合計9個

---

＊31　人種、宗教、国籍、政治的意見または特定の社会集団に属するという理由で、自国にいると迫害を受けるおそれがあるために他国に逃れ、国際的保護を必要とする人々。

の金メダル獲得。結果、陸上競技では、カール・ルイス（→P171）、パーヴォ・ヌルミ[*32]と並び史上最多となりました（2008年北京オリンピック4×100メートルのジャマイカチームは、第1走者ネスタ・カーターのドーピング違反があり、金メダル剥奪。そのためボルトが獲得した金メダルは8個となった）。

　このとき、日本チーム（山縣《やまがた》－飯塚《いいづか》－桐生《きりゅう》－ケンブリッジ）は決勝で37秒60のアジア新記録を樹立。銀メダルに輝きました。

　この他、このオリンピックの話題はつきませんが、男子サッカーでは、ブラジルチームが順当に勝ち進み、ドイツとの決勝戦は1－1のまま延長戦に突入。延長戦でも決着がつかず、ＰＫ戦に持ち込まれました。ドイツの先攻で始まり、両チームとも4人目まで全員が成功。迎えた5人目。ドイツのシュートをブラジルのゴールキーパー・ウェヴェルトンがセーブ。ブラジルの5人目は、大人気のネイマール[*33]。ネイマールは、ゴール右上に危なげなく決めて、ブラジルの優勝！　サッカー大国ブラジルは、男女を通じて同国初のオリンピック金メダルとなりました。

　このオリンピックでの日本勢のメダルは、次のとおりです。

＊32　フィンランドの中距離・長距離走選手。1500メートルから20キロメートルまで合計22の世界記録をつくる圧倒的な強さで、フライング・フィン（空飛ぶフィンランド人）と呼ばれた。1897年～1973年。

＊33　ブラジルのサッカー選手。ポジションはフォワード。ブラジル代表最多得点記録保持者。1992年～。

| 金メダル | | |
|---|---|---|
| 競泳 | 男子４００メートル個人メドレー | 萩野公介 |
| | 女子２００メートル平泳ぎ | 金藤理絵 |
| 体操 | 男子団体 | 内村航平、加藤凌平、山室光史、田中佑典、白井健三 |
| | 男子個人総合 | 内村航平 |
| レスリング | 女子フリースタイル48キロ級 | 登坂絵莉 |
| | 女子フリースタイル58キロ級 | 伊調馨 |
| | 女子フリースタイル63キロ級 | 川井梨紗子 |
| | 女子フリースタイル69キロ級 | 土性沙羅 |
| 柔道 | 男子73キロ級 | 大野将平 |
| | 男子90キロ級 | ベイカー茉秋 |
| | 女子70キロ級 | 田知本遥 |
| バドミントン | 女子ダブルス | 髙橋礼華、松友美佐紀 |

| 銀メダル | | |
|---|---|---|
| 陸上 | 男子４x１００メートルリレー | 山縣亮太、飯塚翔太、桐生祥秀、ケンブリッジ飛鳥 |
| 競泳 | 男子２００メートルバタフライ | 坂井聖人 |
| | 男子２００メートル個人メドレー | 萩野公介 |
| レスリング | 男子フリースタイル57キロ級 | 樋口 黎 |
| | 男子グレコローマンスタイル59キロ級 | 太田忍 |
| | 女子フリースタイル53キロ級 | 吉田沙保里 |
| 卓球 | 男子団体 | 水谷隼、丹羽孝希、吉村真晴 |
| 柔道 | 男子１００キロ超級 | 原沢久喜 |

| 銅メダル | | |
|---|---|---|
| 陸上 | 男子50キロメートル競歩 | 荒井広宙 |
| 競泳 | 男子４００メートル個人メドレー | 瀬戸大也 |
| | 男子４×２００メートルリレー | 萩野公介、江原騎士、小堀勇氣、松田丈志 |
| | 女子２００メートルバタフライ | 星奈津美 |
| シンクロナイズドスイミング | チーム | 乾友紀子、三井梨紗子、吉田胡桃、箱山愛香、中村麻衣、丸茂圭衣、中牧佳南、小俣夏乃、林愛子 |
| | デュエット | 乾友紀子、三井梨紗子 |
| テニス | 男子シングルス | 錦織圭 |
| 体操 | 男子種目別跳馬 | 白井健三 |
| ウエイトリフティング | 女子48キロ級 | 三宅宏実 |
| 卓球 | 男子シングルス | 水谷隼 |
| | 女子団体 | 福原愛、石川佳純、伊藤美誠 |
| 柔道 | 男子60キロ級 | 髙藤直寿 |
| | 男子66キロ級 | 海老沼匡 |
| | 男子81キロ級 | 永瀬貴規 |
| | 男子１００キロ級 | 羽賀龍之介 |
| | 女子48キロ級 | 近藤亜美 |
| | 女子52キロ級 | 中村美里 |
| | 女子57キロ級 | 松本薫 |
| | 女子78キロ超級 | 山部佳苗 |
| バドミントン | 女子シングルス | 奥原希望 |
| カヌー | スラローム男子カナディアンシングル | 羽根田卓也 |

金メダル獲得ランキングは、1位がアメリカ、2位はイギリスとなりましたが、2位にイギリスが入ったのはめずらしく、これはロシアのドーピング問題が影響したといわれています。3位は中国、4位ロシア、5位ドイツ、6位に日本が入りました。

尚、JOCは、次回の東京2020で「金メダル獲得数で世界3位」という目標を掲げていることから、このリオオリンピックでは、前回ロンドンオリンピックの倍の金14個、メダル合計は30個以上を目標としていたといいます。それが、金メダルは目標に届かなかったものの、メダル総数では目標を11個も上回ったので、東京2020へ向けての弾みとなったようです。

リオオリンピックの閉会式で行われた次回大会開催都市への引き継ぎ式のワンシーン。旗には「TOKYO2020」と書かれている。

**2016年（第31回）夏季オリンピックリオデジャネイロ大会・国別メダル数ランキング**

| 順位 | 国名 | 金 | 銀 | 銅 | 合計 |
|---|---|---|---|---|---|
| 1位 | アメリカ | 46 | 37 | 38 | 121 |
| 2位 | イギリス | 27 | 23 | 17 | 67 |
| 3位 | 中国 | 26 | 18 | 26 | 70 |
| 4位 | ロシア | 19 | 17 | 20 | 56 |
| 5位 | ドイツ | 17 | 10 | 15 | 42 |
| 6位 | 日本 | 12 | 8 | 21 | 41 |

## 2018年（第23回）冬季オリンピック平昌《ピョンチャン》大会

2018年の冬季オリンピックは、2月9日から25日まで、スキージャンプ、カーリングが行われた開会式前日を含めて18日間、韓国の平昌《ピョンチャン》＊34で開催され、史上最多となる92の国と地域から選手2920人が参加して行われました。参加国が増えた理由としては、シンガポールやマレーシア、南米のエクアドル、アフリカのナイジェリアなど南の国からも参加、また、エリトリア、コソボと合わせて6か国が冬季オリンピック初参加となったことが挙げられます。

また、ドーピング疑惑（↓P249）により、IOCがロシアに対し参加資格停止を決定していましたが、ロシアの選手は、ロシア選手団としてではなく、「ロシアからのオリンピック選手（Olympic Athletes from Russia、OAR）」として出場することになりました。そのおかげもあって、参加選手も増加したのです。

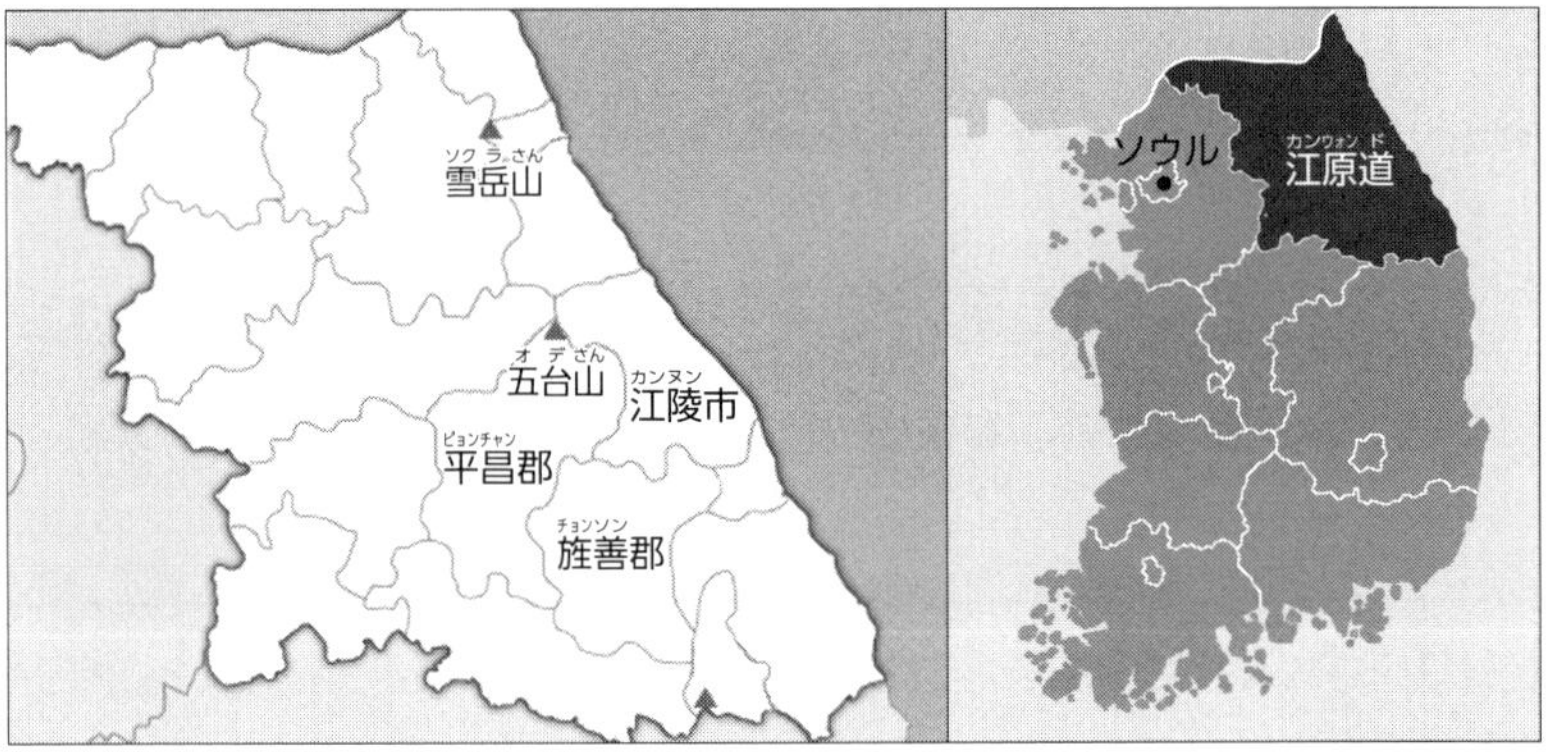


| 2018年（第23回）冬季オリンピック平昌大会 | |
|---|---|
| 開催期間 | 2018年2月9日～2月25日 |
| 開催都市 | 韓国／平昌 |
| 参加国数 | 92の国と地域 |
| 参加選手数 | 2920人 |
| 競技数 | 7競技 |
| 種目数 | 102種目 |

＊34　北緯37度と、日本の長野県と同じくらいの位置にあり、夏は避暑地、冬はスキーリゾート地として知られている。

「平昌」は都市の名前ではなく、韓国の北部にある江原道《カンウォンド》*35にある郡のことで、太白山脈の中のスキーリゾート地です。競技会場が、その平昌郡と隣接する江陵《カンヌン》市と旌善《チョンソン》郡にも設けられたため、まとめて「平昌」と称され、オリンピックの名称となりました。というように、これまでの冬季オリンピックのように都市ではなく、山間部の村で行われるのが、このオリンピックの特徴となりました。韓国では、首都ソウルで行われた１９８８年夏季大会（→P175）以来30年ぶり２回目のオリンピックとなりました。

開会式の入場の順番は、北京オリンピックと同じように（→P220）、外国人にはわかりづらく、たとえば、日本（Japan）、ジャマイカ（Jamaica）、ジョージア（Georgia）の次が中国（China）、チェコ（Czech）と続きました。朝鮮半島で使われている文字であるハングルの字母の順だとのことです。

オリンピックの発祥の地ギリシャが先頭であるのは恒例どおりで、最後が開催国であるのも同じ。ところが、そこに北朝鮮の選手も入っていました。このオリンピックでは、分断国家（北朝鮮と韓国→P181・210）の合同選手団（南北合同チーム選手団）が結成されていたのです。

国旗は「統一旗」でしたが、こんなことがありました。北朝鮮の応援団が会場で、島根県の竹島《たけしま》（韓国名、独島《ドクト》）を誇張して描いた「統一旗」を振り回したのです。

*35　朝鮮半島の中東部に位置し、日本海に面する地方。韓国と北朝鮮の双方に接しており山がちな地形。人口約１５６万人。

韓国政府は、開会式などＩＯＣが関わる行事では竹島の入っていない統一旗を使う方針でしたが、北朝鮮応援団が竹島入りの統一旗を持ち込むのを制限できなかったとのこと。しかし、思い出されるのが、ロンドンオリンピックかもしれません（↓Ｐ240）。

平昌オリンピックでは、アルペンスキーの混合団体、スピードスケートのマススタート、スノーボードのビッグエア、カーリングの混合ダブルスが新種目として採用され、７競技１０２種目が行われました。

韓国は、金５個、銀８個、銅４個のメダルを獲得し、国別メダル獲得

南北統一旗を掲げて合同入場する南北選手団（韓国と北朝鮮）。

＊36　愛知県出身のフィギュアスケート選手。国際スケート連盟公認の大会での史上初の４回転フリップ成功がギネス記録となる。

数で7位と活躍しました。女子アイスホッケーでは、韓国と北朝鮮の合同チームがつくられましたが、23位。

日本国内では、やはり隣国の冬季オリンピックは大きな話題となっていました。なかでも一番の話題は、男子フィギュアスケートの羽生《はにゅう》結弦《ゆづる》（↓P244）の金メダルでしょうか。66年ぶりに男子シングルでの連覇。しかも、宇野昌《しょう》磨《ま》[*36]が銀。また、日本史上初となるメダル（銅）を勝ちとった女子カーリングチームも人気が沸騰しました。

総メダル数では、日本は金4個、銀5個、銅4個で11位でした。

メダル獲得上位は、1位ノルウェー、2位ドイツ、3位カナダ、4位アメリカ、5位オランダでした。

さて、いよいよ次は東京２０２０大会がやってきます。

ＪＯＣは、この平昌オリンピックでボランティアの重要性と管理体制などの改善の必要性を再確認したといいます。というのは、このオリンピックでもボランティアが重視されていながら、その活動が必ずしもうまくいっていなかったからです。今回の平昌オリンピックの状況を正しく評価し、学ぶべきはしっかり学び、反省点は改善していくということ。尚、２０２０年の大会に向けて、約11万人のボランティアを募集するとしていました。

**2018年（第23回）冬季オリンピック平昌大会・国別メダル数ランキング**

| 順位 | 国名 | 金 | 銀 | 銅 | 合計 |
|---|---|---|---|---|---|
| 1位 | ノルウェー | 14 | 14 | 11 | 39 |
| 2位 | ドイツ | 14 | 10 | 7 | 31 |
| 3位 | カナダ | 11 | 8 | 10 | 29 |
| 4位 | アメリカ | 9 | 8 | 6 | 23 |
| 5位 | オランダ | 8 | 6 | 6 | 20 |

## ２０２０年（第32回）夏季オリンピック東京大会

　２０２０年の夏季オリンピックは、通称「東京２０２０大会」といわれていましたが、実際には２０２１年に開催されたのは、理由を含めていわずもがな。

　新型コロナウイルス感染症[＊37]の感染拡大により、１年の延期を経て開催された東京２０２０大会は、２０２１年７月23日から８月８日までの19日間（男女サッカーとソフトボールは開会式の２日前から）東京都とその他（埼玉県、神奈川県、千葉県、茨城県、静岡県、福島県、宮城県と北海道）の計９都道県で、世界２０５の国と地域及び難民選手団から選手１万１０９２人を集めて行いました。ただし、ここにロシアは含まれていません。相変わらず２０１９年に起きたドーピングの検査データ改ざん問題（→P245）のために国としての出場ができず、ロシア・オリンピック委員会（ＲＯＣ）として個人資格での出場でした。

　開催の延期は、近代オリンピック史上初めて。しかし「東京２０２０大会」の名称は変更されませんでした。

　開会式は、東京都の新型コロナウイルス感染症拡大による緊急事態宣言発令を受け、無観客で開催。入場行進は、過去の日本のオリンピックではアルファベット順でしたが、今回は50音順。中国語、韓国・朝鮮語と並び、日本語に従う順番は、国際的には

**2021年（第32回）夏季オリンピック東京大会**

| | |
|---|---|
| 開催期間 | 2021年7月23日～8月8日 |
| 開催都市 | 日本／東京 |
| 参加国数 | 205の国・地域と難民選手団 |
| 参加選手数 | 1万1092人 |
| 競技数 | 33競技 |
| 種目数 | 339種目 |

＊37　２０１９年末に中国湖北省武漢で発生し、またたく間に世界に広がった新種のウイルスによる感染症。世界で累積感染者数が７億５９２６万人、累積死者数は６８６万人以上とされる（２０２３年３月５日時点）。

わかりにくいものでした。しかも、五輪発祥国のギリシャは最初、開催国が最後であるのは通例でしたが、次回の冬季、夏季のオリンピックの開催国であるアメリカとフランスが日本の直前に入場したことを不思議に思った日本人が多かったようです。

大会組織委員会会長の橋本聖子《せいこ》（→P186）、IOC会長のトーマス・バッハによる挨拶に続き、開会宣言は、今上天皇が行いました。

オリンピックスタジアムに聖火を運んできた吉田沙保里《さおり》（→P214）と野村忠宏《ただひろ》（→P196）、長嶋茂雄《しげお》*38・王貞治《おうさだはる》*39・松井秀喜《ひでき》*40の2組は、日本ではお馴染みの顔ぶれでしたが、次の人たちは知られていない人たちが選ばれました。それは、クルーズ客船「ダイヤモンド・プリンセス号」*41で発生した新型コロナウイルスの集

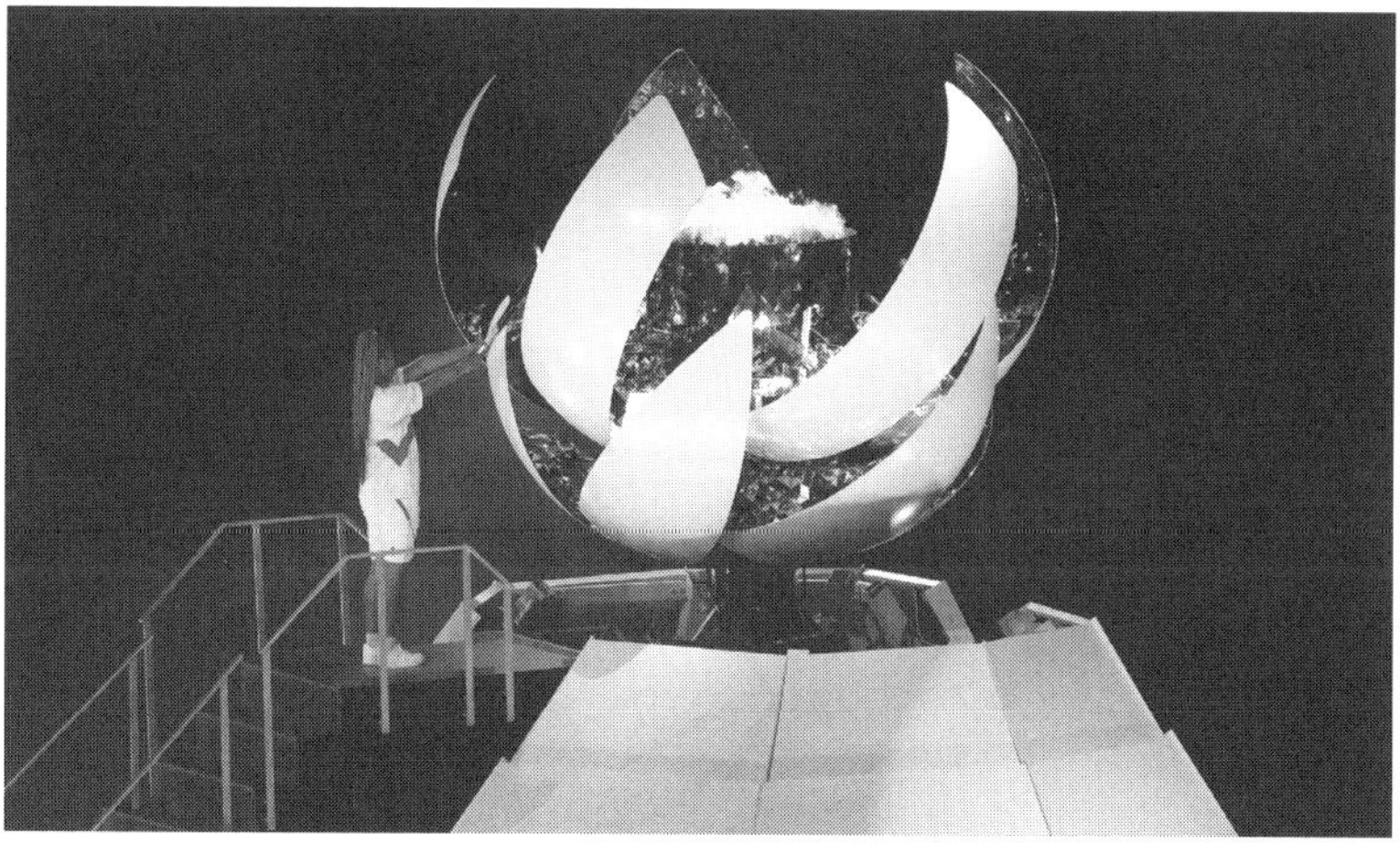

聖火台に点火する最終ランナーは、テニス女子の大坂なおみ選手。

*38 千葉県出身の野球選手。王貞治とともにON砲と呼ばれる打撃力で読売ジャイアンツ9年連続日本一に貢献。2013年国民栄誉賞を受賞。1936年〜。

*39 日本で活躍したプロ野球選手。中華民国籍、東京都出身。868本のホームランは世界記録。初の国民栄誉賞受賞者（1977年）。1940年〜。

*40 石川県出身の野球選手。メジャーリーグでも活躍した。2013年国民栄誉賞を受賞。1974年〜。

団感染の対応にあたった医師と看護師、東京パラリンピック・トライアスロン出場予定の選手、東日本大震災[*42]の被災地のうち岩手県、宮城県、福島県の子どもたちでした。そして最終聖火ランナーはテニスの大坂なおみ[*43]。こうした人選は、大会コンセプトである「ダイバーシティとインクルージョン[*44]」が重視された結果だといいます。

　このようにして始まった東京２０２０大会でしたが、新型コロナウイルスのパンデミック発生後、初めて世界が一堂に会し、かつてないほどの団結力と連帯感の現れたオリンピックになりました。大会の安全と成功のためのガイド「東京２０２０プレイブック」が策定され、それをアスリートからメディアまで、すべての人が連帯して遵守したといいます。

　競技数は33、種目は３３９にのぼった東京２０２０大会では、ある意味、オリンピックの競技種目の進化を示す、また、新しい世代に向けた魅力を強化したものだといわれています。即ち、スケートボード、スポーツクライミング、サーフィン、空手などのスポーツ、ＢＭＸ《ビーエムエックス》フリースタイル[*45]、３×３《スリーエックススリー》バスケットボール[*46]などの競技がオリンピックデビューを果たしたのです。

　尚、東京２０２０大会では、男女平等の競技機会が増加。男女のアスリートの比率がほぼ半々となり、史上最もジェンダーバランスがとれた大会だといわれています。

---

＊41　イギリスＰ＆Ｏ社が所有する外航クルーズ客船（11万5875トン）。2020年2月に新型コロナウイルス感染者の乗船が発覚し、横浜港で長期停泊、検疫。

＊42　2011年3月11日に三陸沖で発生したマグニチュード9.0の大地震。建物の倒壊や津波の被害で2万人以上の死者・行方不明者を出し、東京電力福島第一原子力発電所で炉心溶融に至る大事故が発生。

＊43　大阪府出身の女子プロテニス選手。ハイチ系アメリカ人の父と日本人の母をもつ。2019年全豪オープンで優勝し、男女を通じてアジア初のシング

## 2021年（第32回）夏季オリンピック東京大会 聖火リレーの実施順

2020年３月25日に福島県をスタート。47都道府県を121日間でめぐる。

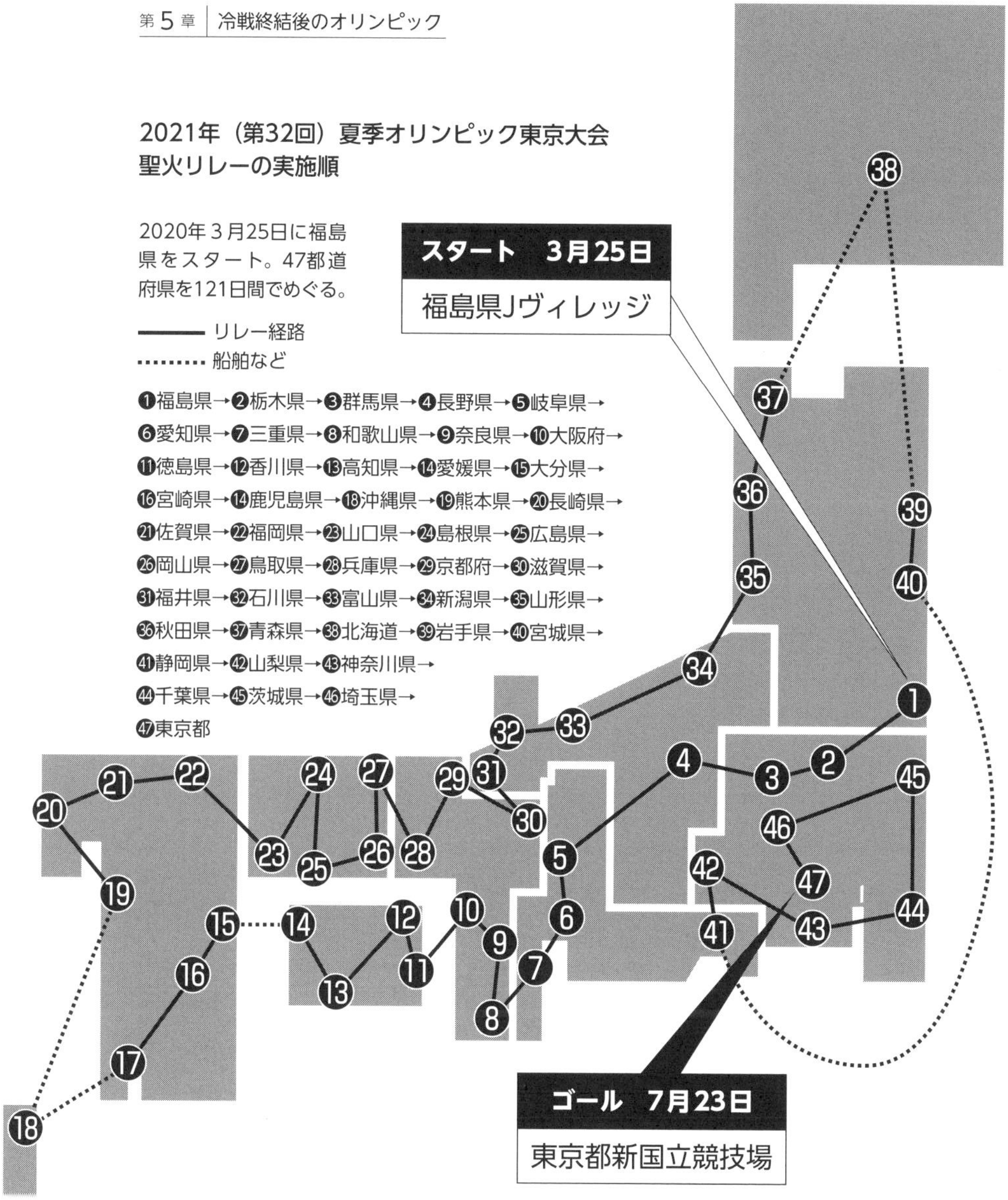


ルス世界ランキング1位となる。1997年〜。

＊44　多様な人材を活かして、各人の能力が最大限発揮できるようにする取り組み。ダイバーシティは「多様性」、インクルージョンは「受容性」。

＊45　BMXとは「バイシクルモトクロス」の略。1970年代、アメリカの子どもたちが自転車でモトクロスをまねたことが起源とされる。速さを競うレースと、技を競うフリースタイルがある。

＊46　3人制バスケットボールのこと。2007年に国際バスケットボール連盟が正式競技化。

さて、日本で行われたオリンピックとあって、日本人の心に残る名場面を、多くの人がそれぞれに感じているでしょう。そこで、2つだけここで紹介することにします。

アメリカのアリソン・フェリックスは、「アメリカで最も成功を収めた陸上選手」といわれています。2004年のアテネで200メートル銀。18歳で、最初のオリンピックメダルでした。それから17年後、彼女は東京2020大会で10個目となる400メートル銅と、11個目（4×400メートルリレー金）を獲得。カール・ルイス（→P171）を抜いてアメリカ人として陸上競技で最も多くのオリンピックメダルを奪取。

もう一つは、男子800メートルの準決勝で起きました。アメリカのアイザイア・ジュエットとボツワナのニジェル・エイモスとが接触、2人とも地面に倒れて脱落。まもなく、2人は助け合うように立ち上がると、抱き合いながら一緒にゴールまで歩いたのでした。メダルに無関係な感動の場面でした。

アイザイア・ジュエット選手（左）とニジェル・エイモス選手。

＊47　自分の性や性的指向についての認識が大多数と異なる性的少数者。レズビアン、ゲイ、バイセクシャル、トランスジェンダー（→P249）、クエスチョニング／クイア（性認識や嗜好が未定な人、どの性のあり方にも当てはまらない人）の略。

国別メダル獲得上位は、1位アメリカ、2位中国、3位日本、4位イギリス、5位ROCでした。

因みに、「多様性と調和」を理念に掲げた東京2020大会は、前回のリオで基準が緩和されていたトランスジェンダーの選手が史上初めて参加（ニュージーランドのローレル・ハバード選手）。男性から女性へ性別を変更したハバード選手は、重量挙げ女子87キロ超級に出場。大会前には「筋肉の量が違いすぎて不公平」との批判もありましたが、結局「自認の性」が認められたのです。結果は「記録なし」でしたが、その名を歴史に刻みました。また、今大会では、LGBTQ[*47]など性的マイノリティーを公表した選手が、180人以上にのぼりました（史上最多）。

## 東京2020大会の日本チーム

1964年以来57年ぶりとなった2度目の東京2020大会には、日本から史上最多となる583人の選手が出場しました。結果、金メダル数27と獲得メダルの総数58は史上最多となりました。

それでは、7月24日のメダル第1号となった柔道女子48キロ級の銀と男子60キロ級の金に始まる日本のメダル奪取を日を追って紹介しましょう。あの感動を思い出していただけると幸いです。

2021年（第32回）夏季オリンピック東京大会・国別メダル数ランキング

| 順位 | 国名 | 金 | 銀 | 銅 | 合計 |
|---|---|---|---|---|---|
| 1位 | アメリカ | 39 | 41 | 33 | 113 |
| 2位 | 中国 | 38 | 32 | 19 | 89 |
| 3位 | 日本 | 27 | 14 | 17 | 58 |
| 4位 | イギリス | 22 | 20 | 22 | 64 |
| 5位 | ROC | 20 | 28 | 23 | 71 |

# 日程別日本人のメダル獲得状況

| 日程 | 競技 | 種目 | 氏名 | メダル |
|---|---|---|---|---|
| 7/24(土) | 柔道 | 女子48キロ級 | 渡名喜風南 | 銀メダル |
| | 柔道 | 男子60キロ級 | 髙藤直寿 | 金メダル |
| 7/25(日) | 競泳 | 女子400メートル個人メドレー | 大橋悠依 | 金メダル |
| | スケートボード | 男子ストリート | 堀米雄斗 | 金メダル |
| | 柔道 | 女子52キロ級 | 阿部詩 | 金メダル |
| | 柔道 | 男子66キロ級 | 阿部一二三 | 金メダル |
| 7/26(月) | スケートボード | 女子ストリート | 中山楓奈 | 銅メダル |
| | スケートボード | 女子ストリート | 西矢椛 | 金メダル |
| | アーチェリー | 男子団体 | 河田悠希、古川高晴、武藤弘樹 | 銅メダル |
| | 柔道 | 女子57キロ級 | 芳田司 | 銅メダル |
| | 柔道 | 男子73キロ級 | 大野将平 | 金メダル |
| | 体操 | 男子団体 | 萱和磨、北園丈琉、谷川航、橋本大輝 | 銀メダル |
| | 卓球 | 混合ダブルス | 水谷隼、伊藤美誠 | 金メダル |
| 7/27(火) | サーフィン | 女子ショートボード | 都筑有夢路 | 銅メダル |
| | ソフトボール | 女子 | 上野由岐子、後藤希友、藤田倭、我妻悠香、清原奈侑、峰幸代、渥美万奈、市口侑果、川畑瞳、内藤実穂、山本優、原田のどか、森さやか、山崎早紀、山田恵里 | 金メダル |
| | 柔道 | 男子81キロ級 | 永瀬貴規 | 金メダル |
| | ウエイトリフティング | 女子59キロ級 | 安藤美希子 | 銅メダル |
| | サーフィン | 男子ショートボード | 五十嵐カノア | 銀メダル |

| | | | | |
|---|---|---|---|---|
| 7/28(水) | 競泳 | 男子200メートルバタフライ | 本多灯 | 銀メダル |
| | 競泳 | 女子200メートル個人メドレー | 大橋悠依 | 金メダル |
| | 柔道 | 女子70キロ級 | 新井千鶴 | 金メダル |
| | 体操 | 男子個人総合 | 橋本大輝 | 金メダル |
| 7/29(木) | 柔道 | 女子78キロ級 | 濱田尚里 | 金メダル |
| | 柔道 | 男子100キロ級 | ウルフアロン | 金メダル |
| | 卓球 | 女子シングルス | 伊藤美誠 | 銅メダル |
| 7/30(金) | バドミントン | 混合ダブルス | 渡辺勇大、東野有紗 | 銅メダル |
| | フェンシング | 男子エペ団体 | 見延和靖、加納虹輝、山田優、宇山賢 | 金メダル |
| | 柔道 | 女子78キロ超級 | 素根輝 | 金メダル |
| | アーチェリー | 男子個人 | 古川高晴 | 銅メダル |
| 7/31(土) | 柔道 | 混合団体 | 新井千鶴、向翔一郎、素根輝、ウルフアロン、芳田司、大野将平、阿部詩、田代未来、濱田尚里、原沢久喜、永瀬貴規、阿部一二三 | 銀メダル |
| 8/1(日) | 体操 | 男子種目別跳馬 | 萱和磨 | 銅メダル |
| 8/2(月) | 体操 | 女子種目別ゆか | 村上茉愛 | 銅メダル |
| | レスリング | 男子グレコローマンスタイル60キロ級 | 文田健一郎 | 銀メダル |
| 8/3(火) | ボクシング | 女子フェザー級 | 入江聖奈 | 金メダル |
| | 体操 | 男子種目別鉄棒 | 橋本大輝 | 金メダル |
| | レスリング | 男子グレコローマンスタイル77キロ級 | 屋比久翔平 | 銅メダル |
| 8/4(水) | スケートボード | 女子パーク | 開心那 | 銀メダル |
| | スケートボード | 女子パーク | 四十住さくら | 金メダル |
| | ボクシング | 女子フライ級 | 並木月海 | 銅メダル |
| | レスリング | 女子62キロ級 | 川井友香子 | 金メダル |

| 日程 | 競技 | 種目 | 氏名 | メダル |
| --- | --- | --- | --- | --- |
| 8/5(木) | ボクシング | 男子フライ級 | 田中亮明 | 銅メダル |
| | 空手 | 女子形 | 清水希容 | 銀メダル |
| | 卓球 | 女子団体 | 平野美宇、伊藤美誠、石川佳純 | 銀メダル |
| | 陸上 | 20キロ競歩 | 池田向希 | 銀メダル |
| | 陸上 | 20キロ競歩 | 山西利和 | 銅メダル |
| | レスリング | 女子57キロ級 | 川井梨紗子 | 金メダル |
| | 卓球 | 男子団体 | 水谷隼、張本智和、丹羽孝希 | 銅メダル |
| 8/6(金) | スポーツクライミング | 女子複合 | 野中生萌 | 銀メダル |
| | スポーツクライミング | 女子複合 | 野口啓代 | 銅メダル |
| | レスリング | 女子フリースタイル53キロ級 | 向田真優 | 金メダル |
| | 空手 | 男子形 | 喜友名諒 | 金メダル |
| | ゴルフ | 女子個人 | 稲見萌寧 | 銀メダル |
| 8/7(土) | 野球 | 男子 | 村上宗隆、平良海馬、山本由伸、伊藤大海、森下暢仁、栗林良吏、栗原陵矢、鈴木誠也、青柳晃洋、近藤健介、吉田正尚、源田壮亮、千賀滉大、中斐拓也、山﨑康晃、山田哲人、岩崎優、梅野隆太郎、浅村栄斗、菊池涼介、坂本勇人、田中将大、柳田悠岐、大野雄大 | 金メダル |
| | 空手 | 男子組手75キロ超級 | 荒賀龍太郎 | 銅メダル |
| | レスリング | 女子フリースタイル50キロ級 | 須崎優衣 | 金メダル |
| | レスリング | 男子フリースタイル65キロ級 | 乙黒拓斗 | 金メダル |
| 8/8(日) | バスケットボール | 女子団体 | 髙田真希、町田瑠唯、宮澤夕貴、本橋菜子、三好南穂、長岡萌映子、林咲希、馬瓜エブリン、宮崎早織、赤穂ひまわり、オコエ桃仁花、東藤なな子 | 銀メダル |
| | 自転車 | 女子オムニアム | 梶原悠未 | 銀メダル |

新国立競技場で行われた閉会式は、ほとんどの競技と同様に無観客となりましたが、日本各地の祭りを映像で紹介しました。東京音頭が披露されるなど、日本の夏模様が伝えられました。

コロナ禍のなか日本に来ても、観光の一つもできなかった各国の選手たちが、見よう見まねで踊るシーンをテレビで見た日本人も多かったことでしょう。

終始リラックスした様子の式典の終わり頃には、24日開幕のパラリンピックの予告映像が流されました。これはオリンピックの閉会式では初の試みでした。

因みに、大会組織委員会によると、7月1日以降の選手・大会関係者の新型コロナウイルス感染症の陽性者は430人、うち29人が選手でした。

閉会式にマスクをつけて登場する選手たち。

# 持続可能なオリンピック

**今後オリンピックを続けていくには、どうすればいいのでしょう。東京2020大会では、2つの試みが行われました。**

## 東京2020大会の試み

東京2020大会の会場は、1964年の東京オリンピックで使用された6つの施設を含め、およそ6割が既存の施設だった。その背景には、日本が目指す脱・炭素（カーボンニュートラル）[*1]計画があった。オリンピックとパラリンピックで使用される約5000個のメダルは、日本国民から寄付された小型電子機器から調達した100%リサイクル金属でつくられたという。また、表彰式の表彰台は、使用済みプラスチックと海洋プラスチック廃棄物でつくられた。

これらがどれほど二酸化炭素の排出量の削減につながるかは推して知るべしだが、オリンピックという世界中が注目するイベントで実施することの意義は非常に大きい。そのため、こうした努力はオリンピック関係者だけではなく、広く一般の人たちにも知られた。

## 「アーバンスポーツ」でオリンピック人気再燃

東京2020大会では、スケートボードやスポーツクライミング、BMX《ビーエムエックス》フリースタイルといった若者に人気の競技が登場した。「アーバンスポーツ」と呼ばれるジャンルだ。「アーバンスポーツ」とは、公園や路地裏での遊びから始まったもので、近年の若者のオリンピック離れを懸念したＩＯＣが、「伝統的なスポーツだけではオリンピックは生き残れない」と考え、新たに取り入れたもの（→P332）。日本人選手は、スケートボード女子ストリートの西矢《にしや》椛《もみじ》＊2を筆頭に大活躍。ＳＮＳ上で若い世代を中心に盛り上がりを見せた。しかし、今後、ＩＯＣの思惑どおりに、若者のオリンピックへの関心が高まっていくかどうかはわからない。

この方針は、２０２４年のパリにも引き継がれる予定だが、オリンピック人気の再燃となるかどうかは、不明！

＊1　地球温暖化の原因となる温室効果ガス、中でも二酸化炭素の排出量を実質ゼロとする取り組み。

＊2　大阪府出身のスケートボーダー。東京オリンピックでの金メダルは日本人最年少の受賞（当時13歳）。2007年～。

通称「スケボー」の略称で知られ、若者たちを中心に根強い人気のあるスケートボード。専用施設として誰もが楽しめるスケートパークも増加している。

## ２０２２年（第24回）冬季オリンピック北京大会

　２０２２年の冬季オリンピックは、２月４日から20日の17日間に開会式前に始まった競技の２日間を含めて合計１９日間、北京《ペキン》市と張家口《ジャンチアコウ》市＊48を会場として開催されました。北京市は、２００８年夏季オリンピックも開催したので、夏・冬両オリンピックの開催都市となった史上初めての都市となりました。

　北京市は「市」といわれますが、天津《ティエンチン》、上海《シャンハイ》、重慶《チョンチン》と並ぶ４つの「直轄市」＊49の一つ。首都でもあり、人口約２１８８万人（２０２１年）の大都会です。

　このオリンピックは、２０１８年冬季平昌大会（韓国）、東京２０２０大会（日本）に続き、３大会連続のアジア、それも東アジアで開催されました。また、２０２０年夏に開催予定だった東京２０２０大会が２０２１年夏に延期されたので、夏と冬の間が６か月しかありませんでした。年度で見れば、同じ年度内。同一年度に２回のオリンピックが開催されたことは１９９２年冬季オリンピックアルベールビル大会以降ありませんでした（→P185）。

　また、新型コロナウイルス感染症のパンデミックが続いていました。そのため、２０２１年９月、ＩＯＣは海外からの観客を断念し、中国国内の観客のみを受け入れることを表明するに至りました。

**2022年（第24回）冬季オリンピック北京大会**

| | |
|---|---|
| 開催期間 | 2022年2月4日～2月20日 |
| 開催都市 | 中国／北京 |
| 参加国数 | 91の国と地域 |
| 参加選手数 | 2871人 |
| 競技数 | 7競技 |
| 種目数 | 109種目 |

＊48　中国の河北省にある都市。人口約４５０万人。

＊49　中国で省・道と同格の最上位の行政区画であるが、中央政府の管轄を直接受ける市。

世界91の国と地域から選手2871人が参加。競技種目は7競技109種目が実施されました。ロシアの選手はこの大会でも個人資格での出場となりました（→P258）。

2008年8月8日8時8分8秒に始まった夏季の北京オリンピックでしたが、冬季オリンピックには、どんな数字の謂《いわ》れが隠されているのかと思った人が中国人には多かったといいます。

結局、開会式が行われた2月4日が立春であることと、24回目の冬季オリンピックであることとをかけて二十四節気[*50]を用いたカウントダウンが行われました。

選手入場の順番も気になるところでしたが、2008年夏季北京オリンピックと同じで、近代オリンピックの発祥国のギリシャに次いで、代表団名称の漢字（簡体字→P221）1文字目の画数が少ない国から入場を開始。日本の「日」は3画ですが、マレーシア（馬来西亜）などよりも後の17番目。「馬」は、画数が多いように思う日本人が、あれ？　となりましたが、簡体字では、馬は「马」で3画だったのです。また、90番目には次回開催国のイタリアが、最後の91番目に開催国の中国が入場しました。

各国の入場曲はほとんどがヨーロッパのクラシック音楽でしたが、中国の入場の時には、愛国歌「歌唱祖国」が使われました。

「一つの中国」問題が続く中華台北（台湾）選手団は、「梅花旗《メイファーチー》」[*51]の旗を掲げて入場。

＊50　1年を春夏秋冬の4つの季節に分け、さらに各季節を6つに分けたもの。立春、春分、夏至など。

＊51　1984年以降、台湾の選手がオリンピックに出場する際に使われる特別の旗。正式にはチャイニーズ・タイペイ・オリンピック委員会旗。

その際には中華台北（チャイニーズ・タイペイ）とアナウンスされました。
その後、オリンピック組織委員会の蔡《ツァイ》奇《チー》主席、ＩＯＣのバッハ会長の挨拶に続き、習近平《シーチンピン》国家主席が開会宣言を行いました。そして、聖火の最終ランナー（ノルディック複合の趙嘉文《ジャオジアウェン》とクロスカントリーのジニゲル・イラムジャン）が持ってきたトーチを入場行進のプラカードを集めてつくられた雪の結晶の形をした聖火台にかざして点火となりました。

金メダル獲得数の上位は、1位ノルウェー、2位ドイツ、3位中国、4位アメリカ、5位スウェーデンでした。個人参加のロシア選手は、ＲＯＣとして9位、日本は12位、韓国14位となりました。

1位のノルウェーは、１００年以上前の１９２０年夏季オリンピックアントワープ大会（→P76）で31個、前回の２０１８年冬季オリンピック平昌《ピョンチャン》大会では39個（→P257）と過去最多でしたが、１００年前とはオリンピックの規模が雲泥の差。近年の冬季オリンピックの活躍が光っています。

日本勢では、スピードスケートで金メダルを獲得した髙木美帆《みほ》は*52、他3種目で銀メダルを獲得し、1大会で合計4個ものメダルを獲得。また、スノーボードの平野歩《あゆ》夢《む》（→P245）は、２０２１年開催の夏季オリンピック東京大会にもスケートボードに出

＊52　北海道出身のスピードスケート選手。１９９４年〜。

＊53　岩手県出身のスキージャンプ選手。１９９６年〜。

＊54　北海道出身のスキージャンプ選手。１９９４年リレハンメルオリンピックのラージヒル団体銀、２０１４年ソチオリンピックの個人ラージヒルで銀、団体銅。１９７２年〜。

＊55　長野県出身のスキーノルディック複合選手。１９８８年〜。

場。今大会への実質的な準備期間が半年だったにもかかわらず、みごと金メダルを獲得した「二刀流」が注目を浴びました。スキーの小林陵侑《りょうゆう》も*53、安定したジャンプでみごと金メダルを獲得。オリンピック7大会に出場したスキージャンプ界のレジェンドこと葛西紀《かさいのり》明《あき》*54の愛弟子であることも話題になりました。ノルディック複合では渡部《わたべ》暁《あき》斗《と》*55が個人・団体ともに銅メダルとなりました。

スノーボード男子ハーフパイプで金メダルを獲得した平野歩夢《あゆむ》選手。2014年ソチオリンピック、2018年平昌《ピョンチャン》オリンピックに続き、冬季オリンピックへの3度目の挑戦で念願を果たした。

**2022年（第24回）冬季オリンピック北京大会・国別メダル数ランキング**

| 順位 | 国名 | 金 | 銀 | 銅 | 合計 |
|---|---|---|---|---|---|
| 1位 | ノルウェー | 16 | 8 | 13 | 37 |
| 2位 | ドイツ | 12 | 10 | 5 | 27 |
| 3位 | 中国 | 9 | 4 | 2 | 15 |
| 4位 | アメリカ | 9 | 9 | 7 | 25 |
| 5位 | スウェーデン | 8 | 5 | 5 | 18 |
| 9位 | ROC | 5 | 12 | 15 | 32 |
| 12位 | 日本 | 3 | 7 | 8 | 18 |
| 14位 | 韓国 | 2 | 5 | 2 | 9 |

| 金メダル | | |
|---|---|---|
| スキー／ジャンプ | 男子ノーマルヒル個人 | 小林陵侑 |
| スノーボード | 男子ハーフパイプ | 平野歩夢 |
| スピードスケート | 女子１０００メートル | 髙木美帆 |

| 銀メダル | | |
|---|---|---|
| スキー／ジャンプ | 男子ラージヒル個人 | 小林陵侑 |
| スピードスケート | 女子５００メートル | 髙木美帆 |
| | 女子１５００メートル | 髙木美帆 |
| | 女子チームパシュート | 髙木美帆、髙木菜那、佐藤綾乃 |
| フィギュアスケート | 男子シングル | 鍵山優真 |
| カーリング | 女子団体戦 | 藤澤五月、吉田知那美、鈴木夕湖、吉田夕梨花、石崎琴美 |

| 銅メダル | | |
|---|---|---|
| スキー／ノルディック複合 | ラージヒル個人 | 渡部暁斗 |
| | ラージヒル団体 | 渡部暁斗、山本涼太、渡部善斗、永井秀昭 |
| スキー／フリースタイル | 男子モーグル | 堀島行真 |
| スノーボード | 女子ハーフパイプ | 冨田せな |
| | 女子ビッグエア | 村瀬心椛 |
| スピードスケート | 男子５００メートル | 森重航 |
| フィギュアスケート | 男子シングル | 宇野昌磨 |
| | 女子シングル | 坂本花織 |
| | 団体 | 宇野昌磨、小松原尊、小松原美里、三浦璃来、木原龍一、樋口新葉、鍵山優真、坂本花織 |

著者の目

ここでは高梨沙羅《たかなしさら》問題を取り上げます。高梨選手は1996年生まれ。北海道出身。国際スキー・スノーボード連盟（FIS）ワールドカップで男女通じて最多63勝を誇る日本女子ジャンプ界を牽引する存在です。しかし3回出場しているオリンピックでは結果が残せず、2018年平昌大会でのノーマルヒル銀メダルのみでした。北京大会でもノルディック・ジャンプ混合団体で波乱が起きました。高梨選手をはじめとする女子選手5人が、「スーツ規定違反」で失格となったのです。

この種目では、空中で浮力が生じて有利になるのを避ける目的で、競技前に全員が、また競技後にも抜き打ちで一部の選手が、ジャンプスーツを着た状態で測定され、スーツが大きすぎると失格になることになっていました。しかしこの日、高梨は、本番1本目のジャンプ後の測定で失格を告げられ、ショックで泣きくずれました。周りの関係者も何が起きたのかまったくわからなかったといいます。高梨選手はルールを知らなかったのか？　スタッフは？

なぜ女子ばかりが抜き打ち検査を受けたのか？　スーツはだれが用意したのか？　等々、物議を醸しました。今後のオリンピックのため、各競技団体には、競技をする側、見る側、だれにでもわかりやすいルール、規定が望まれる出来事でした。

１回目で100メートルを超える大ジャンプをするも、まさかの失格に動揺する高梨沙羅《たかなしさら》選手。

# 冬季オリンピック北京大会裏話

北京市の国家体育場（鳥の巣）[*1]で2月20日夜、第24回冬季オリンピック北京大会の閉会式が行われた。今大会を振り返ってみよう。

## 「ゼロ・コロナ」のオリンピック

このオリンピックは、前年夏の夏季東京大会に引き続きコロナ禍でのオリンピックとなったが、中国政府の政策「ゼロ・コロナ」が、オリンピックでも厳しく行われた。その名も「バブル方式」！

これは、バブル（あわ）に包み込むように、選手や関係者の過ごす空間を一般から切り離す感染防止対策で、外部の人達と接触を遮断するというもの。入国前のＰＣＲ検査、入国後のＰＣＲ検査、そして大会期間中にも定期的に検査を実施。さらに移動制限・行動制限も厳しく、「ホテルと練習会場以外には原則移動できない」というものだ。

実は、バブル方式は２０２１年開催の夏季東京大会で実施されたものだが、北京大会では比べものにならないほど厳しく管理された。

次回２０２６年にはイタリアでミラノ／コルティナ・ダンペッツォ冬季オリンピックが予定されているが、その時にはコロナも収束していることを願いながら、閉会式の最後にイタリアの代表に、オリンピック旗が手渡された。

## 政治問題を持ち込んだ？

ここで特筆すべきは、中国の人権問題。今回のオリンピックの際、アメリカ、オーストラリア、イギリスなどの国々が「外交ボイコット」を表明していた。その理由は、中国でウイグル族が残虐行為を受けているとの訴えが広く出ていたからだ。ウイグル族への人権侵害疑惑だ。

これは、中国の新疆《シンチャン》ウイグル自治区[*2]において、中国政府が少数民族であるウイグル族（多くがイスラム教徒）に対して長期的に弾圧しているという疑惑。強制的に中国共産党の指示に従うような思想をもたせようと教育し、強制労働や、不妊手術の強制、ジェノサイド（集団虐殺）など重大な人権侵害をおかしていると、ヨーロッパやアメリカの国際人権団体などから報告されたことによる。

これに対し、中国政府はオリンピックに政治を持ち込むなと厳しく抗議した。

オリンピックが無事に終わり、この件の報道は日本ではほとんどなくなったが、ウイグル自治区の様子が変化したとも考えられない。

一つ言えることは、オリンピックに政治を持ち込むなという中国もかつて台湾がオリンピックに参加するからという理由で、オリンピックをボイコットしていたのは、事実。即ち、中国自身も政治問題をオリンピックに持ち込んでいたのである。

＊1　「北京国家体育場」の愛称。中国最大級の陸上競技場。2008年北京夏季オリンピック（→P220）及び2022年北京冬季オリンピック（→P270）のメインスタジアム。

＊2　中国の北西部にある自治区。清朝の時代に版図に編入された。人口2585万人。

# 第6章 知られざるＩＯＣに迫る

# 1 『オリンピック憲章』に立ちかえって

『オリンピック憲章』は、英文でOlympic《オリンピック》 Charter《チャーター》、ＩＯＣが採択したオリンピックに関する基本原則や規則を成文化したものですが……。

**そもそも『オリンピック憲章』とは？**

『オリンピック憲章』は、１９１４年に起草され、１９２５年に制定されました。現行の最新版は２０２３年10月に改正されたものです。オリンピズムの根本原則や、オリンピック・ムーブメントの組織・活動、オリンピック競技大会の開催条件などが定められています。

「オリンピズム」とは、近代オリンピックの生みの親であるクーベルタン（→P52）が提唱した「オリンピックのあるべき姿」であり、「スポーツを通じて調和のとれた人間を育成し、異なる文化を理解するとともに相互理解を深めることによって、平和な社会の創造に寄与する」という思想だといわれています。また、そう目指して行うさまざまな活動を「オリンピック・ムーブメント」といっています。

そうした理念に基づいて、ＩＯＣをはじめとする組織や人々が、夏季と冬季のそれぞれで４年に一度行っているスポーツの祭典が、現代のオリンピックです。

次は、『オリンピック憲章』の「オリンピズムの根本原則」の日本語訳です。英語版もあわせて載せておきます。

①オリンピズムは肉体と意志と精神のすべての資質を高め、バランスよく結合させる生き方の哲学である。オリンピズムはスポーツを文化、教育と融合させ、生き方の創造を探求するものである。その生き方は努力する喜び、良い模範であることの教育的価値と社会的な責任、さらに国際的に認知されている人権、およびオリンピック・ムーブメントの権限の範囲内における普遍的で根本的な倫理規範の尊重を基盤とする。

Olympism is a philosophy of life, exalting and combining in a balanced whole the qualities of body, will and mind. Blending sport with culture and education, Olympism seeks to create a way of life based on the joy of effort, the educational value of good example, social responsibility and respect for internationally recognised human rights and universal fundamental ethical principles within the remit of the Olympic Movement.

②オリンピズムの目的は、人間の尊厳の保持に重きを置く平和な社会の推進を目指すために、人類の調和のとれた発展にスポーツを役立てることである。

The goal of Olympism is to place sport at the service of the harmonious development of humankind, with a view to promoting a peaceful society concerned with the preservation of human dignity.

③オリンピック・ムーブメントは、オリンピズムの価値に鼓舞された個人と団体による、協調の取れた組織的、普遍的、恒久的活動である。その活動を推し進めるのは最高機関のＩＯＣである。活動は5大陸にまたがり、偉大なスポーツの祭典、オリンピック競技大会に世界中の選手を集めるとき、頂点に達する。そのシンボルは5つの結び合う輪である。

The Olympic Movement is the concerted, organised, universal and permanent action, carried out under the supreme authority of the IOC, of all individuals and entities who are inspired by the values of Olympism. It covers the five continents. It reaches its peak with the bringing together of the world's athletes at the great sports festival, the Olympic Games. Its symbol is five interlaced rings.

④スポーツをすることは人権の一つである。すべての個人はオリンピック・ムーブメントの権

限の範囲内で、国際的に認知されている人権に関し、いかなる種類の差別も受けることなく、スポーツをすることへのアクセスが保証されなければならない。オリンピック精神は友情、連帯、およびフェアプレーの精神とともに相互理解を求めるものである。

The practice of sport is a human right. Every individual must have access to the practice of sport, without discrimination of any kind in respect of internationally recognised human rights within the remit of the Olympic Movement. The Olympic spirit requires mutual understanding with a spirit of friendship, solidarity and fair play.

⑤オリンピック・ムーブメントにおけるスポーツ団体は、スポーツが社会の枠組みの中で営まれることを理解し、政治的に中立でなければならない。スポーツ団体は自律の権利と義務を持つ。自律には競技規則を自由に定め管理すること、自身の組織の構成とガバナンスについて決定すること、外部からのいかなる影響も受けずに選挙を実施する権利、および良好なガバナンスの原則を確実に適用する責任が含まれる。

Recognising that sport occurs within the framework of society, sports organisations within the Olympic Movement shall apply political neutrality. They have the rights and obligations of autonomy, which include freely establishing and controlling the rules of sport, determining the structure and governance of their organisations, enjoying the right of elections free from any outside influence and the responsibility for ensuring that principles of good governance be applied.

⑥このオリンピック憲章の定める権利および自由は人種、肌の色、性別、性的指向、言語、宗教、政治的またはその他の意見、国あるいは社会的な出身、財産、出自やその他の身分などの理由による、いかなる種類の差別も受けることなく、確実に享受されなければならない。

The enjoyment of the rights and freedoms set forth in this Olympic Charter shall be secured without discrimination of any kind, such as race, colour, sex, sexual orientation, language, religion, political or other opinion, national or social origin, property, birth or other status.

⑦オリンピック・ムーブメントの一員となるには、オリンピック憲章の遵守およびＩＯＣによる承認が必要である。

Belonging to the Olympic Movement requires compliance with the Olympic Charter and recognition by the IOC.

## オリンピックの目的と担い手

『オリンピック憲章』の第1章には、オリンピックの目的として「オリンピズムとその諸価値に従いスポーツを実践することを通じて若者を教育し、平和でよりよい世界の建設に貢献する」と記されています。また、オリンピック・ムーブメントは、「国際オリンピック委員会の最高権限と指導のもと、オリンピック憲章に導かれることに同意する組織、選手、その他の個人を包含する」と記され、IOC、国際競技連盟（IF）[*1]、国内オリンピック委員会（NOC）の3つが主な構成要素であり、その3つに加えて、オリンピックの組織委員会（OCOG）[*2]、IF及びNOCに所属する国内の協会、クラブ、個人も含まれていることが、オリンピック憲章に明記されています。さらに、必要な構成要素として「ジャッジ、レフェリー、コーチ、その他の競技役員、技術要員が含まれる。IOCが承認するその他の組織および機関もオリンピック・ムーブメントの構成要素である」と記されています。

オリンピックは、そうしたたくさんの担い手が『オリンピック憲章』の規則とIOCの決定を遵守して行われているのです。

＊1 各スポーツ競技について国際的に統轄する団体。競技ルール策定、普及活動、国際競技大会の開催などがその役割。英語でInternational Federation。

＊2 オリンピック組織委員会。各オリンピックの準備・運営をその役割として組織される。Organizing Committee for the Olympic Gamesの略。

では、そもそもオリンピックとは、どういうものなのでしょうか？　左記が『オリンピック憲章』に規定されている「オリンピック」です。

オリンピック競技大会／Olympic Games

①オリンピック競技大会は、個人種目または団体種目での選手間の競争であり、国家間の競争ではない。大会にはＮＯＣが選抜し、ＩＯＣから参加登録申請を認められた選手が集う。選手は当該ＩＦの技術面での指導のもとに競技する。

The Olympic Games are competitions between athletes in individual or team events and not between countries. They bring together the athletes selected by their respective NOCs, whose entries have been accepted by the IOC. They compete under the technical direction of the IFs concerned.

②オリンピック競技大会は、オリンピアード競技大会とオリンピック冬季競技大会からなる。雪上または氷上で行われる競技のみが冬季競技とみなされる。

The Olympic Games consist of the Games of the Olympiad and the Olympic Winter Games. Only those sports which are practised on snow or ice are considered as winter sports.

「えっ！」と思う人が多いはずです。というか、夏季オリンピックの正式名称が「オリンピアード競技大会」（「Games of the Olympiad」）だなんて！ ほとんどの人は知らないのではないでしょうか？ 「オリンピアード（Olympiad）」はほとんど聞かない言葉ですが、それは、オリンピック暦のことで、古代オリンピックが4年ごとに行われた4年間を「1オリンピアード」と呼んだことに由来しているのだそうです。

**オリンピック・ムーブメントとIOCの使命**

オリンピック・ムーブメントを主導するのは、IOCの使命であり、役割です。このことについても、『オリンピック憲章』に詳しく記されています。次は、その部分の引用です。

①スポーツにおける倫理と良好なガバナンス[*3]の促進、およびスポーツを通じた青少年教育を奨励し支援する。さらに、スポーツにおいてフェアプレー精神が広く行き渡り 暴力が禁じられるよう、全力を尽くす。

to encourage and support the promotion of ethics and good governance in sport as well as education of youth through sport and to dedicate its efforts to ensuring that, in sport, the spirit of fair play prevails and violence is banned;

＊3 企業や団体などの組織が健全な事業の運営を行うための管理体制。

②スポーツと競技大会の組織運営、発展および連携を促し支援する。
to encourage and support the organisation, development and coordination of sport and sports competitions;

③オリンピック競技大会を定期的に確実に開催する。
to ensure the regular celebration of the Olympic Games;

④スポーツを人類に役立てる努力において、権限を有する公的または私的な組織および行政機関と協力し、その努力により平和を推進する。
to cooperate with the competent public or private organisations and authorities in the endeavour to place sport at the service of humanity and thereby to promote peace;

⑤オリンピック・ムーブメントの結束を強め、その主体性を守り、政治的中立を維持するとともに促進し、スポーツの自律性を保護するために行動する。
to take action to strengthen the unity of the Olympic Movement, to protect its independence, to maintain and promote its political neutrality and to preserve the autonomy of sport;

⑥オリンピック・ムーブメントに影響を及ぼす、いかなる形態の差別にも反対し、行動する。

to act against any form of discrimination affecting the Olympic Movement;

⑦オリンピック・ムーブメントにおいて選出されたアスリートの代表がIOCアスリート委員会とともに オリンピック競技大会と関連する事項のすべてについて、その委員会の最高権威の代表として活動することを奨励し支援する。

to encourage and support elected representatives of athletes within the Olympic Movement, with the IOC Athletes· Commission acting as their supreme representative on all Olympic Games and related matters;

⑧男女平等の原則を実践するため、あらゆるレベルと組織において、スポーツにおける女性の地位向上を促進し支援する。

to encourage and support the promotion of women in sport at all levels and in all structures with a view to implementing the principle of equality of men and women;

⑨ドーピングに対する戦いを主導し、いかなる形態の試合の不正操作、および関連する不正行為に対抗する行動をとることによりクリーンな選手とスポーツの高潔性を保護する。

to protect clean athletes and the integrity of sport, by leading the fight against doping, and by taking action against all forms of manipulation of competitions and related corruption;

⑩選手への医療と選手の健康に関する対策を促し支援する。

to encourage and support measures relating to the medical care and health of athletes;

⑪スポーツと選手を政治的または商業的に不適切に利用することに反対する。

to oppose any political or commercial abuse of sport and athletes;

⑫スポーツ団体および公的機関による、選手の社会的、職業的将来を整える努力を促し、支援する。

to encourage and support the efforts of sports organisations and public authorities to provide for the social and professional future of athletes;

⑬スポーツ・フォア・オールの発展を促進し支援する。

to encourage and support the development of sport for all;

⑭環境問題に対し責任ある関心を持つことを奨励し支援する。またスポーツにおける持続可能な発展を奨励する。そのような観点でオリンピック競技大会が開催されることを要請する。

to encourage and support a responsible concern for environmental issues, to promote sustainable development in sport and to require that the Olympic

Games are held accordingly;

⑮オリンピック競技大会の有益な遺産を開催都市、開催地域、開催国が引き継ぐよう奨励する。

to promote a positive legacy from the Olympic Games to the host cities, regions and countries;

⑯スポーツと文化および教育を融合させる活動を促し支援する。

to encourage and support initiatives blending sport with culture and education;

⑰国際オリンピック・アカデミー（ＩＯＡ）の活動およびオリンピック教育に取り組むその他の機関の活動を促し支援する。

to encourage and support the activities of the International Olympic Academy(“IOA”) and other institutions which dedicate themselves to Olympic education;

⑱安全なスポーツを奨励し、あらゆる形態のハラスメントおよび虐待からアスリートを保護することを促進する。

to promote safe sport and the protection of athletes from all forms of harassment and abuse.

## オリンピックのモットー

「モットー」という言葉は、日本語では「標語」「格言」「座右の銘」「スローガン」と言い換えることができますが、もともとは、ラテン語の「muttum（言葉、声、呟くなどの意味）」から派生したイタリア語の motto が由来だとされています。外来語ですから「モットー」とカタカナで書きます。英語でも motto です。実は、その motto が『オリンピック憲章』に次のとおりしっかり出ているのです。

> オリンピックのモットーである「より速く、より高く、より強く—共に」はオリンピック・ムーブメントの 大志を表現している。 もともとはラテン語のモットーであり、原語では今後「Citius, Altius, Fortius - Communiter」とする。
>
> The Olympic motto “Faster, Higher, Stronger – Together” expresses the aspirations of the Olympic Movement. It is the adaptation of the original motto in Latin that now translates as “Citius, Altius, Fortius – Communiter”.

このように『オリンピック憲章』ができて以来、「より速く、より高く、より強く」はオリンピックのモットーとされてきましたが、２０２１年7月20日に開催されたＩＯＣ総会で「共に」が加えられ、「より速く、より高く、より強く―共に」（Faster, Higher, Stronger - Together）に変更されました。これは、より多くの国と人々が一緒になって、オリンピック・ムーブメントを拡大していくことが、現代のオリンピックの課題だということです。

オリンピックのモットーは、「東京2020大会」の開会式でも披露された。

## 2 そもそもIOCとは

IOCは、よく聞く名称ですが、意外とどういう組織で、会長がどうやって選ばれているかなど知られていません。

**『オリンピック憲章』に見るIOC**

IOCは、International Olympic Committeeの略称で、日本語では「国際オリンピック委員会」と呼ばれています。ピエール・ド・クーベルタン（↓P52）らによって1894年に設立された非政府のスポーツ組織ですが、現在は、各国のNOC（国内オリンピック委員会）や、世界中のオリンピック・ムーブメント（↓P83）を行っている団体や個人とともにオリンピックを運営。本部は、スイスのローザンヌに置かれています。言い換えると、IOCは各オリンピック大会を運営する大会組織を統括する組織であるといえます。

IOCが正式に承認しているNOCは世界で206あります。この数は、世界の国と地域の数より多くなっています。現在のIOC会長は、2013年9月からトーマス・バッハ[*1]（ドイツ）となっています。また、IOCは、国際競技連盟（IF↓P285）などとも密接に連携しながらオリンピックの運営にかかわるあらゆることを行っ

＊1　ドイツの弁護士、元フェンシング選手。第9代IOC会長（在任2013年～2024年現在）1953年～。

ています。たとえば、オリンピックの商標や過去の大会の映像などの著作権の管理、及び、スポーツ以外の活動のオリンピック博物館[*2]などの運営も行っています。

ＩＯＣについては、『オリンピック憲章』第2章に、法的地位、委員、組織などが規定されています。左記は実際の『オリンピック憲章』の内容の例ですが、新任のＩＯＣ委員が行う宣誓の内容までが記されている細かさには、驚かされるのではないでしょうか。（以下英語の原文は省略）

**■法的地位**

1　ＩＯＣは国際的な非政府の非営利団体である。法人格を持つ協会の形態を整えた、存続期間を限定されない組織であり、２０００年11月1日発効の協定に基づき、スイス連邦評議会により承認されている。

2　ＩＯＣの本部はオリンピックの都、ローザンヌ（スイス）に置く。

3　ＩＯＣの目的はオリンピック憲章により課せられた使命、役割、責任を果たすことである。

4　ＩＯＣはその使命と役割を果たすため、基金や会社などの法人を設立、もしくは取得することができるほか、支配下に置くことができる。

**■委員**

1・1　ＩＯＣ委員は自然人である。ＩＯＣ委員の総数は規則16付属細則が定めるように１１５名を超えてはならない。ＩＯＣは以下のように構成される。

＊2　スイスのローザンヌにある博物館。1993年開設。オリンピック精神やその歴史に関する展示を行っている。

1・1・1　合計で70名を超えてはならないが、委員の過半数は特定の活動役割や職務と結び付いていない委員であり、この中には国籍やNOCの要件にとらわれることなく、特別な場合に選ぶことのできる最大7名が含まれる。上記7名を除き、規則16付属細則2・2・5が適用され、規則16付属細則が定めるように、どの国であろうと、その国民である委員は1名を超えてはならない。

1・1・2　規則16付属細則2・2・2が規定する現役アスリートの総数は15名を超えてはならない。

1・1・3　IF、もしくはIFの連合体、その他のIOCの承認する組織の会長、あるいは執行権を持つ地位にある個人、上級の指導的地位にある個人については、総数15名を超えてはならない。

1・1・4　NOC、あるいはNOCの世界的な連合体や大陸の連合体の会長、執行権を持つ地位にある個人、上級の指導的地位にある個人については、その総数が15名を超えてはならない。IOC内のどの国であろうとその国民である委員は1名を超えてはならない。

1・2　IOCは規則16付属細則に従い、新委員を募集し、有能な人物の中から、IOCが適任と判断する個人を委員に選出する。

1・3　IOCは新委員が式典において以下の宣誓を行い、自身の責務を果たすことに同意することで、新委員を受け入れる。

「私は国際オリンピック委員会の委員に選ばれたことを誇りとし、委員としてのあらゆる責任を負います。

私は全力を尽くしてオリンピックムーブメントに貢献します。

私はオリンピック憲章を遵守し、IOCの決定を受け入れます。

私は常に商業的、政治的利益に関わることなく、また人種的、宗教的な考えに左右されず活動します。

私はIOC倫理規程をすべて遵守します。

私はあらゆる形態の差別と戦い、どのような状況においても国際オリンピック委員会とオリンピック・ムーブメントの利益を促進するため、献身的に努力することを誓います。」

1.4　IOC委員は自国と自身が貢献するオリンピック・ムーブメントの組織において、IOCとオリンピック・ムーブメントの利益を代表し促進する。

1.5　IOC委員は政府、組織、またはその他の団体から、自身の行動および投票の自由を妨げる恐れのある命令や指示を受けてはならない。

1.6　IOC委員はIOCの負債または債務を個人として負うことはない。

1.7　各IOC委員は規則16・3に従い8年の任期で選出され、1回あるいは複数回の再選が可能である。再選の手続きについてはIOC理事会が定める。

## ■総会

1　総会はIOC委員の全体会議である。総会はIOCの最高機関である。その決定は最終的なものである。通常総会は年に1度開催される。臨時総会は会長が招集するか、委員の少なくとも3分の1の書面による要請がある場合に開催することができる。

2　総会の権限は以下の通りである。

2・1　オリンピック憲章の採択または改正
2・2　IOC委員、名誉会長、名誉委員、栄誉委員の選出
2・3　会長、副会長、その他のIOC理事会メンバーの選出
2・4　オリンピック競技大会の開催地の選定
2・5　通常総会を開催する都市の選定。臨時総会を開催する都市については、会長が決定権を持つ。

※以下2・6～6は省略。

**■会長**

1　総会は無記名投票により、IOC委員の中から任期8年の会長を選出する。任期の更新は1度のみ可能で、再任の任期は4年とする。
2　会長はIOCを代表し、すべての活動を統括する。
3　会長は総会またはIOC理事会が何らかの事情により、行動や決定ができなくなった場合、IOCを代表して行動し、決定を下すことができる。そのような行動または決定は、速やかに権限を有する機関の承認を得なければならない。
4　会長が職務を全うできない場合は、会長が能力を回復するまでの間、副会長のうち在任期間の最も長い者が職務を代行する。もしも会長が能力を回復しない場合には、そのような副会長が次の総会で新会長が選出されるまで、職務を代行する。新会長が選出された場合、その任期は8年とし、1度のみ4年の任期で更新することができる。

**■言語**

1　ＩＯＣの公式言語はフランス語と英語である。
2　ＩＯＣ総会では常にフランス語、英語同時通訳が提供されるものとする。その他の言語がＩＯＣ総会で提供されることもある。
3　オリンピック憲章およびその他のＩＯＣ文書で、フランス語版と英語版のテキスト内容に相違がある場合は、フランス語版が優先する。ただし、書面による異なる定めがある場合はその限りではない。

## ■ＩＯＣの財源

1　ＩＯＣはその任務を遂行するため、そしてアスリートへの支援を強化するため、贈与、遺贈、および寄付を受けることができ、さらにその他の財源を追求することができる。ＩＯＣはテレビ放送権、スポンサーシップ、ライセンス、およびオリンピック資産などの権利を活用することにより、またオリンピック競技大会を開催することにより収入を得る。
2　ＩＯＣは主に　ＮＯＣ、ＩＦおよびＯＣＯＧへの資金提供を通じてアスリートを競技内外で支援する。

> **著者の目**
>
> ここに『オリンピック憲章』を長々引用したのは、実は、『オリンピック憲章』を読むことは、オリンピックをよりよく知り、より楽しむための一助になると考えたからです。
> オリンピックの入場行進はもちろん、会場案内、表彰式など、なぜフランス語が英語より先に読み上げられるかも、右のようにきちんと書かれています。

オリンピック招致についても、『オリンピック憲章』に規定されているとおり、オリンピックを開催しようと計画する都市は、IOCに立候補を表明します。1国から一つの都市しか立候補都市になれないので、NOCでは、それぞれの国で開催地を一つに決定しなければなりません。

IOCでは、立候補を受けた後、現地調査を行います。そのため、立候補した都市は、IOCに対し、自分のところの良いところをさまざまな方法を使ってアピールして、選ばれるように働きかけます。開催地候補は複数立候補になることがほとんどのため、招致合戦ともいいます。現在では、あるオリンピックが終わった時点で8年後の開催地を募る方式になっているので、招致合戦は8年あまりに及びます。そうした後に開かれるIOC総会において、IOC委員の投票によって開催都市が決定されます。その投票の方法は次のとおりです。

・IOC委員は、立候補した都市に1票を投じる。その結果、過半数以上を獲得した都市があれば、その時点で、決定。
・どの都市も過半数を獲得できない場合、最下位の都市が脱落し、残った都市で、2回目の投票が行われる。それでも過半数を獲得する都市がなければ、3回目、4回目と行う。
・最終的には2都市に絞られ、決選投票が行われた結果、最終決定となる。

## アマチュア条項

「アマチュア」とは、「ある分野でふつうよりもはるかにすぐれた知識や経験はあっても、それにより生活しようとはしない人」のこと。「アマチュアリズム」といわれる思想が、アマチュアの背景にあります。

「アマチュアリズム」とは、お金や物をもらうかどうか（物質的利害）にかかわらず、スポーツ活動そのものを愛好する態度や意識のことだそうです。「アマチュア精神」ともいわれています。

かつてのスポーツ界では、アマチュアリズムが当然のように打ち出され、1970年代までは、IOCは『オリンピック憲章』のなかの「アマチュア条項」を厳しく守り、アマチュア選手でなければオリンピックへの参加を許していませんでした。

ところが、カール・シュランツ事件が起こり、IOCの方針が転換したのです。カール・シュランツ[*3]はオーストリアのアルペンスキー選手として、札幌オリンピックに参加を予定していました。

ところが大会直前の1972年1月31日、札幌市内のホテルで開かれたIOC理事会で、当時会長だったアベリー・ブランデージ（↓P118）が、「自分の名前や写真を広告目的に使った」として、シュランツを失格処分にすると発表。納得のいかなかったシュランツは反論しましたが、認められず帰国したところ、大歓迎されました。多く

＊3　オーストリアのアルペンスキー選手。世界選手権で多くのタイトルを獲得していた。1938年〜。

の人がＩＯＣに猛反発。オーストリアオリンピック委員会は、一時、選手全員を帰国させるとまで言い出し大騒ぎになったのです（実際には参加）。２月７日、男子滑降が行われ、スイスのベルンハルト・ルッシ[*4]が優勝。ところが、彼もシュランツと同じメーカーから用具の提供を受けていました。

この事件の顚末や、その後の詳細については不明ですが、ＩＯＣ総会でシュランツの復権が認められたのは、１９８９年のことでした。ＩＯＣが謝罪し、彼には特別のメダルが贈られました。

かつてのオリンピックでは、アマチュア精神が競技会への参加資格として明確に定められていました。ところが、アマチュアリズムを参加資格にすることは、現実的に無理が生じます。プロがオリンピックに出場できないことに反発したカナダのアイスホッケーチームは、１９７２年大会及び１９７６年大会をボイコットするに至っていました。

もとより東西冷戦時代のこと。ソ連をはじめとする東側の国々がオリンピックに参加するようになりますが、それらの国においてはプロとアマチュアの違いについての考え方がアメリカほか西側の国々とは明らかに異なっていました。

社会主義国では、スポーツを興行として行う人がいないため、スポーツ選手はすべ

---

＊4　スイスのアルペンスキー選手。１９７６年インスブルックオリンピックではオーストリアのフランツ・クラマー（→Ｐ154）に次ぐタイムで銀メダルを獲得。

てアマチュアということになります。しかし選手たちは、実際には国によって選抜され、トレーニングを受け、スポーツをすることで生活を保障されていたため、事実上プロと同じだと指摘されていました。

一方、西側では、オリンピックに出るような一流のスポーツ選手のなかには、日常的にスポーツしか行わない人が増えていました。また、大会で賞金を得たり、用具をメーカーから提供してもらい、その見返りに用具の宣伝を行ったりする選手も多くなってきました。そうしたなかで起きたのが、カール・シュランツ事件だったのです。

アマチュアリズムの考え方によれば、「スポーツそのもの、またはスポーツ選手の特異性（実力やアイドル性、スター性など）をお金にかえること」はよくないとされます。しかし、1970年代以降、アマチュアリズムは、「スポーツの技術や方法論をお金にかえることで、結果的にスポーツそのものの技術や意識の向上を図ろう」とするスポーツ界の現実に合わなくなっていたのです。

その後、1974年に「アマチュア（リズム）」という言葉が、『オリンピック憲章』から削除されました。そして、1976年の冬季インスブルックオリンピック（→P153）と夏季モントリオールオリンピック（→P155）から、プロ選手の参加が正式に認められました。ただし、プロが参加するかどうかは、種目ごとに決定されています。

## WBCの成り立ち

WBCは、World Baseball Classic（ワールドベースボールクラシック）の略称。野球競技の世界的な普及を目的に2006年に第1回大会が開催されました。サッカーの普及のために1930年から始まったFIFAワールドカップ[*5]を見本にしてつくられました。もしもWBCが1974年に行われていたとすれば、WBCに出場するような選手は、アマチュア条項によりオリンピックには出場できなかったのです。しかしアマチュア条項がない現在では、どちらのイベントにも参加する選手がいます。

かつて野球の国際大会では、プロ野球の選手の参加が認められていませんでした。しかも、1998年になって解禁されたものの、アメリカではマイナーリーグ[*6]の選手しか出場できませんでした。それはオリンピックでも同じでした。IOCは、世界のトップ選手であるメジャーリーガー[*7]がオリンピックに参加しないことを理由の一つとして、野球を実施競技から除外したのです。そうしたなかで、メジャーリーガーが出場する初の国際大会としてWBCが正式に創設されました。実は、このようにWBCの創設には、オリンピックが少なからず影響を与えていたのです。WBCの第1回大会[*8]は一定の成功を収め、3年後の2009年3月には第2回大会[*9]が行われました。それ以降は4年に一度の周期で開催が続いています[*10]。

---

＊5　国際サッカー連盟（FIFA）の主催する、各国ナショナルチームによるサッカー世界選手権大会。

＊6　アメリカのプロ野球で、最上位のリーグ（メジャーリーグ）の下に位置するリーグ。

＊7　アメリカのプロ野球メジャーリーグの選手。

＊8　記念すべき第1回大会で日本代表を率いたのは王貞治監督。当時メジャーリーグで活躍していたイチロー選手、日本のプロ野球界から松坂大輔選手、上原浩治選手らが参加し、決勝戦に進出。キューバを10対6で破り、初代王者に輝いた。

2006年の第１回大会で優勝し、選手たちに胴上げされる王貞治《おうさだはる》監督。たびたび迎えた逆境をはねのけて最後まで諦めずに戦い続けた日本代表選手たち。この後、日本代表チームは「侍ジャパン」と呼ばれるようになる。

＊9　原辰徳監督のもと、イチロー選手（シアトル・マリナーズ）、松坂大輔選手（ボストン・レッドソックス）、福留孝介選手(シカゴ・カブス)、日本のプロ野球からダルビッシュ有選手、田中将大選手、阿部慎之助選手らが参加し、決勝戦に進出。韓国を延長戦の末に破り、２大会連続２回目の優勝を決めた。

＊10　２０２１年に予定されていた第５回大会はコロナの影響で延期となり、２０２３年に開催。周期が変則的になり、第６回大会は３年後の２０２６年に開催の予定。

国際フェアプレー委員会は、フェアプレー[*11]がとくにきわだった選手を表彰するなどの仕事をしています。

## 国際フェアプレー委員会

1964年夏季東京オリンピックの前年（1963年）につくられました。

初めての表彰は、1964年の東京大会でのこと。スウェーデンのセーリング（ヨット）のラース・キエルとスリグ・キエルの兄弟に与えられました。2人は金メダルをかけた東京大会のレース中、船が転覆した他のチームの選手を助けるためにレースを中断。「ピエール・ド・クーベルタン・メダル」が贈呈されました。

もう1例。2004年アテネオリンピックでのことです。

ブラジルのマラソン選手のバンデルレイ・デ・リマ（↓P212）は優勝候補の1人とされていました。36キロメートル付近までトップを走っていましたが、暴漢におそわれてペースをくずし、2人に抜かれ銅メダル。そのリマにも、クーベルタン・メダルが贈られました。

尚、1992年バルセロナ大会（↓P188）では、陸上女子1万メートル走で優勝したのは、エチオピアのデラルツ・ツル[*12]でした。アフリカの黒人女性として初となる金メダル！ ゴール直後、ツルは2位のエレナ・マイヤー[*13]を待って、2人一緒にウイニングランをしました。マイヤーは白人の南アフリカ共和国代表選手。クーベルタン・メ

＊11 スポーツや社会生活において、ルールを守り公正に正々堂々と振る舞うこと。

＊12 エチオピアのマラソン選手。1972年〜。

＊13 南アフリカ共和国の陸上選手。専門は長距離走。1966年〜。

ダルが贈られたわけではありませんが、黒人と白人が手を取りあって走る姿は長いオリンピックの歴史に残る光景でした。

このようなフェアプレーは、オリンピックではそこかしこ、たくさん見られます。それを見たり聞いたりするのは、オリンピックの魅力の一つといえるでしょう。

著者の目

東京2020オリンピックのフェアプレー賞は、スケートボード女子パークで金メダルの四十住《よそずみ》さくら選手、銀メダルの開心那《ひらきここな》選手ら7選手が選出されました。

かれらは、決勝で着地に失敗し4位に終わった優勝候補の岡本碧優《みすぐ》選手にかけよって抱きしめ、アメリカやオーストラリアの選手たちが岡本選手を担ぎ上げて健闘をたたえたのです。そのシーンが評価されての贈呈でした。

# 3 オリンピックを脅かす4つの問題

現在のオリンピックが抱える４つの問題とは、ズバリ薬物・人種・政治・経済に関することです。

## 1つ目、薬物問題

近年、オリンピックに参加できるのは、心身ともにすぐれた選手ばかりです。それでも筋肉を強くするために薬物を使う人がいるのです。フィジカルを高めるためにメンタルをだいなしにして。薬物を使うことはフェアプレーの精神に反し、かつ規則違反でもあります。

実は薬物が使われたことは、古くは１９０４年セントルイス・オリンピック（→P60）で記録に残っているのです。マラソンで優勝したアメリカのトーマス・ヒックス[*1]は、ストリキニーネ[*2]という薬物を飲んでいたことを認めたといいます。

ストリキニーネは、ねずみを駆除するのにも使われる薬で、中枢神経[*3]を興奮させる効果があると、当時から考えられていたのです。競技でよりよい結果を出すために薬物にたよることは、オリンピックの歴史の初期の頃から行われていました。

１９６８年夏季メキシコシティオリンピック（→P144）で、過剰なアルコールが検出

＊1　アメリカ（イギリス生まれ）のマラソン選手。1876年〜1963年。（→P60）

＊2　殺鼠剤原料。「飲みこむと生命に危険、中枢神経系の障害、長期にわたるまたは反復暴露による中枢神経系の障害」などの有害性があげられている（厚生労働省「職場のあんぜんサイト」より）。

＊3　脳と脊髄からなっていて、全身に指令を送る神経系統の中心的役割を担っている。

された失格となった選手がいました。これが、薬物使用のために失格となった最初の選手でした（アルコールも薬物と見なされる）。近代五種[*4]のスウェーデン代表選手のハンス・グンナー・リリエンバルでした。

そもそも「ドーピング」とは、「スポーツにおいて禁止されている物質や方法によって競技能力を高め、意図的に自分だけが優位に立ち、勝利を得ようとする行為」。一般に、禁止薬物を意図的に使用することだけをドーピングと呼んでいますが、それだけではなく、現在では意図的であるかどうかにかかわらず、薬物を使用したり使用したことを隠したりすることも、ドーピングとされています。

オリンピックでは近年、「ドーピング検査」と呼ばれる薬物使用の検査が徹底的に行われています。それでも、21世紀に入った現在、薬物を使う選手は跡を絶ちません。ロシアでは、ドーピングを国ぐるみで行っていたのではという疑惑が出され、オリンピックの出場が停止になりました（↓P249）。

もう一つ例を出します。アメリカの女子陸上選手（短距離走と走り幅跳び）マリオン・ジョーンズ[*5]は、2000年夏季シドニーオリンピック（↓P203）で、金メダル3個と銅メダル2個を取りましたが、後のドーピング検査で薬物使用が発覚。ジョーンズ自身がそれを認めたので、獲得したメダルのすべてを返還しなければなりませんでした。

＊4　ひとりの選手が1日に、射撃・水泳・フェンシング・馬術・ランニングの5種目を行い、総合得点を競う競技。

＊5　アメリカのバスケットボール選手、陸上競技選手（ベリーズ国籍も保有）。1975年〜。

人種問題についても本書で何度も触れてきましたが、オリンピックの歴史のなか、不公平な条件下で競技に臨まざるを得なかった選手もいました。オリンピックを人種問題の視点からまとめてみることにします。

## 2つ目、人種問題

■ヒトラーのオリンピック

歴史上最も顕著な形でオリンピックを国際政治に利用したのは、1936年ベルリンオリンピック(→P94)だったことは前述のとおりですが、そこには人種差別問題が根底にありました。ヒトラーは、自分たちゲルマン民族[*6]が、ほかの民族よりもあらゆる面ですぐれていると主張。スポーツでも当然ゲルマン民族が優秀であることを証明したいと考えていました。そこに黒人のジェシー・オーエンス[*7]が出現。ヒトラーの「人種主義」に対し、真っ向から挑みました。その結果、陸上競技の100メートルなどで4個の金メダルを獲得！ 世界中から反ナチスの英雄とされました。ところが、信じられないことに、アメリカへ帰国してからはあまり注目されず、それどころか、母国アメリカで人種差別を受け、数奇な人生を送ったといわれています。

■アフリカ諸国の不参加

1976年モントリオールオリンピックでは、多数のアフリカの国々がニュージーランドに対し抗議し、ボイコットしました(→P155)。これは、南アフリカ共和国での

---

*6 インド・ヨーロッパ語族に属し、スカンディナヴィア半島から北部ドイツへ、そして各地に広がったと考えられている。

*7 アメリカの陸上競技選手。1913年～1980年。

アパルトヘイト政策に関係したこと（↓P156）。当時南アフリカ共和国では、非白人（黒人など）を差別する政策が公然と行われていました。尚、「アパルトヘイト」は「分離、隔離」を意味する言葉。オリンピックは、人種差別問題を許さないはずだったのですが。

■表彰式での抗議行動

１９６８年メキシコシティオリンピックの陸上競技２００メートルのメダル授与式でのこと。１位のアメリカのトミー・スミス＊8と３位のジョン・カルロス＊9が、国旗を見ずに、黒い手袋をしたこぶしを振り上げるポーズをとりました（↓P145）。それは、アメリカの人種差別に反対する黒人たちの気持ちを表したものでした。しかし、この行為はオリンピックに政治を持ち込んだと見なされ、直ちに選手村から追放。その後、２人の行動について、世界中からさまざまな意見が出ました。

走り幅跳びで金メダルを受賞した時のジェシー・オーエンス選手（中央）。ドイツ人のルッツ・ロング選手（銀メダル・右端）はナチス式敬礼をしているが、ジェシー選手と田島直人《なおと》選手（銅メダル・左端）はナチス式敬礼をしていない。

＊8　アメリカの陸上競技選手。１９４４年〜。

＊9　アメリカの陸上競技選手。１９４５年〜。

## ３つ目、政治的問題

オリンピックは、取り巻く国際情勢や国内の政治的判断など、あらゆる面で政治がからんでくるもの。だからこそＩＯＣは、政治的中立の立場を堅持し、オリンピックに政治を持ち込ませないようにあらゆる努力をしています。その拠り所は、なんといっても『オリンピック憲章』（→P82・280〜）なのです。しかし、オリンピックに参加する国どうしの意見の違いや対立が、どうしても影響してしまっているのも事実。たとえば１９６８年のメキシコシティオリンピックでは、スタジアムが黒人差別反対を訴える場として利用されたこともありました（→P145）。１９８０年のモスクワオリンピックで、アメリカ・西ドイツ・日本をはじめとする多くの国がソ連のアフガニスタン侵攻に抗議してボイコット（→P162）したことは、オリンピックが国際政治に利用されたことに他なりません。

また、２００８年の北京オリンピック（→P220）では、中国政府に反対する過激な勢力が聖火リレーを妨害。実は北京オリンピックでは、１３５の都市や世界最高峰のエヴェレスト山頂を通過して聖火が中国へ向かう際、中国のチベット弾圧[＊10]への抗議行動として、聖火リレーが妨害され何度も聖火が消されるという事件が起こっていたのです。これらはどれも、世界中から注目されるオリンピックを利用して自分たちの主張をアピールするのが、有効な手段だと考えられたからです。

＊10　２００８年、北京オリンピックを控えて世界の注目が中国に集まったなかで、中国チベット自治区のラサで大きな騒乱が起こり、非暴力の抗議活動に参加した人びとに対して厳しい弾圧をおこなった中国への非難が高まった。

もとより、ヒトラーのオリンピックは、人権問題であるばかりでなく、政治問題としても歴史上最も顕著な形でオリンピックを利用したものでした。

蛇足ですが、１９３６年のヒトラーのオリンピックの次に計画されていた１９４０年の東京オリンピックが、もしも返上（→P94）されないで実施されたとしたら、それは「大日本帝国の宣伝オリンピック」になっていたものと考えられます。

ヒトラーのようにオリンピックを政治的に利用したり自分たちの主張を示すためにオリンピックをボイコットしたりするのはいけないことであることはいわずもがな。ところが「オリンピックをはじめスポーツの国際イベントを利用して、宗教的、政治的に対立しあっている国や民族、勢力、集団などとの関係を改善する」というのも、政治的な利用ではないか？　という人もいるのです。思想や宗教、政治的な主張を乗り越えて世界の人々が交流するために、スポーツを利用することは、悪い利用の仕方ではないはず。これからもオリンピックは、対立している国や民族が相互に理解しあえるようにしていく役割を担っていくことが望まれています。それにもかかわらず、近年、オリンピックをはじめ世界的なスポーツイベントが、テロの標的にされることが多くなっているのです。

1984年のロサンゼルス・オリンピック（→P166）が、極端に商業的に利用されるきっかけになったことについては既に記しました。聖火ランナーが自ら参加費を払わなければならなかったり、各国のテレビ局が費用を支払わなければ自国へ放送できなかったり……と、オリンピックが商業的に利用されるきっかけとなりました。

## 4つ目、経済問題

1984年以前は、オリンピックスタジアムの建設や環境整備などにかかる巨額の費用は、たいてい開催都市と国が負担していました。つまり、もともとは国民の収める税金でした。そのため、オリンピックのせいで、開催都市と国、そして国民が大きな負担に苦しむこともありました。そこで、ロサンゼルス大会の大会委員長のピーター・ユベロス[*11]は「税金を1セントも使わないオリンピック開催を目指す」といい、彼はオリンピックで収入を得るために、テレビ放映権の売買、スポンサー制度、入場料、記念グッズの販売を積極的に行いました（→P168）。

そうしたオリンピックの経済効果は、開催都市と国、国民に恩恵を与えたのも事実。オリンピックを開催するとなれば、大会そのものから得られる収入の他、交通網や施設の整備、観光の活性化など、よい影響をもたらしました。

そのため、その後のオリンピックでも商業主義は必要だと考えられるようになって

＊11　アメリカの実業家、アメリカ・オリンピック委員会会長、ロサンゼルスオリンピック大会組織委員長。1937年〜。

いきました。結果、開催地の招致合戦が激しくなったとされています。

しかし、そうしたオリンピックの商業主義に対して反対する人たちも多くいます。商業化は「金儲け」を優先させることで、大会の様子が変化してしまったのです。たとえば、オリンピック運営予算の収入の部で、大きな割合を占めるテレビ放映権料を高く設定するために、競技時間が決められることが起こりました。つまり、放映権で多くの収入が得られるような時間帯に競技が設定されるのです。

商業オリンピックでは、参加選手の顔ぶれも変わったと指摘されています。1988年夏季オリンピックソウル大会（→P175）からは、人気のプロ選手たちがどんどん参加するようになりました。もちろんその背景には、それまでアマチュア選手でなければ参加できなかったのが、プロの参加が認められたことが挙げられています。それだけでなく、オリンピックがさまざまな形でプロ選手の収入源と関係したことも挙げられました。

たとえば、人気選手が登場する時間帯のテレビ放映権料は高くなります。テレビへの露出が多くなれば、その選手をサポートしている企業の広告効果が期待されます。番組や選手へのスポンサー料も高くなるわけです。

こうしたことにも経済、即ちお金の問題が大きく関係しているのです。

# 中国とオリンピック

**東西冷戦が終わり、ロシアは、オリンピックでの「強いソ連」の復活を目指したところ、ことを急ぎすぎたあまり、失敗。では、近年の中国はどうでしょうか。**

## 中国問題概論

ロシアにドーピング疑惑（→P245）が発生。2018年平昌冬季オリンピック、東京2020オリンピックでは、ロシア代表として選手を参加させることができなくなった。一方、ソ連、ロシアに代わって、アメリカなどかつての西側諸国に対抗しはじめたのが、中国。実は、中国とオリンピックの関係には、やっかいな歴史がある。

第二次世界大戦以前には、IOCの下には中華民国オリンピック委員会があったが、1949年、毛《マオ》沢東《ツォトン》[*1]が率いる中国共産党[*2]が北京で新政権を樹立、中華人民共和国と名乗り出た。すると蒋介石《チャンチェシー》[*3]が中国国民党[*4]を率いて台湾で政権を樹立し、引き続き中華民国を名乗って、中国全体の政府だと主張。ここに2つの中国の時代が始まった。オリンピック関係では、3人いたIOC委員のうち2人が台湾政府の人だった。

IOCは、その2人の意見により、1951年に台湾政府を承認。ところが、中国の猛反発にあう。結果、1954年、中国を追加承認し、1956年（第16回）夏季オリンピックメルボルン大会には両者の参加を認める（実際は中国は選手を派遣しなかった）。すると中国はIOCから脱退。その後、IOCにとって、中国と台湾の問題は、長い懸案事項となった。

ところが1971年10月、中国が国連に加盟。アメリカや日本は、台湾残留のために努力をしたが、中国が「蒋介石の代表追放」を強く求めたため、今度は台湾が国連及び国際組織から脱退するに至った。

そうしたなか中国は、オリンピックからも台湾の追放を要求。1976年モントリオールオリンピックでは、カナダ政府に圧力をかけて台湾排除を目指した。すると、アメリカが「台湾を排除するなら我々も参加しない」と表明。しかし結局のところ、中国・台湾とも参加せず。こうして、中国・台湾のオリンピックへの参加をめぐる問題がオリンピックの政治的問題としてIOCの悩みとなっていったのだ。

## オリンピック方式

先に「対立している国や民族が相互に理解しあえるようにしていく役割を担っていくこと」がオリンピックに期待されていることの一つだと記したが、IOCの説得によって、前述の中国問題が1979年、解決に至った。即ち、中国も台湾もオリンピックに参加できるようになったのだ。ただし、台湾は

＊1　中国の政治家。中国共産党創設者の1人で、1949年の中華人民共和国建国以来、同国の最高指導者（在任1949年～1976年）。1893年～1976年。

＊2　1921年創設。一党独裁を旨とし、民主主義諸国と異なり中国では中国共産党が国家の最高指導勢力とされる。

＊3　中華民国の政治家、軍人。1949年中国共産党に敗れ台湾に逃れて後、死去するまで中華民国（台湾）の国家元首（在任1928年～1931年、1943年～1975年）。1887年～1975年。

＊4　1919年創設。蒋介石を主席とする国民政府を樹立、台湾に移った後も中華民国の政党として存続。

「中華台北（チャイニーズ・タイペイ）」の呼称を使用することになった。

そして、中華台北（チャイニーズ・タイペイ）という名称と考え方は、次第に国際社会に定着しはじめた。

国連でも果たし得なかった「2つの中国」が並行して参加するというやり方は、「オリンピック方式」と呼ばれ、IOCは「オリンピックは政治の不可能を可能にした」と自ら誇ることになった。

**著者の目**

中国と台湾という「2つの中国問題」は、依然、国際社会の大きな課題として存在している。それどころか、一つの政府を主張する中国が、いつ台湾に侵攻するかもわからないと心配されている。IOCでも中国をめぐって何が起こるのか、相変わらず予断は許されないと見ている。これからもオリンピックが来るたびにこの問題が顕在化してくると考えるのは、著者だけではないはずだ。

中国が台湾を攻撃した場合、起こりうる事態のイメージ

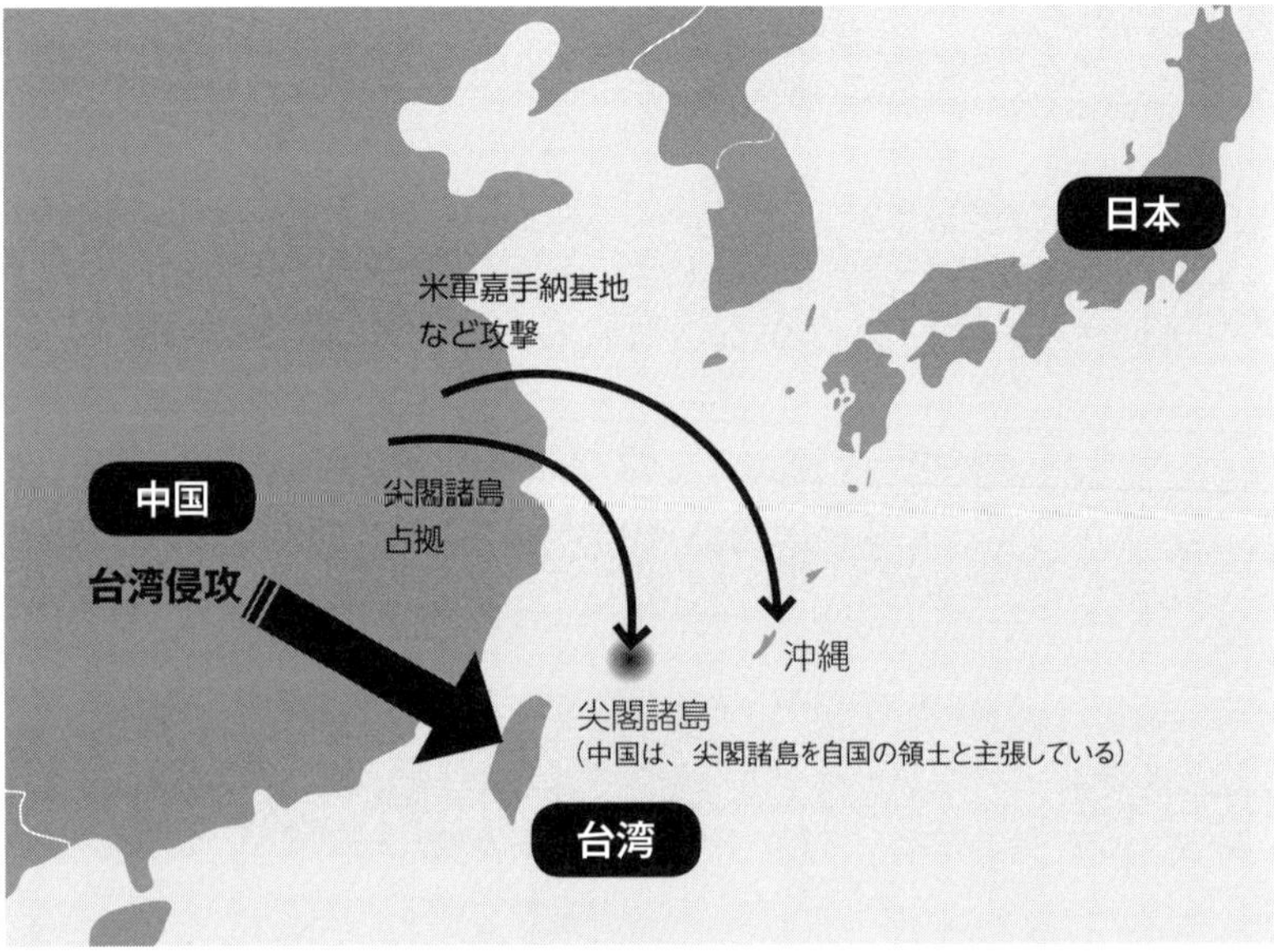

# 第7章 オリンピックの未来

# 1　オリンピックの不人気

近年、一般の人々にとって、オリンピックが不人気になっています。しかし、不人気は、「不人気」という言葉で表せる程度ではありませんでした。

## 2030年冬季オリンピックが危ない

オリンピックの経済効果が大きいことが判明。そのため、一時期は一つのオリンピックに開催地に立候補する都市がいくつも出てきたり、1都市が何度も立候補したりすることがありました。ところが今、2030年冬季オリンピックへ立候補する都市が一つもないという異常事態になってしまっているのです。

実は、2030年の開催地はカナダ、アメリカ、日本の3都市の立候補の意思がIOCに伝えられていました。ところがその後、候補都市の一つカナダのバンクーバーの地元州政府が、オリンピックの招致活動に対し不支持を表明。事実上の辞退となりました。また、もう一つのアメリカ・ソルトレークシティも、2030年ではなく、2034年の立候補に変更。そして日本の札幌はというと、東京2020オリンピックの汚職スキャンダルの影響により、招致活動は一時停止したのです。

こうしたなかＩＯＣは、開催の7年前に開催都市を決定する（２０３０年の冬季五輪に関しては２０２２年12月の時点で１都市に絞り込み、事実上の内定）とするはずだったのを、開催都市の絞り込みを先送りにせざるを得ないと発表しました。

もともと札幌は、１９７２年冬季オリンピック（→P146）のために建設された施設もあり、しかも世界によく知られたパウダースノー[*1]であることから有力候補と見られていました。しかし、汚職疑惑により２０２２年12月、札幌市と日本オリンピック委員会が招致活動の「一時停止」を表明したのです。

そもそも汚職疑惑とは、東京２０２０オリンピックの大会組織委員会元理事が、スポンサー契約などをめぐり、紳士服大手企業や、出版など５つの企業から総額約２億円の賄賂を受け取った受託収賄[*2]の罪で、東京地検特捜部[*3]に４回起訴されたことにより具現したものです。そして、札幌のオリンピックの再招致に関して日本国民の意識も低下してしまったのです。一言でいって、オリンピック人気がなくなってきたのです。

２０２２年12月、元東京オリンピック担当大臣の橋本聖子《せいこ》氏が、汚職疑惑への捜査に積極的に協力する意向を示しながら、札幌の招致活動は「非常に厳しいと思う」と述べ、現状では地元・札幌や北海道の住民の理解を得られないといった旨の発言をしています。

＊1　気温の低いときに降る、細かくサラサラとした粉状の雪。水分が少なく、スキーに適した雪質。

＊2　公務員等公の立場にある者が、職務について特定の者に有利な計らいをするよう依頼され、その見返りとして賄賂を受けること。

＊3　東京地方検察庁の特別捜査部。特別捜査部は、大規模な事件など集中的に捜査を行う必要のある事件に取り組む機関。

そうしたなかＩＯＣは、ソルトレークシティで２０３０年冬季オリンピックを開催しようとするのでしょうか？　否、同じアメリカのロサンゼルスで２０２８年夏季大会の開催が決定していることから、同一国連続開催は不可能なのです。

もとよりＩＯＣは、開催都市決定の延期理由について「気候変動による影響などによるもの」と説明しています。開催都市の事情ではなく。しかも、日本の問題については一切触れていません。ＩＯＣは、まるで日本の世論が忘れるのを待っているのではないかと思われるのです。「人の噂も七十五日」です由。

## 日本として、日本人として

「東京２０２０オリンピック」を思い出してみると、国民の多くがコロナ禍での開催に抵抗を覚えていました。しかし、日本の組織委員会・東京都・日本政府は、パンデミックの真只中で開催。８月８日に閉会したあと、国内の感染者数は急拡大しました。

こうした背景には「開催契約」がありました。それが日本側に重くのしかかっていました。実は、ＩＯＣは、開催を最優先として開催都市や人々、国民を軽視していたといわれています。そのため、今後２０３０年の札幌の話が世間に出てきたとしても、「東京２０２０オリンピック」に際してのＩＯＣの姿勢、やり方を知る人たちが二度とＩＯＣと結託することはないように思われます。

その一方、ＩＯＣが公式にいっている温暖化問題[*4]は事実です。世界でも冬季オリンピックを開催できる都市は限られてくるのも事実なのです。そして札幌が、世界でもまれに見るすぐれた環境であるのも間違いありません。

多数の開催候補都市が、我先に接待合戦を繰り広げた時代がありました。しかし、今後のオリンピック招致については、とりわけ冬季大会に関しては、開催地の選択肢が限定的となると考えられます。

それだけに、招致をめぐる汚職とか、ＩＯＣのいいなりになるとかは、なくなってくることも考えられます。そして、開催都市が現在よりも強い立場になり、少なくともパンデミックなどが起これば、開催を取りやめることができるようになる可能性が高まります。そうなれば２０３０年冬季札幌オリンピックについて、招致を夢見てもよいような気がします。オリンピックは、世界を熱狂させる一大イベントであるのです。しかし……（→P350）。

＊4　産業革命以前と比べて地球全体の気温が上昇している現象。そのため降雪量が減って冬期オリンピックに影響が出ているとされる。

２０３０年に開催地が決まらない理由としてＩＯＣが挙げた「地球温暖化」は、既に１９９８年の長野でも問題になっていました。しかも、長野市はそれまでの冬季オリンピック開催地のなかで最も南に位置していました。結果、冬季長野大会（→P198）は、最も悪天候に悩まされたオリンピックとなったのです。

スキー・アルペン競技では何度も競技日程が変更され、スキー・ジャンプ競技の団体戦は一時中断されました。天候の変化によるコースの状況変化や大幅な日程変更などにより、転倒するスキー選手や調子をくずす選手が続出しました。アルペン競技の男子滑降では、優勝候補のヘルマン・マイヤー[*5]（オーストリア）が転倒。途中棄権に終わりました。しかし、悪天候に悩まされたのは、１９９８年の長野ばかりではありませんでした。古くは１９２８年の第２回

2022年１月発表

**過去のオリンピック冬季大会開催都市のなかで将来的にも安全に開催が可能な都市の数**＊6

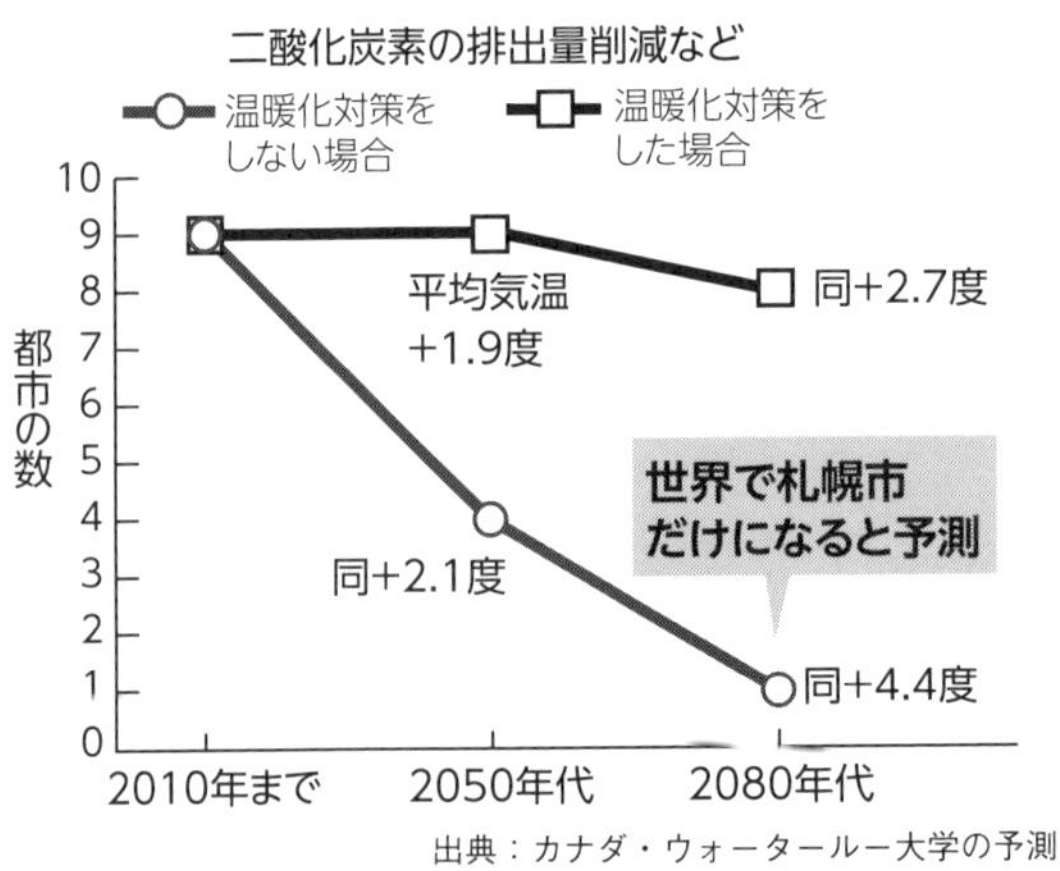


出典：カナダ・ウォータールー大学の予測

＊5　オーストリアのアルペンスキー選手。大転倒や事故などを乗り越えて活躍したことで知られる。１９７２年〜。

＊6　２０２２年１月発表のグラフと左ページの２０１８年１月発表の表を比べると、２０５０年代、２０８０年代に開催可能な都市が、４年のあいだに激減していることがわかる。

サンモリッツオリンピック（スイス↓P84）でも、日中に気温が上がって氷がとけ、ボブスレーやスピードスケートの競技進行に影響が出ました。第3回レークプラシッド大会（アメリカ↓P87）でも、雪不足のため、隣国カナダから雪を運んだことがありました。

そんな昔から地球温暖化が問題になっていたのかと思われることでしょう。原因が地球温暖化だと決めつけることはできませんが、冬季オリンピックでは、昔から悪天候に悩まされてきたのです。

2018年1月発表

**これまでのオリンピック冬季大会開催地と今後の開催可能性**

| | 2050年代 | | 2080年代 | |
|---|---|---|---|---|
| 二酸化炭素の排出量 | 少 | 多 | 少 | 多 |
| アルベールビル（フランス） | ○ | ○ | ○ | ○ |
| カルガリー（カナダ） | ○ | ○ | ○ | ○ |
| コルティナ・ダンペッツォ（イタリア） | ○ | ○ | ○ | ○ |
| 平昌（韓国） | ○ | ○ | ○ | ○ |
| サンモリッツ（スイス） | ○ | ○ | ○ | ○ |
| ソルトレークシティ（アメリカ） | ○ | ○ | ○ | ○ |
| 札幌（日本） | ○ | ○ | ○ | ○ |
| レークプラシッド（アメリカ） | ○ | ○ | ○ | △ |
| リレハンメル（ノルウェー） | ○ | ○ | ○ | △ |
| 長野（日本） | ○ | ○ | ○ | × |
| トリノ（イタリア） | ○ | ○ | ○ | × |
| インスブルック（オーストリア） | ○ | △ | △ | × |
| オスロ（ノルウェー） | △ | △ | △ | × |
| サラエボ（ユーゴスラビア・当時） | △ | △ | △ | × |
| スコーバレー（アメリカ） | △ | × | × | × |
| バンクーバー（カナダ） | △ | × | × | × |
| シャモニー（フランス） | × | × | × | × |
| ガルミッシュ・パルテンキルヒェン(ドイツ) | × | × | × | × |
| グルノーブル（フランス） | × | × | × | × |
| ソチ（ロシア） | × | × | × | × |

出典：カナダ・ウォーター ルー大学の予測

○開催可能な気候
△開催には高いリスク
×開催に適さない気候

# 日本のスキーブームとオリンピック

日本では、1960年代と1998年の長野大会前後の2回、スキーを楽しむ人の数が大きく増加。「スキーブーム」となりました。

## スキー人口の急増

高度経済成長期[*1]には、日本人の多くが積極的にレジャーにくりだした（レジャーブーム）。スキーも冬のレジャーの一つとされ、スキー人口が急増した。1972年冬季札幌オリンピック（→P146）が開催されることが決まると、スキーブームはますます過熱。ところが、1973年にオイルショック[*2]が起きると、冬のレジャーは大打撃を受け、スキー人口も激減した。

1987年に映画『私をスキーに連れてって[*3]』が人気となり、再びスキーブーム到来。この時期は日本が異常な好景気にわいたバブル時代[*4]（1986年12月から1991年2月）と重なっていたこともあって、ブームは爆発的。週休2日制も定着し、新たなスキー場が続々オープンする。また、各高速道路、東北・上越新幹線など交通網が整備されたこともあり、スキーはレジャーとして国民に広まった。

バブル時代の象徴でもあったスキーブームは、1993年にスキー人口のピークに達した（一説には2000万人に達するとも）。1998年の冬季オリンピック長野大会（→P198）前ということもあって、バブル崩壊後も少しのあいだはスキー人気が保たれていた。しかし、バブルがはじけて景気が悪くなると、国民の多くはレジャーなどに興じることができなくなる。長野オリンピックが開催された1998年は、既に日本は不況に陥っていたのだ。

## 新たなスキーブーム？

長野大会も終わり、その後、スキーに代わりスノーボード人口が増加したが、暖冬による雪不足などから、2000年代に入るとスキー人口は800万人を割り、2010年には570万人にまで激減してしまった。

ところが、2008年頃にはスキー人口が増加に転化。若者を中心に新しいタイプのスキーが人気を

＊1　1955年頃から1973～74年のオイルショックまで、経済成長率が年平均10％を超え、急速な経済成長を遂げた時代のこと。

＊2　1973年10月に始まった第四次中東戦争に際して、アラブ産油諸国が原油価格を大幅に値上げしたため、世界中に経済不況を起こすこととなった事件。

＊3　スキー場を舞台にした若者の恋愛を扱った日本映画。出演した原田知《とも》世《よ》さんが日本アカデミー賞話題賞を受賞。1987年公開。

＊4　株価や不動産価格の急激で大幅な上昇、個人資産の増大を通じて日本経済が好景気であった時期。

スキー、スノーボードの人口の推移

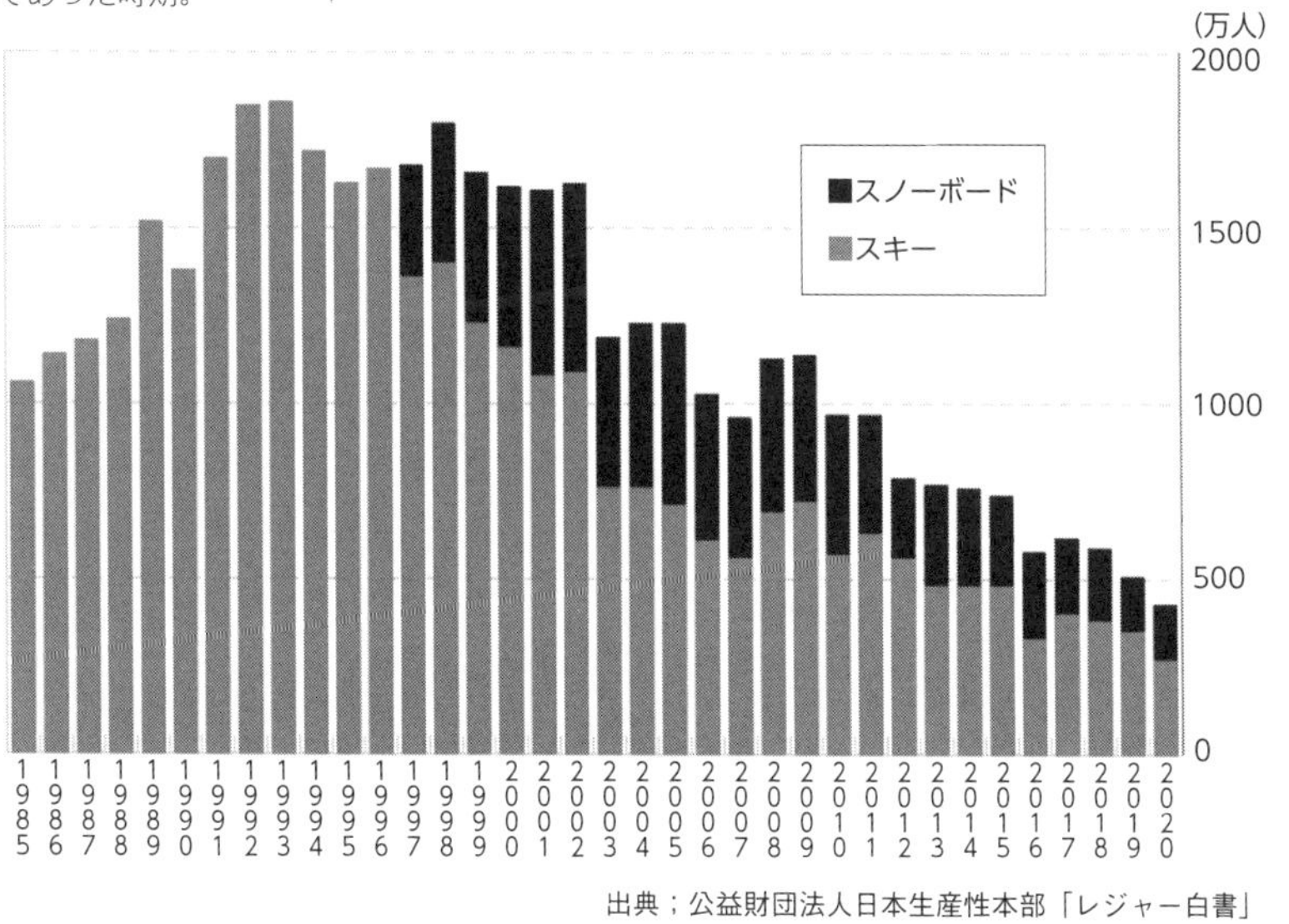


出典；公益財団法人日本生産性本部「レジャー白書」

スノーボードをスキー場で楽しむ人も増えてきた。

集めていること、また、かつてバブル時代のスキーブームでスキーに親しんだ子どもたちが親になり、家族でスキーに行くようになっていることなどが理由だった。

オリンピックでも、従来のアルペン競技、ノルディック競技に加え、モーグル、エアリアルといった「フリースタイル（自由なスタイル）」と呼ばれるスキー競技が正式競技に登場。２０１０年バンクーバーオリンピック（↓P228）からは、こぶやジャンプ台などをクリアしながらスピードを競うスキークロス[*5]、２０１４年ソチオリンピック（↓P242）では、大きくU字に削れたコースから空中に飛びだし、技の難易度や美しさを競うハーフパイプ[*6]が新たにフリースタイルスキーとしてオリンピック種目となった。

こうした新しいスキーが人気となり、スキー場の楽しみ方が増え、スキー場へ出かける人も増加してきた（とはいえ、グラフは下がり続けているが……）。

## ＩＯＣも絶頂期？

１９８６年にバブルが始まり、かつてない好景気にわきたつ日本では、各地で冬季オリンピックの開催を望む声が上がった。ＪＯＣは、１９９８年の冬季オリンピックの開催地に立候補した長野、盛岡、山形、旭川について投票を行い、１９８８年６月、長野を正式な候補地に決定（↓Ｐ198）。

１９９１年６月、オリンピックの開催地を決めるＩＯＣ総会で、海外の候補地とともに投票が行われた。１回目の投票では、最低得票のソルトレークシティとアオスタ[*7]の２都市が同数の15票だったために「落選都市決定戦」を実施。それを含めて合計５回の投票の末、ようやく開催地が長野に決定した。その頃には、30年後に開催都市に困るとは想像もつかなかった。

一方、オリンピックの正式競技・種目となるためには、『オリンピック憲章』（↓Ｐ82）に定められた基準を満たしている必要がある。

冬季オリンピックの正式競技・種目のための基準としては、「競技」は、少なくとも25か国３大陸で広く行われている競技であること。「種目」は、競技人口の上でも地理的にも、公式に認められた国際

＊５　フリースタイルスキー競技の一つ。複数の選手が同時にスタートし、ゲレンデ上のバンクやウェーブ、ジャンプなどをクリアしつつスピードを競う、いわばスキーの障害物競走。

＊６　スノーボードで半円筒状の形をしたコース（ハーフパイプ）を滑り、ジャンプ、ターン、宙返りなどの技を競う競技。

＊７　イタリア北西部の都市。400メートル級の山々に囲まれる、スキーリゾート地。

的な地位をもち、少なくとも2度は世界選手権大会もしくは大陸選手権大会を開催していて、35か国3大陸で行われていること。

このように、IOCは開催地選びにおいても種目決定についても威厳と権利のある組織だった。

冬季オリンピックの開催地選びに悩むなか、そのIOCが今後どのようになっていくのかは、オリンピックファンにとってとても気になるところだ。

## 一校一国運動

長野オリンピックの際、そのIOCが高く評価した運動が、長野から始まったことについて記す。「オリンピズム」を表す運動だといわれたものだ。クーベルタンは、スポーツを通して体と心をきたえること、国や文化を超えて世界中の人が理解しあうこと、それによって平和でよりよい世界を実現することを目標にした。それが「オリンピズム」（→P82）。長野大会で初めて行われた「一校一国運動」が、この精神を表すとして、その後、IOCが推奨し、その後のオリンピックの開催地でも行われてきた。

「一校一国運動」とは、オリンピック開催地の学校が一校ごとに一つの国や地域を応援することで、当該国・地域の文化や言語を学習したり、当該国・地域の選手や子どもたちと交流したりと、異文化理解を深めようとする運動。「一校一国運動」がまさにオリンピック・ムーブメントとなったわけだ。

一校一国運動は、オリンピックに限らず、スポー

ツの国際大会などに広がったが、絶頂期のＩＯＣ、世界の政治経済に影響を与えるような巨大な組織が、ある意味、長野という小さな範囲で始まった地味な活動に注目したことは、ＩＯＣの存在理由を考える人にとって、役立つ情報になるのではないか。

長野では、地域の小・中学校などがオリンピック参加国・選手と交流し、国際理解を深めようという取り組みを「一校一国運動」と呼んだが、一般市民も、商工会や商店会が中心となって、国際理解や国際親善につながる取り組みを行っていた。そして「一店一国運動」[*8]が繰り広げられたことを付記する。

＊8　長野オリンピックの際、一校一国運動に触発され、地元商店街が中心となって店ごとにある国を応援する運動として始まったもの。

長野オリンピック開催当時、長野県の各学校では交流する国の学習や選手の応援のほか、学校での交流会などを行った。

## 2 オリンピック人気の復活を目指し

IOCも各国のNOCもなんとかしてオリンピックの人気を復活させようとあの手この手をうっているのですが……。

### アーバンスポーツ元年

2016年夏季リオデジャネイロオリンピック（↓P247）では、7人制ラグビーとゴルフ（1904年セントルイスオリンピック以来の復活）が新競技として加わりました。東京2020オリンピック（↓P258）では、野球とソフトボール（2008年北京オリンピック以来の復活）・空手・スケートボード・スポーツクライミング・サーフィンの5競技34種目が追加されました。また、自転車競技のなかにBMX《ビーエムエックス》（↓P260）や、バスケットボール競技のなかに3×3《スリーエックススリー》バスケットボール（↓P260）が公式種目として加わったりもしています（↓P260）。東京2020オリンピックは、「アーバンスポーツ元年」などといわれました。そして、次の2024年夏季パリオリンピックでも、「BREAKING（ブレイキン）[*1]」という名の新競技が行われることになっています。ブレイキンもアーバンスポーツです。「追加競技」とは、オリンピックの正式な競技としてではなく、一つのオリンピック

＊1 日本では一般に「ブレイクダンス」とも呼ばれている。（↓P26）

でだけ正式競技と同じく実施される競技のこと。東京2020オリンピックから始まった制度です。つまり、東京2020以降のオリンピックでは、開催国に限り、追加競技の提案ができる権限を与えられるようになったのです。IOCは「オリンピック開催都市は、その国で人気があり大会の魅力を高めるスポーツを厳選し、大会への追加を提案することができる」といった新規則をつくりました。開催国は人気の高まってきた競技をIOCに対し提案し、その承認を得て自国開催の正式な競技としてオリンピック公式のメダルも授与できるのです。結局東京2020オリンピックで追加競技となったのは、野球や空手などの従来の競技のほか、アーバンスポーツが追加競技となったというわけです。その背景には、日本国内でのオリンピック人気を高めようとする目的がありました。より人気のある競技を正式なものとすることで、オリンピックに国民の関心を惹きつけようとしたわけです。

こうした考えは、日本に限ったものではありません。次回のパリオリンピックでも、追加種目を厳選して決定し、より盛り上がるオリンピックにしようとしています。

そもそもそうした必要性を感じているのは、IOCです！　IOC自体の方針として、オリンピック自体の人気を高めなければならないと感じているはずです。とくに若者を惹きつけるための競技が重要だと考えているのです。

日本では（世界でも）、オリンピックというと、世界的なスポーツの祭典であるから競技数は固定、種目も固定されているイメージがありました。そのためか、東京２０２０オリンピックで野球や空手が追加種目となって登場したときには、なんの疑いもなく見ていたとしても、スケートボードでは、違和感を覚えた人が多いといいます。まして、パリでブレイキン（ブレイクダンス）が正式種目になると、驚くとともにオリンピックって何？　と思う保守的な御仁もいると予想されます。

それでも、パリでやることだから、それはそれと、他人事でしょうか。

スケートボードやスポーツクライミング、サーフィンについては若者人気も高く、注目されるスポーツとして採用されたのでしょうが、これからのオリンピックは、その都市、その都市によって実施競技が変わるの？　といった疑問も出てきそうです。

## ＩＯＣの狙い

その答えは、Ｙｅｓです。オリンピックに採用されたことで、その後競技人口が増え続ければ、国内外でメジャーなスポーツに仲間入りして、オリンピック競技として定着することになりますが、競技者の人口が増えなかった場合は、除外となるはずです。なぜなら、オリンピック競技に採用されるには、男女ともに国際的に普及していて、世界大会が開催されるくらい競技人口の多い競技であること、競技人口や知名度が低すぎる場合は除外になるという規約があるからです。

これが、IOCの狙い。IOCは競技種目をいろいろと変えながら、オリンピックの人気拡大を狙っているのです。それは、今に始まったことではありません。常にオリンピック人気を高めるために新種目を採用してきたのですが、「追加競技」というシステムの導入は、人気投票のようなものというわけです。

それほどにオリンピックの不人気が深刻になってきたのかもしれません。

小中学生のブレイクダンス日本一を決める大会「JAPAN KIDS BREAKIN' CUP 2022」での熱演。参加者は日本全国からと、ブレイクダンス人気の高まりが感じられる。

写真提供：NPO法人日本ブレイクダンス青少年育成協会　JAPAN BREAKIN' CUP 2023

## 2024年（第39回）夏季
## オリンピックパリ大会の追加競技

ＩＯＣは２０２０年12月7日の理事会で、２０２４年パリオリンピックの実施競技を正式決定（↓Ｐ26）。そのなかで、パルクール[*2]、スカッシュ、ビリヤード、チェス、野球、ソフトボール、空手が不採用になったことも明らかにしました。ＩＯＣによると、「既存の競技施設を使用することを実施条件として、若者へのアピールにつながるもの、あるいは、男女平等の実現に役立つものを優先した」と発表。また「主催者側は新規の若い観客に人気のあるスポーツを取り入れたかった」などと公式に述べています。

ところが、２０２２年の時点で、２０２８年ロサンゼルスオリンピックの追加競技については、野球・ソフトボールや空手など9競技となっていましたが、その後、クリケット、フラッグフットボール、ラクロス、ブレイキン、キックボクシング、スカッシュ、モータースポーツに絞り込まれました。その後さらに絞り込まれ、２０２３年6月のＩＯＣ総会で野球・ソフトボール、クリケット、ラクロス、スカッシュ、フラッグフットボールの採用が正式決定となりました（↓Ｐ34）。野球・ソフトボールは、東京２０２０オリンピックの復活。となると、これらは「若い観客に人気のあるスポーツ」というわけでもありません。ＩＯＣの試行錯誤が窺われます。さらに、今後、アームレスリング（腕相撲[*3]）がオリンピック競技になることもあるという噂もあります。

＊2　フランス生まれのスポーツ。走る、跳ぶ、登るなどの動作をしながら移動する。障害物コースを利用した軍事教練の名称からパルクールと呼ばれる。

＊3　2人が向かい合って肘をつき、手の平をにぎり合って相手の腕を倒し合い、押し伏せたほうを勝ちとする競技。

腕相撲は、古代から行われてきたもの。世界中にあり、日本では『古事記』にも登場しています。

左下の写真は、1987年公開の映画『オーバー・ザ・トップ』。シルベスター・スタローンが挑んだアームレスリング映画が公開されたとき、将来アメリカで開催されるオリンピックで競技になればいいと願ったアメリカ人が多かったといわれています。

事実は、逆。2013年には、レスリングそのものが正式種目から除外されそうになったのです。結局、除外は免れ、2028年のロサンゼルスオリンピックでも行われる予定ですが、残念ながらアームレスリングは実現しそうもありません。

レスリングが除外されそうになったのも、競技人口が問題にされたから。であるなら、アームレスリングのほうが、競技人口は多いという人もいます。少なくとも、レスリングはやったことがなくても、アームレスリングなら、一度はやったことがあるはずです。

DVD化された映画『オーバー・ザ・トップ』。
© TCエンタテインメント／合同会社是空

## これまでに行われたことのある競技・追加したい競技

65ページで記しましたが、意外に思われる「芸術競技」がオリンピックで行われたことがありました。かつては熱気球[*4]や鳩撃ち[*5]、釣り[*6]なども競技となっていました。片手重量挙げや、綱引きも継続的に行われていました。一方、左ページの表は、東京2020オリンピックの追加競技に入れようとしていたスポーツと、実際に実現した競技のリストです。実際にスポーツ競技として実現したか、していないかではなく、そもそもスポーツといえるかどうか、疑問に思われる競技があるのに気がつきます。チェスです。

チェスをオリンピック競技にしたいと願う人は、世界中にたくさんいるといいます。そういう人たちがチェスをスポーツとして捉えているかどうかはわかりませんが、現にチェスの団体などが、オリンピックを真剣に目指しています。その背景には、「スポーツ」の語源に「気晴らし」などの意味があるからかもしれません。

1912年夏季オリンピックストックホルム大会（→P68）で行われた、イギリス対スウェーデンの綱引き競技。

＊4　球皮と呼ばれる大きな袋の中の空気を、バーナーで熱し、外気と比べて比重が軽くなることで生じる浮力で浮揚する装置。

＊5　飛んでいる鳩を狙い撃ちし、落とした鳩の数を競う競技。1900年のパリオリンピックの種目となったが、非難が起こりそれ以降種目から排除された。

＊6　1900年のオリンピックで非公式協議として取り入れられた。釣り上げた魚の重量で勝敗を競った。

| 五輪でかつて行われた競技 | |
|---|---|
| 綱登り（1896年～1932年まで断続的に） | 立ち高跳び（1900年～1912年） |
| 片手重量挙げ（1896年～1906年） | 立ち幅跳び（1900年～1912年） |
| 鳩撃ち（1900年） | 綱引き（1900年～1920年まで断続的に） |
| 60メートル走（1900年、1904年） | スウェーデン体操（1912年、1920年） |
| 立ち三段跳び（1900年、1904年） | 芸術（1912年～1948年） |

| 2020東京オリンピックで追加種目に応募した競技 | |
|---|---|
| 航空スポーツ | パラグライダー、スカイダイビングなど |
| アメリカンフットボール | 世界選手権は今年５度目の開催 |
| 野球・ソフトボール | 2008年北京五輪以来の復帰を目指す |
| ビリヤード | アジア大会で過去４度実施 |
| ペタンク・ブール | 球を転がし目標に近づける |
| ボウリング | 1988年ソウル五輪で公開競技 |
| ブリッジ | カードゲーム |
| チェス | 2006年、2010年にアジア大会で実施 |
| ダンススポーツ | 2010年アジア大会で実施 |
| フロアボール | 室内で行うアイスホッケーに似た競技 |
| フライングディスク | 円盤を使った英国発のスポーツ |
| 空手 | 候補に挙がりながら過去３度落選 |
| コーフボール | バスケットボールに似た男女混合競技 |
| ネットボール | バスケットボールに似た女性スポーツ |
| オリエンテーリング | 野山を駆けチェックポイントをたどる |
| ポロ | 馬に乗ってボールをゴールに運ぶ |
| ラケットボール | 囲まれた空間でボールを打ち合う |
| ローラースポーツ | スケートボードなど |
| スポーツクライミング | 岩壁を登る競技 |
| スカッシュ | 囲まれた空間でボールを打ち合う |
| 相撲 | 日本の国技 |
| サーフィン | 技術や速さを競う |
| 綱引き | 1920年まで五輪で５大会実施 |
| 水中スポーツ | 足ひれを付けるフィンスイミングなど |
| ウエークボード | 水上でジャンプの高さや回転技を競う |
| 武術 | アジア大会の正式競技 |

（注）▒▒は東京五輪組織委員会が選んだ競技

「あのｅ《イー》スポーツ」と言ってどういう競技かわかる人ならまだしも、「何それ？」「ｅスポーツって、スポーツなの？」といった人は、まだまだたくさんいます。

## あのｅ《イー》スポーツがオリンピック種目

「ｅスポーツ（e-sports）」とは、「エレクトロニック・スポーツ」の略で、広義には、電子機器を用いて行う娯楽、競技、スポーツ全般を指す言葉。コンピューターゲーム、ビデオゲームを使った対戦をスポーツ競技として捉える際に使われています。

最近になってｅスポーツがオリンピック競技になるかもしれないといわれだしました。競技人口は、少なく見積もっても世界で1億人を優に超えています。実際のプレーヤーではない、観戦者となると、どのくらいになるのか、はかり知れません。

こうしたｅスポーツにスポーツ性があるというのであれば、オリンピック競技になるかもといわれても不思議ではありません。いや、オリンピックの歴史を紐解いて芸術競技があったことを知った人なら、スポーツ性の有無に関係なく、オリンピックの競技に入れることを不思議に感じないかもしれません。

日本で「あのｅスポーツがオリンピック種目に」といわれはじめたきっかけは、２０１８年のインドネシアで開催されたアジア競技大会[*7]でした。

ｅスポーツがオリンピック競技になる可能性について問われたＩＯＣバッハ会長

＊7　アジア・オリンピック評議会が主催する、アジア地域を対象にした国際総合競技大会。原則として4年ごとに開催。

が、「暴力や差別を助長するゲームは、オリンピックの意義に反する」と答えたとのこと。すると、バッハ会長の答えは、もしもオリンピックの意義に反するものでなければ、可能性がある、と捉えられたといわれています。

その後、IOC委員のなかには、eスポーツに関心をもっている人が多くなっているとのこと。eスポーツを競技種目にすれば、間違いなくオリンピック人気が高まると考える人がいるといいます。パリオリンピック招致委員会がeスポーツに強い興味を示しているとも伝えられています。

2018年、インドネシアの首都ジャカルタで行われた第18回アジア競技大会のようす。
写真提供：Asian Electronic Sports Federation

２０２４年には、何らかのｅスポーツイベントが計画され、オリンピックの名を冠して開催される可能性があるともいわれています。

実は、既にオリンピック・バーチャルシリーズ（ＯＶＳ=Olympic Virtual Series）というｅスポーツの大会が、２０２１年5月13日から6月23日にかけて行われていたのです。その主催が、ＩＯＣと各国際競技連盟だったのです。さらに、ＯＶＳは、東京２０２０オリンピックの直前の２０２１年5月13日に開幕し、オリンピックデーである6月23日に決勝戦が行われました。

そしてその際、バッハ会長が、「オリンピック・バーチャルシリーズは、バーチャルスポーツの分野で新しい視聴者との直接的な関わりを深めることを目的とした、新しいユニークなオリンピックデジタルな体験です。その構想は、ＩＯＣのデジタル戦略に沿ったもので、スポーツへの参加を促し、とくに若者に焦点を当てたオリンピックの価値観の促進を願っています」と発言していたのです。

もちろんＯＶＳは、東京オリンピックの一環として行われたものではなく、別イベントとして開催されたものですが、前述のとおり、２０２４年のパリオリンピックで、オリンピックの名を冠したＯＶＳの可能性につながっているのです。

日本では、２０１９年から毎年「全国都道府県対抗ｅスポーツ選手権」が開催されています。たとえば２０２３年は鹿児島県で開催され、『「ｅ《イー》Football《フットボール》™」*8シリーズ』『グランツーリスモ７』*9『Shadowverse《シャドウバース》』*10『Identity《アイデンティティ》 Ｖ《ファイブ》 第五人格』*11『パズル＆ドラゴンズ』*12『ぷよぷよｅスポーツ』*13の６種目が行われました。２０２４年は佐賀県で第６回大会が開かれます。

こうしたなか、テレビゲームの競技をオリンピックで競うなんてあり得ないと、否定的な意見の人がほとんどだった日本でも、今ではｅスポーツを前向きに捉える人が増えてきたともいわれています。

「全国都道府県対抗eスポーツ選手権」鹿児島大会での『グランツーリスモ７』の競技のようす。種目ごとに「一般の部」「U-18の部」「小学生の部」などにわかれ、広い年齢層が参加できるようになっている。
写真提供：日本eスポーツ連合（P19も）

＊8　サッカーゲームシリーズ。

＊9　カーレースを中心として、自動車運転を仮想体験できるゲーム。

＊10　対戦型オンラインカードバトルゲーム。

＊11　1人のハンターと4人のサバイバーに別れ、ハンターは逃げるサバイバーを捕まえ、サバイバーは逃げながら脱出を目指す非対象型対戦ゲーム。

＊12　味方のモンスターとともに敵モンスターを倒していくパズルゲーム。

＊13　対戦形式のパズルゲーム。

IOCがeスポーツをオリンピック競技にするメリットは、なんといっても若年層のファンの獲得、オリンピックの人気を高めること。

## オリンピックeスポーツシリーズ（OES）の開催

最近まで、夏季のスケートボード、BMX、サーフィンなど、また、冬季のスノーボードのいくつかの種目など、オリンピックには馴染まないと見られていたアーバンスポーツ（→P268）が競技に採用されたように、eスポーツの人気が急速に高まるとともに、オリンピック競技に加えられる可能性も急速に増してきました。

そして、eスポーツの世界的な大会が開催され、スポンサーがついて規模が拡大。そこで行われてきた本質的な議論「eスポーツは、スポーツなのか」についても、一つのスポーツジャンルとして認知されつつあるといわれています。

こうしたなか、IOCは、国際競技連盟やゲーム会社と連携して、「オリンピックeスポーツシリーズ（OES）」を2023年に開催したのです。

OESは世界的なバーチャル&シミュレーションスポーツ競技大会のことで、2023年3月1日に開幕。OESの競技種目は、アーチェリー、サイクリング、射撃、セーリング、ダンス、チェス、テコンドー、テニス、モータースポーツ、野球の10種目。各競技の予選ラウンドに参加した世界中のプロ・アマチュアのプレイヤーが予選トーナメントを戦い、勝ち抜いたファイナリストたちが、2023年6月22日から25日にシンガポールで初開催された「オリンピックeスポーツウィーク」で、対面形式による決勝戦を行いました。

また、その間、会場ではパネルディスカッションや最新技術の展示など、eスポーツの教育と普及を目的としたイベントも開催されました。それは、今後、eスポーツがオリンピックの正式な競技種目になることを視野に入れた最大限のアピールとなりました。

というのも、IOCがeスポーツに関する調査を進めていたからです。

それにしても、eスポーツがオリンピック人気回復の決め手になるのでしょうか。IOCがどう見て、どう判断していくかも注目したいところですが、私たち一人ひとりが、eスポーツに対し、どういうふうに感じるのか、オリンピックの未来と併せて考えてみたいものです。そもそも、オリンピックって、何なのかも。しかし、それも……（→P350）。

エピローグ

# オリンピック復習クイズ

答え↓P358

この本の最後は、復習クイズです。オリンピックについてどのくらいの知識がついたか、試してみましょう。□（四角）のなかに、選択肢から正しい答えを入れてください。⇩で示されているページを見ると、ヒントが書かれています。

**【歴史編】**

①古代オリンピックは「オリンピア大祭」と呼ばれ、□神に捧げる祭りとして始まったとされる。

㋐アポロン　㋑ゼウス　㋒アフロディテ　⇩P38

②古代オリンピックでは競技の優勝者に□が授けられた。

㋐金銀のメダル　㋑オリーブの冠　㋒月桂樹の冠　⇩P44

③マラソンの競技は、近代オリンピックの第1回大会で、□から生まれた。

㋐クーベルタンの提案　㋑ギリシャの故事　㋒IOCの発案　⇩P53

④オリンピックの旗の5つの輪は□を表している。

㋐5つの大陸　㋑世界の国旗を描ける色　㋒万物を構成する「地・水・火・風・空」の5つ　⇩P55

⑤現代のオリンピックを主催するIOCは、□によって設立された。

㋐ピエール・ド・クーベルタン　㋑エイベリー・ブランデージ　㋒ディミトリオス・ビケラス　⇩P56

⑥第2回と第3回オリンピックの会期は5か月。同時に開催地で行われていた□の付属大会だった。

㋐映画祭　㋑芸術祭　㋒万国博覧会　⇩P58、60

⑦クーベルタンが創設した芸術競技は、建築、彫刻、絵画、音楽、□の5つの部門でスポーツを題材として芸術作品を出品するものだった。

㋐文学　㋑ダンス　㋒演劇　⇩P66

⑧第一次世界大戦後、初のオリンピック開催地□も戦争で大きな被害を受けていたが、「平和の祭典」を開催することで復興を目指そうとした。

㋐ベルギーのアントワープ　㋑フランスのパリ　㋒ドイツのベルリン　⇩P76

⑨これまで冬季、夏季ともに、オリンピックは□では開催されていない。

㋐南半球　㋑アフリカ　㋒オセアニア　⇩P83

⑩アジアで初めてのＩＯＣ委員に就任した嘉納治五郎は□を生み出した人物である。

㋐剣道　㋑空手　㋒柔道　⇩P102

⑪聖火リレーが初めて登場したのは、１９３６年夏季オリンピック□大会である。

㋐ローマ（イタリア）　㋑ベルリン（ドイツ）　㋒オスロ（ノルウェー）　⇩P123

⑫１９６４年東京オリンピックの開会式が行われたのは10月10日。この日は、□だったからだ。

㋐晴れの特異日　㋑語呂が良かった　㋒スポーツの日　⇩P130

⑬１９６４年東京オリンピックの聖火リレーで最終ランナーを務めた人物の出身地は□だ。

㋐長崎　㋑東京　㋒広島　⇩P132

⑭１９８０年、夏季モスクワオリンピックでは、前代未聞の□が起きた。

㋐大量ボイコット　㋑開催延期　㋒多発事故　⇩P161

⑮夏季と冬季オリンピックは１９９２年まで同時開催。次の冬季オリンピック□大会は２年後の１９９４年となり、夏季と冬季が2年ごとの開催になった。

㋐リレハンメル（ノルウェー）　㋑アルベールビル（フランス）　㋒長野（日本）　⇩P192

⑯開会式の入場順は、先頭が□、最後が□。

㋐ギリシャ　㋑開催国　㋒前回の開催国　⇩P255

⑰アジアで初めて冬季オリンピックを開催したのは□だ。

㋐長野（日本）　㋑札幌（日本）　㋒ソウル（韓国）　⇩P146

⑱２０２１年の夏季オリンピック「東京２０２０大会」の開会式は□で行われた。

㋐オンライン　㋑無観客　㋒入場行進なし　⇩P259

⑲「東京２０２０オリンピック」では、「持続可能なオリンピック」を目指し、□が実施された。

㋐もったいない計画　㋑省エネルギー計画　㋒脱・炭素計画　⇩P268

⑳現在、オリンピックの招致は、あるオリンピックが終わった時点で□の開催地を募る方式となっている。

㋐4年後　㋑8年後　㋒12年後　⇩P300

## 【選手編】

①オリンピック史上初の女子の金メダリスト誕生は、1900年のパリ大会。イギリスのシャーロッテ・クーパーで、種目は□だった。

㋐ゴルフ　㋑アーチェリー　㋒テニス　⇩P58

②1936年ベルリン大会で、日本人女性初のオリンピック金メダリスト□は、表彰台で深くお辞儀をした。

㋐前畑秀子《まえはたひでこ》　㋑人見絹枝《ひとみきぬえ》　㋒稲田悦子《いなだえつこ》　⇩P100

③「フジヤマのトビウオ」の異名をもつ□は、1952年ヘルシンキ大会に出場し、金メダルが期待されたが8位に終わった。

㋐金栗四三《かなくりしそう》　㋑織田幹雄《おだみきお》　㋒古橋廣之進《ふるはしひろのしん》　⇩P111

④1960年ローマ大会でアフリカに初めてオリンピック金メダルをもたらしたのは、マラソンで優勝した、□出身のアベベ選手だ。

㋐タンザニア　㋑エチオピア　㋒ガーナ　⇩P120

⑤サッカーで日本が銅メダル。釜本邦茂《かまもとくにしげ》選手が活躍したのは、1968年の□オリンピック。

㋐メキシコシティ　㋑ミュンヘン　㋒ソウル　⇩P144

⑥1978年札幌オリンピックで「札幌の恋人」とよばれて大人気となったフィギュアスケートのジャネット・リン選手は、□けれど、銅メダルを獲得。

㋐ジャンプで失敗した　㋑しりもちをついた　㋒制限時間オーバーした　⇩P147

⑦映画『クール・ランニング』にもなり、世界中の人気を得たのは□のボブスレーチーム。

㋐ジャマイカ　㋑インド　㋒韓国　⇩P174

⑧ソウルオリンピックの陸上100、200、400メートルリレーで優勝した女性選手は、□。

㋐フローレンス・ジョイナー　㋑エベリン・アシュフォード　㋒ゲイル・ディバース　⇩P176

⑨1992年バルセロナオリンピックの女子水泳200メートル平泳ぎで金メダルを取った岩崎恭子《きょうこ》選手は、当時□だった。

㋐中学1年生　㋑中学2年生　㋒高校1年生　⇩P189

⑩「自分で自分をほめてあげたい」は、1996年アトラ

ンタオリンピックの女子マラソンで銅メダルを取った□選手の名言として知られる。

㋐有森裕子《ありもりゆうこ》　㋑高橋尚子《なおこ》　㋒野口みずき　⇩P196

⑪1998年冬季オリンピック長野大会の□競技で、里谷多英選手が金メダルを獲得。

㋐スノーボード　㋑スピードスケート　㋒モーグル　⇩P200

⑫2000年のシドニーオリンピック、開会式での聖火への最終点火者を務めた先住民アボリジニ出身のキャシー・フリーマン選手は□で金メダルを取った。

㋐陸上400メートル　㋑円盤投げ　㋒競泳100メートル　⇩P203

⑬アジアで初のトラック競技での金メダルを受賞したのは□の選手だ。

㋐中国　㋑日本　㋒韓国　⇩P211

⑭日本競泳史上初、1大会で個人2種目制覇した□選手は、男子平泳ぎ100メートル、200メートルで金メダル。

㋐田口信孝《のぶたか》　㋑北島康介《こうすけ》　㋒鈴木大地《だいち》　⇩P214

⑮水泳で8つの金メダルを獲得したのは□だ。

㋐マイケル・フェルプス　㋑マーク・スピッツ　㋒マット・ビオンディ　⇩P222

⑯2008年の夏季オリンピック北京大会の100メートル走で世界初の9秒7の壁を破った□選手は、その大会で3つの金メダルを獲得。

㋐カール・ルイス　㋑ウサイン・ボルト　㋒ジャスティン・ガトリン　⇩P225

⑰1984年ロサンゼルス大会の具志堅幸司《ぐしけんこうじ》選手に続き、体操個人総合で金メダルを受賞したのは□だ。

㋐内村航平《うちむらこうへい》　㋑橋本大輝《だいき》　㋒加藤沢男《さわお》　⇩P238

⑱2012年夏季オリンピックロンドン大会で日本中をわかせた女子サッカーチーム□は、銀メダルを獲得。

㋐なでしこジャパン　㋑さくらジャパン　㋒なのはなジャパン　⇩P239

⑲男子フィギュアスケートの羽生結弦《はにゅうゆづる》が金メダルを取ったのは、□大会と□大会。

㋐平昌　㋑ソチ　㋒バンクーバー　⇩P244・257

⑳「東京2020オリンピック」でアリソン・フェリックス選手は11個目のメダルを獲得。カール・ルイスを抜いて、アメリカ人として陸上競技で最も多くのオリンピックメダルを取った陸上選手となった。彼女のオリンピックデビューは□だった。

㋐16歳　㋑18歳　㋒20歳　⇩P262

# おわりに

近年、オリンピックは、若者離れが世界的な流れだと指摘されています。ある調査によると、2016年リオオリンピックの開会式を放映したNBCの18〜34歳の視聴率が、2012年ロンドンオリンピックの10・1%から5・8%へ半減近くになったといわれ、また、開会式のテレビ視聴者の年齢の中央値が、2012年の49・2歳から2・2歳上がり、2016年は51・4歳になったとのことです（調査会社ニールセン）。

IOC《アイオーシー》はそうした資料に対し、「オリンピックを見る手段が『テレビでなく、YouTube《ユーチューブ》やFacebook《フェイスブック》などに変わっている』が、若者のオリンピックへの関心は『今もなお非常に高い』」と主張。若者のオリンピック離れをきっぱり否定してみせました。

ところが、本書で何度も繰り返してきたように、東京2020オリンピックでは、野球・ソフトボール、空手、スケートボード、スポーツクライミング、サーフィンの5つの競技を新種目として採用。これには、若者を惹き付けて、また、女性ファンを増やすねらいがあったといわれています。

さらにIOCは、スケートボードとスポーツクライミングに加えて、3×3《スリーエックススリー》バスケットボールやＢＭＸ《ビーエムエックス》といった「アーバンスポーツ」を「五輪を次世代向けに進化させるための施策の一つだ」と位置付けました。

実際に若者のオリンピック離れが起きているかどうかについては、まだ正確な評価が出されていませんが、ＩＯＣにとって「五輪を次世代向けに進化させるための施策」＝「より多くの若者を惹き付けるための施策」を立てる必要があるのは確かです。

そうしたなか、ＩＯＣは２０２１年7月21日、２０３２年夏季オリンピック・パラリンピックの開催地にオーストラリア東部のブリスベンを正式決定しました。

オーストラリアでは、１９５６年のメルボルン、２０００年のシドニーに続き、オリンピックが開かれるのは3回目です。スコット・モリソン首相は、「ブリスベンとクイーンズランドにとってだけでなく、国全体にとって歴史的な日だ」と決定を歓迎しました。また、「五輪を招致できるのは、世界的な都市だけだ。それだけにこの地域と世界にとってブリスベンがどういう存在か、きちんと認めていただいた」と、首相は述べました。

このモリソン首相の言葉からわかるとおり、オリンピックを開催することが、当該国にとって名誉であり、その国の国民にとっても誉であるのは、いまも今後も間違いありません。

ところが、２０３２年の開催地を決定したすぐあとのこと。東京２０２０オリンピックに関わる汚職・談合事件により、日本の国民の中には、今後のオリンピック招致を嫌う人が増えていったのです（→P323）。

東京2020オリンピックののち、札幌が2030年の冬季オリンピックの招致を望んでいました。しかし、東京2020オリンピックに関わる汚職・談合事件の影響が大きくなり、招致に向けた国民の理解が広がらず、2023年11月30日に「2030年札幌冬季オリンピック」は消滅が決定。これは前日の29日にパリで開催されたIOC理事会で、2030年はフランスのアルプス地域、2034年はアメリカのソルトレークシティに、それぞれ一本化することが決まったことによります（今後、2024年のパリ夏季大会にあわせて開かれる総会で、正式に決定される見通し。このため、両大会の招致を目指してきた札幌市は選ばれる可能性が消滅）。

こうしたなか、日本国民のオリンピックへの思いはどうなるのでしょうか。オリンピック人気が高まる可能性より、人気が薄れる可能性が高くなると見るほうが自然。ましてあの東京2020オリンピックの興奮は、既に忘れられつつあります。

果たして、2024年のパリオリンピックの人気はどうなるのか……。

では、札幌が招致しようとしていた2030年、2034年の開催地を紹介しておきます。

■2030年 フランスのアルプス地域とは

フランスで2030年大会の開催地として決定したのは東部のオーベルニュ・ローヌ・アルプと南東部のプロヴァンス・アルプ・コートダジュールの、ともにアルプスの地域圏。アルプス山脈の最高峰モンブランの麓に位置する県を擁することから、ヨーロッパでも有数のスキーリゾート地が数多くある。このうち、オーベルニュ・ローヌ・アルプ地域圏では過去に3回、冬のオリンピックが開催されていて、今回は2つの競技拠点が設けられ、アルペンスキーやクロスカントリースキーなどの競技が行われる予定。また、プロヴァンス・アルプ・コートダジュールにも2つの競技拠点が設けられ、ニースではフィギュアスケートやカーリングなどが実施され、選手村も設けられる予定になっている。

招致計画のビジョンには、「地球温暖化の課題を考慮し、山岳地域とスポーツの避けることのできない革新を加速させる持続可能な大会」と、環境問題への配慮が掲げられている。

尚、フランスでは夏は1900年と1924年のパリ大会を開催しているほか、2024年には3回目となるパリ大会を開催。冬は1924年に最初の冬のオリンピックとして開催されたシャモニー大会、1968年のグルノーブル大会、1992年のアルベールビル大会と、あわせて3回開催された。

■2034年 アメリカのソルトレークシティとは

アメリカのソルトレークシティは、ロッキー山脈の西側に位置する内陸のユタ州の州都。冬場はアメリカでも人気のスキーリゾート地となっている。２００２年の冬のオリンピック・パラリンピックの開催地であることから、招致活動では大会運営の実績とともに、既存の施設を活用した低コストな大会を前面に押し出した。また、地元メディアが行った世論調査で、オリンピック開催に対する住民の支持がおよそ80％に上るなど、機運の醸成が進んでいることも追い風となっている。

尚、アメリカでは夏は１９０４年のセントルイス大会、１９３２年と１９８４年のロサンゼルス大会、１９９６年のアトランタ大会を開催しているほか、２０２８年には3回目のロサンゼルス大会を控えている。冬は１９３２年と１９８０年のレークプラシッド大会、１９６０年のスコーバレー大会、２００２年のソルトレークシティ大会をそれぞれ開催している。

ところで、２０２３年、アジア競技大会が中国で開かれました。アジア競技大会とは、アジア・オリンピック評議会（ＯＣＡ）が主催（第９回大会まではアジア競技連盟主催）するアジア地域を対象にした国際総合競技大会のこと。アジア版オリンピックといわれています。オリンピックと同じく、原則4年ごとに開催されます。１９５１年にインド・ニューデリーで第1回夏季大会が行われ、冬季大会は１９８６年に札幌で初開催されました。２０２６年に愛知・名古屋で開催される第20回大会は夏季大会としては、日本で開催される3度目のアジア競技大会となります。

中国の杭州《ハンチョウ》で２０２３年９月23日～10月8日に開催された第19回大会では、ｅ《イー》スポーツ（→P

[340]が初めて正式種目に採用され、全7種目でeスポーツ競技が実施されました。

実は、今ではeスポーツもオリンピックを次世代向けに進化させるための「施策の一つ」、それも最大の施策なのです。このアジア大会でのeスポーツの評価により、今後オリンピックでもeスポーツが行われる可能性がどんどん高まってきています。

そもそもクーベルタンは「『スポーツ』を『強く美しい肉体で神を表現するもの』、『芸術』を『絵画や彫刻の持つ精神で神を表すもの』として、古代オリンピックを復興させた」（笹川スポーツ財団ホームページhttps://www.ssf.or.jp/knowledge/history/olympic_legacy/35.html）と言っています。その考えのもと、彼は１９１２年、第5回ストックホルム大会からスポーツ競技に「芸術競技」を加え、「ミューズの5種競技」をつくりました（英語のMuseは、ギリシア神話でアポロンの神に仕え、奏楽し舞踊する女神、学芸の神ムーサ（Musa）、前掲ＨＰより）。

「芸術競技」は、１９１２年第5回ストックホルム大会から１９４８年第14回ロンドン大会まで7大会で実施されましたが（日本は１９３２年第10回ロサンゼルス大会と１９３６年第11回ベルリン大会に参加）、戦後の１９４９年に、ＩＯＣが「芸術競技」を廃止し、メダルのない「芸術展示」に変更。理由は「芸術作品への評価や判定の難しさ、資金、アマチュアリズムを掲げる中での『プロ』の参加、作品移送などの問題があった」（前掲ＨＰ）といわれています。

メダルのある・なしといえば、最初の近代オリンピックは、そもそも万国博覧会の付属大会として行われていて、万博でも、展示に対し評価がされ、メダルが授与されたことを思い出してみるといいでしょう（↓P59）。

一方、現代のオリンピックにも、「芸術点」があることも思い出したいもの。現在行われているアーティスティックスイミングや新体操、フィギュアスケートなどのスポーツ競技には、「芸術点」が含まれているのです。

もとより筆者は、クーベルタンが、かつて「スポーツは強く美しい肉体で神を表現するものとして、芸術は絵画や彫刻の持つ精神で神を表すものとして、古代オリンピックを復興させた」ことを読者のみなさんに思い出していただきながら、今後のオリンピックがどのようになるか、一人ひとりが、ご自身で考えてもらうことを願って筆をおきたいと思います。

筆者は、オリンピックをテレビで観戦するのが大好き人間です。また、編集者という仕事がら、オリンピック関連の書籍もたくさんつくってきました。２００６年からは、ジャーナリストの池上彰さん監修の下で『ニュース年鑑』を執筆。同書においてもオリンピックやアジア版オリンピックについて、ほぼ毎年、紙面を割いて書いてきました（国際情勢や政治・経済情勢と絡めながら）。

そういうわけで本書においても、オリンピックにスポーツ的な視点ばかりでなく、さまざまな視点を盛り込んで記述してきました。読者の皆様には、最後までお読みいただきましたこと、心より感謝いたします。

末筆ながら監修をお引き受けいただきました大熊廣明先生には、細かいところまでチェックしていただきまして誠にありがとうございました。また編集担当の二宮祐子さんには、大量の資料や写真探しから細かい校正までたいへんな苦労をおかけしました。最後に、自ら編集をご担当くださったミネルヴァ書房の杉田啓三社長にはこの場を借りて深く感謝を表します。

2024年3月　稲葉茂勝

# オリンピック復習クイズ・答え

| | ① | ② | ③ | ④ | ⑤ | ⑥ | ⑦ | ⑧ | ⑨ | ⑩ |
|---|---|---|---|---|---|---|---|---|---|---|
| 歴史編 | ㋑ | ㋑ | ㋑ | ㋐ | ㋐ | ㋒ | ㋐ | ㋐ | ㋑ | ㋒ |
| 選手編 | ㋒ | ㋐ | ㋒ | ㋑ | ㋐ | ㋑ | ㋐ | ㋐ | ㋑ | ㋐ |

| | ⑪ | ⑫ | ⑬ | ⑭ | ⑮ | ⑯ | ⑰ | ⑱ | ⑲ | ⑳ |
|---|---|---|---|---|---|---|---|---|---|---|
| 歴史編 | ㋑ | ㋐ | ㋒ | ㋐ | ㋐ | ㋐・㋑ | ㋑ | ㋑ | ㋒ | ㋑ |
| 選手編 | ㋒ | ㋐ | ㋐ | ㋑ | ㋐ | ㋑ | ㋐ | ㋐ | ㋑・㋐ | ㋑ |


■写真提供

(表紙) ©Vladimir Danilov¦ Dreamstime.com
(裏表紙、P7右、P16下、P41、P43) hmsy / PIXTA (ピクスタ)
(P6左、P23) saiko3p / PIXTA (ピクスタ)
(P11右、P195) ©Jerry Coli¦ Dreamstime.com
(P11左、P253) ©Celso Pupo Rodrigues¦ Dreamstime.com
(P12右、P177、P179、P191、P201、P206、P213、P223、P233、P244、P293) 写真：ロイター/アフロ
(P12左、P35左下、P72、P115、P129、P133、P143、P145、P147、P148、P152、P157、P159、P169、P170、P189、P197、P218、P225、P237、P239、P240上、P256、P262、P275、P305、P311) 写真：AP/アフロ
(P13左、P205、P331) 写真：アフロスポーツ
(P15、P27右上) lzf / PIXTA (ピクスタ)
(P15、P27右下) SeventyFour / PIXTA (ピクスタ)
(P15、P27左上) ©Fernando Astasio¦Dreamstime.com
(P15、P27左下) ©EpicStockMedia - stock.adobe.com
(P19、P35右上) coachwood - stock.adobe.com
(P29) Davide - stock.adobe.com
(P30上) cmassway - stock.adobe.com
(P30中) Dreef - stock.adobe.com
(P30下) Millaus¦ Dreamstime.com
(P31右上) pcruciatti - stock.adobe.com
(P31右下) AKIRA / PIXTA (ピクスタ)
(P31左上) Davide - stock.adobe.com
(P31左下) tatsuo115 - stock.adobe.com
(P35右下) BlueSkyImages - stock.adobe.com
(P35左上) IndiaPix - stock.adobe.com
(P45) ©Romasph¦ Dreamstime.com
(P55) ©Vasilis Ververidis¦ Dreamstime.com
(P84、P137、P139、P172、P174) 写真：アフロ
(P125) 花火 / PIXTA (ピクスタ)
(P131) ken-ozi / PIXTA (ピクスタ)
(P146) bj_sozai / PIXTA (ピクスタ)
(P186) 写真：picture alliance/アフロ
(P190、P229) 写真：青木紘二/アフロスポーツ
(P193) ©Monica Sand¦ Dreamstime.com
(P215、P231、P240下) 写真：築田純/アフロスポーツ
(P259) 写真：森田直樹/アフロスポーツ
(P267) 写真：西村尚己/アフロスポーツ
(P269) oneinchpunch - stock.adobe.com
(P273) 写真：長田洋平/アフロスポーツ
(P307) 写真：YUTAKA/アフロスポーツ



■参考資料

「時代背景から考える日本の6つのオリンピック」全3巻
稲葉茂勝著、大熊廣明監修

「しらべよう！　知っているようで知らない冬季オリンピック」
全３巻　稲葉茂勝著、大熊廣明監修

『しっているようでしらない五輪』
ニック・ハンター原著、稲葉茂勝翻訳・著

『五輪記録のひかりとかげ』『金メダリストものがたり』
マイケル・ハーレー原著、稲葉茂勝翻訳・著

以上すべてベースボールマガジン社

『21世紀を生きる若い人たちへ　池上彰の現代史授業』
全４巻　池上彰監修・著（ミネルヴァ書房）

公益財団法人日本オリンピック委員会（JOC）ホームページ
「オリンピックの歴史」
https://www.joc.or.jp/sp/column/olympic/history/001.html

国立国会図書館ホームページ
本の万華鏡「第15回　もう一つの東京オリンピック」
https://www.ndl.go.jp/kaleido/entry/15/1.html

笹川スポーツ財団ホームページ
「オリンピックの歴史を知る」
https://www.ssf.or.jp/knowledge/history/olympic/index.html

国際オリンピック委員会（IOC）ホームページ（日本語版）
https://olympics.com/ja/


※脚注の各オリンピックのデータは日本オリンピック委員会（JOC）ホームページ「オリンピック競技大会開催地一覧」参照。
※脚注の国別メダル数ランキングのデータは国際オリンピック委員会（IOC）ホームページ「Past Olympic Game」参照。

## 巻末索引

本文に出てくるオリンピックの大会と用語・人物を、オリンピックは年代順、用語・人物は50音順に並べました。該当ページが複数にわたる場合は詳しく記載されているページを太字にしています。見開きにわたって載っている場合は右ページのみ記しています。

# オリンピック

## あ行

## か行

## さ行

## た行

## な行

## は行

## ま行



## や行



## ら行



## わ行

《監修者紹介》

大熊 廣明（おおくま・ひろあき）

1948年千葉県生まれ。1972年東京教育大学体育学部卒業。1976年東京教育大学大学院体育学研究科修士課程修了。筑波大学名誉教授。監修に「スポーツなんでもくらべる図鑑」「しらべよう！　知っているようで知らない冬季オリンピック」全３巻、「時代背景から考える日本の６つのオリンピック」全３巻（ベースボール・マガジン社）、共著に『日本体育基本文献集 ―大正・昭和戦前期―』１-24巻（日本図書センター）、共編著に『体育・スポーツの近現代：歴史からの問いかけ』（不昧堂出版）、監著に『体育・スポーツにみる戦前と戦後』（道和書院）などがある。

《著者紹介》

稲葉 茂勝（いなば・しげかつ）

1953年東京生まれ。大阪外国語大学、東京外国語大学卒業。国際理解教育学会会員。編集者としてこれまでに1500冊以上を担当。自著も多数。オリンピック関連著書も多く、「時代背景から考える日本の６つのオリンピック」全３巻、「しらべよう！　知っているようで知らない冬季オリンピック」全３巻、『しらべよう！　かんがえよう！　オリンピック』全４巻（ニック・ハンター／マイケル・ハーレー原著、稲葉訳・著）などがある。また、「シリーズ・とは何か？　①万国博覧会」の著者でもある。執筆以外では、2019年にNPO法人「子ども大学くにたち」を設立し、同理事長に就任。以来、「SDGs子ども大学運動」の展開に力を注ぎ、実行委員会の委員長として活動を広めている。また2021年から「SDGs全国子どもポスターコンクール」の実行委員長も務める。

編集：二宮祐子
カバー・表紙デザイン：長江知子／本文デザイン：高橋博美
企画・制作：株式会社 今人舎
校正：渡邉郁夫

※この本の情報は、2024年３月までに調べたものです。今後変更になる可能性がありますので、ご了承ください。

シリーズ・とは何か？ ②
古代・近代・現代のオリンピック
――知られざる歴史と未来への社会遺産《レガシー》――

2024年６月10日　初版第１刷発行　〈検印省略〉

定価はカバーに
表示しています

監修者　大熊廣明
著者　稲葉茂勝
発行者　杉田啓三
印刷者　森元勝夫

発行所　株式会社　ミネルヴァ書房
607-8494　京都市山科区日ノ岡堤谷町１
電話代表（075）581-5191
振替口座　01020-0-8076

　モリモト印刷

ISBN978-4-623-09765-4
Printed in Japan